BIBLIOTHÈQUE DE MÉMOIRES HISTORIQUES ET MILITAIRES
Sur la Révolution, le Consulat et l'Empire

LES DERNIERS MOMENTS
DE
NAPOLÉON
(1819-1821)

PAR LE DOCTEUR ANTOMMARCHI

NOUVELLE ÉDITION
AVEC UNE INTRODUCTION ET DES NOTES
DE
DÉSIRÉ LACROIX

TOME SECOND
Le Testament de Napoléon. — Retour des cendres.

PARIS
GARNIER FRÈRES, LIBRAIRES-ÉDITEURS
6, RUE DES SAINTS-PÈRES, 6

Ib 48
1964 bis

LES DERNIERS MOMENTS

DE

NAPOLÉON

PARIS. — IMP. FERD. IMBERT, 7, RUE DES CANETTES.

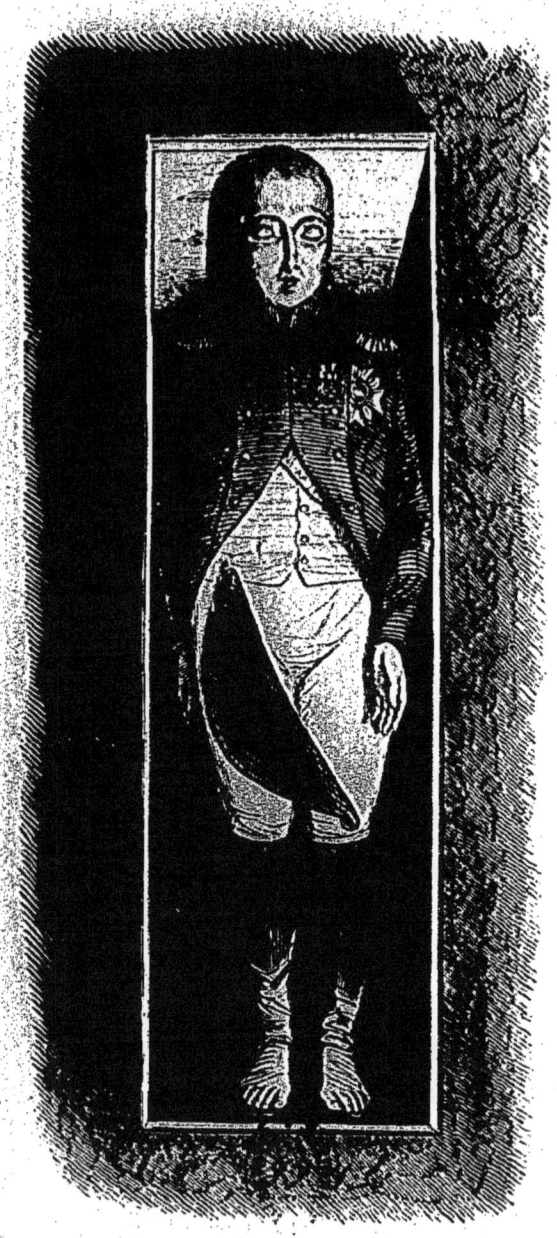

NAPOLÉON A L'OUVERTURE DU CERCUEIL
Sainte-Hélène, 15 octobre 1840.

BIBLIOTHÈQUE DE MÉMOIRES HISTORIQUES ET MILITAIRES
sur la Révolution, le Consulat et l'Empire

LES DERNIERS MOMENTS

DE

NAPOLÉON

(1819-1821)

Par le Docteur ANTOMMARCHI

NOUVELLE ÉDITION

AVEC UNE INTRODUCTION ET DES NOTES

DE

DÉSIRÉ LACROIX

TOME SECOND

LE TESTAMENT DE NAPOLÉON. — RETOUR DES CENDRES

PARIS

GARNIER FRÈRES, LIBRAIRES-ÉDITEURS

6, RUE DES SAINTS-PÈRES, 6

1898

DERNIERS MOMENTS
DE NAPOLÉON

(21 février - 5 mai 1821.)

21 février 1821. — 10 h. 1/2 A. M. (1). — Même état qu'hier. Napoléon veut manger de la tortue arrangée à l'anglaise ; il refuse ses pilules ; j'insiste pour qu'il les prenne ; il s'impatiente et me renvoie. « Je ne puis, c'est par ordre. — Par ordre ! « — Oui, sire. — De qui ? Quel insolent ? — Le « général en chef ; son arrêté vient de me par-« venir tout à l'heure. » Je l'avais à la main, je me hâtai de lire :

« Milan le 22 thermidor an V (9 août 1797)

« Le général en chef arrête :

« ARTICLE PREMIER. — Le général de brigade Point est nommé inspecteur des hôpitaux entre la Brenta et le Mincio.

« ART. II. — Le général Dessoles est nommé inspecteur des hôpitaux entre l'Isonzo et la Brenta.

---

(1) A. M. et P. M. qui se reproduisent si souvent, indiquent la partie de la journée où les visites ont été faites, si c'est avant midi ou après midi.

« Art. III. — Le général Vignolles est nommé inspecteur des hôpitaux entre le Tessin et le Mincio.

« Art. IV. — Ils se mettront sur-le-champ en route pour faire la tournée de tous les hôpitaux; ils auront soin de s'assurer du nombre des malades y existant, de la moralité des différents employés, de prendre note des plaintes qui pourront être portées par les malades. Ils sont autorisés à faire arrêter sur-le-champ les employés contre lesquels il y aurait des plaintes; ils prendront note des approvisionnements de la pharmacie et de ce qui est dû à chaque employé, soit pour sa solde, soit pour les différents abonnements que les entrepreneurs auraient faits avec eux.

« Art. V. — Ils auront soin d'ordonner aux commissaires des guerres chargés du service des hôpitaux et au contrôleur ambulant que l'on ne fasse aucune évacuation, mais que l'on proportionne dans chaque ville le nombre des hôpitaux au nombre des malades, et *que l'on s'assure si le médecin veille à l'exécution de ses ordonnances.*

— « Ceci est de votre façon, docteur; mais n'im-
« porte, vous me réciterez encore la lettre que
« Bertholet écrivit au Directoire sur la bonne tenue
« de nos hôpitaux et les soins que je prodiguais
« aux blessés; donnez, j'aime mieux prendre vos
« pilules. »

26 février. — 4 heures P. M. — L'empereur, qui était assez bien depuis le 21, retombe tout à coup. — Toux sèche. — Vomissement. — Chaleur d'entrailles. — Agitation générale. — Anxiété. —

Sentiment d'ardeur presque insupportable, accompagné de soif ardente.

27 février. — 1 heure. A. M. — L'empereur est encore moins bien qu'hier ; la toux est devenue plus violente, et les nausées pénibles n'ont cessé jusqu'à sept heures du matin. Je prescris des boissons rafraîchissantes et sédatives, des lavements calmants, anodins, et un pédiluve qui produit un bon effet. Napoléon n'a pris de toute la journée que trois petites soupes, deux œufs frais, un peu de crème et un verre de clairet étendu de beaucoup d'eau ; il dort quatre heures de suite, et reste dans son appartement dont les croisées sont hermétiquement fermées. Vers le soir, cependant, il change de chambre et de lit.

3 heures P. M. — Deux cuillerées d'émulsion anodine calment un peu la toux. Pilule tonique.

L'empereur se trouve mieux ; ses souvenirs se réveillent, il parle avec complaisance des braves qui coururent sa fortune et assurèrent les succès de son début. Steingel était bouillant, infatigable, cherchait les Autrichiens comme les médailles, et ne laissait pas un taillis, un décombre qu'il ne l'eût fouillé, visité. Mireur ! c'était l'homme des dangers, des avant-postes ; son sommeil était inquiet si l'ennemi ne se trouvait en face. Caffarelli, tout aussi brave, ne se battait cependant que par nécessité ; il aimait la gloire, mais plus encore les hommes : la guerre n'était pour lui qu'un moyen d'arriver à la paix. Passant ensuite à des officiers d'un grade moins élevé, Napoléon loua le courage de l'un, la capacité de l'autre, et s'arrêta longtemps sur deux braves dont il déplora vivement la perte, Sulkowski et Guibert. Le premier était un Polonais plein d'audace, de savoir, de capacité. Il avait été réveiller Kosciusko, lui avait porté les instructions du Comité de salut public ; il connaissait le génie, parlait toutes les langues de l'Europe, aucun obstacle ne l'arrêtait. Le second, plus souple, plus mesuré, plus adroit, mettait dans ses négociations la subtilité d'un diplomate. On peut en juger par le rapport qui suit :

Au Caire, novembre 1798.

Le 2, à la pointe du jour, je partis d'Aboukir pour me rendre à bord de la flotte anglaise. Un seul vaisseau était mouillé à la pointe : c'était le *Swifthure*, commandé par M. Lallowell. Une chaloupe vint au-devant de moi. Je lui demandai si le vaisseau commandé par M. le commodore Hood était dans ces parages. On me répondit que non : qu'il croisait devant Alexandrie; que M. Lallowell me priait cependant de me rendre à bord du *Swiftshure*.

M. Lallowell me reçut froidement, surtout lorsqu'il me vit accompagné d'un Turc. Je lui exposai avec simplicité le sujet de ma mission auprès de M. Hood : il me répondit que Hassan Bey ne recevrait pas le Turc; qu'ainsi ma démarche était inutile. — Vous me permettrez cependant, monsieur, de me rendre à bord de M. Hood. — Il me répondit qu'il avait quelque chose de très intéressant à lui communiquer ; qu'on voyait à peine le *Zealous*, mais qu'on venait de lui faire le signal d'approche. Il me proposa d'attendre à son bord. Nous nous rendrons ensemble, me dit-il, auprès de l'amiral. — Il fit apporter le déjeuner, nous nous mîmes à table : peu à peu il devint plus aimable. Le hasard lui fit rappeler d'anciens rapports avec ma famille. J'eus avec lui une conversation, qui, de ma part, fut souvent interrompue par des saillies, simples et sans affectation. Nous nous entretenions de la situation politique de l'Europe. Il me dit, avec l'air de la vérité, qu'il y avait plus de sept semaines qu'ils n'avaient reçu de nouvelles, qu'ils en attendaient tous les jours. Il me parla avec assurance des dispositions hostiles de la Turquie. — Les nouvelles, lui dis-je, que le général reçoit souvent de Constantinople par terre ne s'accordent pas avec ce que vous dites. — Le général reçoit souvent des nouvelles de Constantinople? — Oui. — Il sourit, mais parut surpris. — Cependant, vous ne pouvez douter que le pacha de Rhodes ne soit devant Alexandrie par les ordres de son gouvernement. — J'allais répondre. Il continua. — Nous étions à Rhodes, lorsqu'il fut forcé de venir. — Forcé ? Je souriais. — Oui, par les ordres de la Sublime-Porte. — Je n'insistai pas. Il me montra ensuite votre lettre au citoyen Talleyrand, que vous avez chargé de rendre compte des événements d'Égypte au Grand Seigneur, de donner le détail du combat d'Aboukir, et de dire qu'il nous reste vingt-deux vaisseaux dans la Méditerranée. Il scruta avec ironie le nombre de ceux que nous y avons encore, et ajouta : — M. de Talleyrand n'est point arrivé à Constantinople, et puis il n'y aurait plus trouvé vos bons amis, le grand vizir, et le reis effendi. Ils ont été déposés et chassés. — Il s'arrêta. Je feignis de n'avoir pas fait attention. Il me parla de l'escadre russe commandée par l'amiral Oksakoff. — Où est-elle ? lui demandai-je. — A l'entrée du golfe de Venise. Elle attaquera bientôt vos îles. — Nous ne pouvons croire à l'existence de l'escadre russe dans la Méditerranée. Vous devriez, dans l'intérêt de la coalition, lui conseiller de se montrer, la faire paraître. — Mais, répondit M. Lallowel d'un air presque piqué, vous avez déjà vu deux de ses frégates ; si elle ne tient pas des forces plus considérables dans ces eaux, c'est que cela n'entre pas dans son système d'opérations. — La conversation tomba sur quelques-uns des officiers de notre marine, sur le contre-amiral Villeneuve. — N'avez-vous pas pris quelques-uns des quatre bâtiments qui l'accompagnaient ? — Non. L'*Heureux*, qui a été séparé par un coup de vent, a eu le bonheur de nous échapper et d'entrer à Corfou. Le reste est à Malte. — Et *la Justice* ? — Sans doute aussi. — J'ai un cousin à son bord. S'il eût été votre prisonnier, je vous aurais demandé la permission de lui faire passer quelques fonds. Il appartient à une famille riche. — Mais, attendez, reprit-il maladroitement ; je me rappelle, à présent, *la Justice* ! Elle a coulé à fond. Donnez-moi le nom de votre parent. — Je donnai sans balancer un nom en l'air. M. Lallowel me parla aussi d'une lettre interceptée, qui venait de Toulon et vous était adressée. Elle annonçait le départ d'un convoi ; il doit mettre à la voile dès que les Anglais ne croiseront plus devant le port. Mais Nelson est là.

Il m'assura que quelques-unes de vos dépêches avaient été interceptées par les Turcs, et prétentendit qu'Ibrahim Aga n'était qu'un domestique déguisé, que Hassan Bey l'avait dit. — Le général Bonaparte, lui répondis-je, n'envoie sous pavillon parlementaire que des hommes revêtus d'un caractère public ; Ibrahim Aga est connu, et faisait partie de la suite du pacha de Constantinople.

Je lui parlai de leurs relations avec les Arabes. Je lui appris que les cheiks d'Edkou et d'Elfini étaient fusillés. J'ajoutai que vous saviez parfaitement que l'intendant d'Ibrahim était passé de leur bord en Syrie. Il soutint avec la plus grande affectation que ce fait était faux et que la flotte n'avait point de relations avec les Arabes ; je recueillis presque aussitôt des preuves du contraire.

Il me parla de la jonction de cinquante mille Grecs. Je n'eus garde de le détromper. Je lui dis qu'en effet ils s'étaient réunis à nous et se formaient en troupes.

Alors arriva Hassan Bey. Il était suivi d'un Turc qui, dévoué aux Anglais, paraît joindre l'âme la plus féroce au caractère d'ennemi mortel des Français.

M. Lallowel parut étonné de la présence du Bey. Nous continuâmes de nous promener en causant. Mohamed s'approcha d'Hassan, attendit quelques minutes, et, nous interrompant tout à coup, tira sa lettre de sa poche et me demanda s'il fallait la remettre. M. Lallowel surpris s'arrêta et fixa le Bey. — Non, répondis-je à Mohamed, vous ne la remettrez qu'en présence de M. le commodore Hood. Vous voyez, monsieur, dis-je à M. Lallowel, qu'il ne dépend que de la volonté de M. Hood que Hassan la reçoive. Il me demanda la permission de sortir, et appela le Bey. Je n'avais pas l'air de faire attention à ce qui se passait.

Hassan Bey revint, me parla de la guerre que la Sublime Porte nous a déclarée, et me dit que l'Angleterre et la Russie allaient conjointement nous attaquer. Je lui dis en italien : Pensez-vous que la Porte s'unisse jamais à la Russie, son ennemie naturelle et qui ne cherche qu'à s'agrandir à ses dépens?

Je lui répétai que vous aviez de fréquentes correspondances, par la Syrie, avec Constantinople, et que le Grand Seigneur ne l'ignorait pas. Le Turc qui l'accompagne me dit alors, avec l'accent de la férocité, qu'à Rhodes cent-quarante-six Français avaient été chargés de fers, et que cette mesure avait été suivie dans tous les pachaliks. — Elle sera un jour désavouée par le Grand Seigneur. Au reste, ajoutai-je, qu'Hassan Bey sache qu'en Egypte la religion est respectée, les mosquées consacrées, les Arabes repoussés. Qu'il lise la proclamation du divan, et il reconnaîtra dans les Français les alliés de la Sublime-Porte. — Je lui remis alors une proclamation, mais il la prit sans la lire.

M. Lallowel me proposa de parcourir son vaisseau. J'acceptai ; un émigré français, employé comme pilote, m'aborda dans la première batterie, parut vivement regretter son pays, et me demanda s'il était vrai que cinquante mille Grecs se fussent réunis à nous. Il ajouta, mais plus bas, que les Arabes qui se rendaient à bord tous les jours, faisaient mille contes absurdes, qu'on commençait à ne plus les croire et qu'on n'en était pas content. Il me dit qu'il y avait onze prisonniers français à bord. Je témoignai le désir de les voir, ce sont des soldats de la 4e légère. Je leur demandai s'ils étaient bien. — Nous n'avons qu'une demi-ration, me répondirent-ils. — Un officier s'avança précipitamment et me dit : — L'équipage lui-même n'a que la demi-ration, je vous assure. — Je le crois, monsieur, lui répliquai-je, nous partageons toujours avec nos prisonniers.

Le vaisseau du commodore Hood était encore très loin. M. Lallowel fit servir à dîner. Il avait plus de laisser-aller, il me parla de la paix, de l'ambition de notre gouvernement, et finit par ces mots : « C'est vous qui ne voulez pas la paix. » Je lui rappelai, quoique assez légèrement, que, vainqueurs des puissances continentales, c'était cependant toujours nous qui l'avions offerte ; que dernièrement encore, maître de la Styrie, de la Carniole et de la Carinthie, vous fîtes envers le prince Charles une démarche pleine de loyauté et de franchise, en lui écrivant cette lettre que je lui récitai tout entière :

« Monsieur le général en chef, les braves militaires font la guerre et désirent la paix. Cette guerre

1.

ne dure-t-elle pas depuis six ans? Avons-nous tué assez de monde et fait assez de maux à la triste humanité? Elle réclame de tous côtés. L'Europe, qui avait pris les armes contre la République française, les a posées. Votre nation reste seule, et cependant le sang va couler plus que jamais. Cette sixième campagne s'annonce par des présages sinistres; quelle qu'en soit l'issue, nous tuerons de part et d'autre quelques milliers d'hommes, et il faudra bien que l'on finisse par s'entendre, puisque tout a un terme, même les passions haineuses.

« Le Directoire exécutif de la République française avait fait connaître à S. M. l'empereur le désir de mettre fin à la guerre qui désole les deux peuples. L'intervention de la Cour de Londres s'y est opposée. N'y a-t-il donc aucun espoir de nous entendre, et faut-il, pour les intérêts et les passions d'une nation étrangère aux maux de la guerre, que nous continuions à nous entr'égorger? Vous, monsieur le général en chef, qui, par votre naissance, approchez si près du trône, êtes au-dessus de toutes les petites passions qui animent souvent les ministres et les gouvernements, êtes-vous décidé à mériter le titre de bienfaiteur de l'humanité entière et de vrai sauveur de l'Allemagne? Ne croyez pas, monsieur le général en chef, que j'entende par là qu'il ne soit pas possible de la sauver par la force des armes, mais, dans la supposition que les chances de la guerre vous deviennent favorables, l'Allemagne n'en sera pas moins ravagée. Quant à moi, monsieur le général en chef, si l'ouverture que j'ai l'honneur de vous faire peut sauver la vie à un seul homme, je m'estimerai plus fier de la couronne civique que je me trouverai avoir méritée que de la triste gloire qui peut revenir des succès militaires. » — Eh bien, soit! dit M. Lallowell, sur lequel cette lettre avait fait effet : *A une paix honorable pour les deux nations !*

A cinq heures nous nous embarquâmes, MM. Lallowell, Hassan Bey et moi, pour nous rendre à bord de M. Hood. Nous y arrivâmes à huit heures du soir. Il me reçut plus froidement encore que ne l'avait fait d'abord M. Lallowell; il me fit entrer, sortir, et causa longtemps avec ce capitaine et le Bey. Il rentra. Je lui dis : « Vous savez, Monsieur le Commodore, le sujet de ma mission près de vous. — Oui, mais Hassan Bey ne recevra pas la lettre de M. Bonaparte. — Cependant il l'eût reçue ce matin, si vous l'aviez permis. — (J'appuyai fortement sur ce mot.) — Eh bien ! que ce Turc la présente, il la recevra ou ne la recevra pas, il est parfaitement libre. — Mohamed la présenta. Hassan Bey la reçut et l'ouvrit. L'interprète anglais s'approcha ; ils la lurent, sourirent ironiquement à diverses reprises; M. Hood affectait aussi de rire. — J'ai été très étonné, me dit-il, du Turc que le général m'a envoyé sous le pavillon parlementaire turc. Vous doutez donc de la déclaration de guerre que vous a faite la Porte ? Eh bien, je vous donne ma parole d'honneur qu'elle est réelle. Et M. Bonaparte, que fait-il ? Il est parti pour Suez, après avoir reçu un courrier de cette ville ; il a conclu un traité d'alliance avec les Arabes du mont

Sinaï et les princes du mont Liban. J'avais déjà parlé légèrement de l'arrivée à Suez de vaisseaux et de bâtiments de transport à quelques officiers.

Je demandai ensuite à M. Hood s'il y avait lontemps qu'il n'avait reçu des nouvelles d'Europe. — Depuis plus de sept semaines ; j'en attends tous les jours ; je m'empresserai de faire passer les journaux à M. Bonaparte. Le général Manscourt m'a fait demander ses lettres par un parlementaire très aimable, ajouta-t-il en riant. Je transmettrai celles qui seront indifférentes, je vous en donne ma parole. Je ferai même passer un mot en France ou en Italie. — Oh ! vous êtes bien bon, repris-je précipitamment ; c'est inutile. Depuis le commencement de septembre, tous les cinq ou six jours il part un bâtiment pour France. Déjà plusieurs officiers et aides de camp du général en chef ont été expédiés. — Oui ! — Assurément ; vous devez en avoir pris beaucoup. Avez-vous pris le frère du général Bonaparte ? — Comment, le frère de M. Bonaparte ?—Oui. Il est parti d'Alexandrie il y a vingt-cinq ou trente jours. — Il parut ne pas le croire ; je le lui confirmai. — Au surplus, il n'échappera pas aux croisières supérieures. — Il me demanda ensuite si j'étais venu d'Aboukir, et si j'ignorais la lettre que lui avait écrite l'adjudant général Descalles. Il me la communiqua. Elle pouvait être mieux.

— Mon intention, continua M. Hood, est de me conduire envers vous comme votre nation se conduira envers nous. Vous voyez que j'eusse pu ne pas vous recevoir. Je suis même étonné que M. Lallowell vous ait permis de vous rendre à son bord venant d'Aboukir. — Je lui repondis que j'étais parti de Rosette, mais que, la barre du Nil étant trop forte, j'avais été obligé de venir par Aboukir. Qu'au reste il pouvait être dangereux pour nous que des parlementaires pénétrassent dans un fort, et dans un poste dont ils pourraient reconnaître la position, tandis qu'il n'était de nulle conséquence pour eux qu'un parlementaire vînt de tel ou tel point, se rendit à tel ou tel bord. — En vous envoyant des lettres, reprit M. Hood, je ne suivrai pas l'exemple de votre gouvernement qui vient d'ordonner que toutes les lettres adressées à des Anglais, et prises sur quelque bâtiment que ce soit, soient portées en France. Vous faites la guerre comme on ne la fit jamais ; nous la ferons comme vous ; nous vous imiterons, de quelque manière que vous agissiez. — Je crois, monsieur le Commodore, lui ai-je répondu, que sur ce point nos deux gouvernements n'ont rien à se reprocher ; quant au général Bonaparte, sa manière de faire la guerre a toujours été franche, loyale, et réglée par l'humanité. Je lui racontai alors les attentions que vous eûtes pour le maréchal Wurmser au siège de Mantoue ; que vous lui aviez envoyé toutes sortes de rafraîchissements pour ses malades ; générosité qui avait fort étonné le maréchal. Je lui parlai de l'humanité avec laquelle les deux nations belligérantes avaient mutuellement traité leurs prisonniers.

J'ajoutai que je savais que votre intention était de fournir aux Anglais les choses qui leur seraient agréables et qui pourraient leur manquer. M. Hood parut surpris de cette politesse, remercia et me dit qu'il ne manquait de rien.

Je continuai en lui disant que vous désiriez que le premier parlementaire qu'il enverrait fût adressé à Rosette. — Mais, dit-il, en m'interrompant, il me paraît plus simple de l'envoyer à Alexandrie. — Le général désire que vous ayez la complaisance de le faire venir à Rosette ; les ordres sont donnés pour que de là il soit conduit au Caire. Dans ce cas, le général désire que vous choisissiez quelqu'un qui soit intelligent et qui ait votre confiance. — Eh bien ! soit, je suivrai cette marche.

Je saisis cette occasion pour offrir à un ministre protestant qui venait de témoigner un vif désir de voir les Pyramides, de venir avec moi. Je lui dis que je le ramènerais.

Dans ce moment l'interprète anglais s'approcha de M. Hood, lui traduisit votre lettre à Hassan Bey. Le commodore feignit de rire aux éclats. L'interprète revint à moi, et me dit : Hassan Bey a pris un brick français et a mis l'équipage aux fers. Il ne le rendra pas et en usera de même avec tout ce qui appartient à la nation française. — Mohamed étant porteur de la lettre, lui répondis-je, c'est à lui que doit s'adresser la réponse. — Hassan Bey n'en fera ni verbalement ni par écrit. — M. Lallowell m'avertit que le canot était prêt. Je pris congé de M. Hood qui me chargea de vous faire ses compliments. Dans la traversée, M. Lallowell me dit : — Vous devez avoir eu un combat près du Caire, il y a trois jours. — Avec qui? lui répondis-je. Mourad vient d'être battu par le général Desaix. — Je le sais, mais vous verrez. Il ajouta qu'un Turc que j'avais vu à bord de M. Hood était envoyé du Grand Seigneur. Il était chargé de distribuer des présents et de prendre avec l'amiral de grandes mesures. M. Hood ne m'en a pas parlé : cela n'a même pas l'apparence de la vérité.

En général, malgré les amitiés ostensibles et affectées qu'ils s'efforçaient de faire au vieux pacha de Rhodes et à sa suite, les Anglais ne m'ont pas paru sympathiser avec eux; je les crois surtout très mécontents des Arabes M. Lallowell me disait qu'un jour Hassan Bey lui avait témoigné combien il était étonné de voir les communications sociales des parlementaires français et anglais ; chez eux de pareils envoyés courraient risque de perdre la vie. M. Lallowell ne put s'empêcher de lui répondre : Nous ne sommes pas des barbares.

Nous arrivâmes à bord du *Swiftshure* à minuit. Il était dangereux de partir à cette heure à cause des canots de ronde. J'acceptai un lit que M. Lallowell me fit tendre dans sa chambre. Je le quittai le lendemain matin.

Un officier me dit que l'amiral Nelson était attendu. Je demandai ce qui en était à M. Lallowell, qui m'affirma le contraire. Ce qu'a dit le premier parut une indiscrétion.

Vous avez jugé, mon général, de l'effet qu'a produit le dernier parlementaire du général Manscourt; vous savez encore qu'il se disposait à y en envoyer un nouveau. Le dernier eut, à ce qu'il paraît, un mouvement de vivacité avec M. Hood. C'est sur de tels hommes qu'on juge de la nation et de l'esprit de l'armée.

Je ne puis vous dissimuler aussi que l'officier de marine qui m'accompagnait m'a forcé vingt fois de rougir pour lui, et qu'embarrassé souvent j'ai dû m'efforcer de réparer ses indiscrétions.

Je dois aussi vous dire, mon général, que l'armement de la division, qui s'effectue avec activité, n'est déjà plus un secret. Alexandrie doit fixer vos regards et votre attention. Les Anglais paraissent trop bien instruits de ce qui s'y passe.

Salut et respect.

GUIBERT.

28 février. — 9 h. 1/4 A. M. — L'empereur a passé une assez bonne nuit; il est mieux qu'hier. Il s'est levé au point du jour, et, quoique extrêmement faible, il fait une promenade en calèche.

1er mars 1821. — 10 heures A. M. — La nuit a été tranquille, néanmoins la prostration des forces continue, et la digestion est extrêmement pénible. Napoléon sort en calèche, mais rien ne peut dissiper la profonde tristesse où il est plongé.

9 heures P. M. — Toux très sèche et fatigante. — Nausées suivies de vomissement.

2 mars. — 9 h. 1/4 A. M. — L'empereur a fort bien passé la nuit; il sort deux fois en calèche; il se trouve assez bien et se plaît à revenir sur une foule de détails, de circonstances qui peignaient

la tendresse qu'il portait à Marie-Louise. — « Ses
« couches furent excessivement pénibles, et, je
« puis le dire, c'est en grande partie à mes soins
« qu'elle doit la vie. Je reposais dans un cabinet
« voisin; Dubois accourut et me fit part du danger.
« Il était effrayé; l'enfant se présentait mal, il ne
« savait où donner la tête. Je le rassurai; je lui
« demandai s'il n'avait jamais rien vu de sembla-
« ble dans les accouchements qu'il avait faits. —
« Oui, sûrement, mais une fois sur mille. N'est-il
« pas affreux pour moi que ce cas si extraordinaire
« soit précisément celui de l'impératrice. — Eh
« bien! oubliez la dignité et traitez-la comme une
« boutiquière de la rue Saint-Denis : c'est tout ce
« que je vous demande. — Mais puis-je apposer
« les fers? Si de nouveaux accidents arrivent, lequel
« dois-je sauver? La mère ou l'enfant? — La mère;
« c'est son droit. Je me rendis auprès d'elle ; je la
« calmai, je la soutins; elle fut délivrée; l'enfant
« prit vie. Le malheureux ! » Napoléon s'arrêta ;
je respectai son silence et me retirai.

3 mars. — 8 h. 1|2 A. M. — L'empereur se pro-
mène à deux reprises en calèche ; il mange peu et
sans appétit. — Toux sèche et fréquente.

4 mars. — 9 heures A. M. — La prostration
des forces augmente. Napoléon essaie deux fois de
monter en calèche, mais il est obligé bientôt de se
mettre au lit ; il mange pourtant, mais peu et avec
encore moins d'appétit qu'hier.

2 h. 1|2 P. M. — Il prend deux pilules toniques.
La conversation s'est ouverte sur les beaux-arts.

Un des interlocuteurs faisait assez peu de cas de la musique, et ne s'en cachait pas. « Vous avez
« tort, lui a dit l'empereur ; c'est de tous les arts
« libéraux celui qui a le plus d'influence sur les
« passions, celui que le législateur doit le plus
« encourager. Une cantate bien faite touche, atten-
« drit, et produit plus d'effet qu'un ouvrage de
« morale qui convainc la raison, nous laisse froids
« et n'altère pas la plus légère de nos habitudes. »

5 mars. — 8 h. 1|2 A. M. — L'empereur a passé la nuit assez tranquillement, quoiqu'il n'ait presque point dormi. Il sort, s'en trouve bien, prend deux pilules, et remonte en calèche sur les trois heures de l'après-midi. Il n'a presque point mangé, il est livide, ne présente plus que l'aspect d'un cadavre.

6 mars. — 6 heures A. M. — La nuit a été assez bonne. Napoléon prend un peu de soupe. L'abattement est extrême.

9 heures A. M. — Pilules toniques. — L'empereur témoigne sur le soir l'envie de manger. On lui sert deux côtelettes d'agneau ; il me les fait goûter, me demande si elles sont nutritives, de digestion facile, et quand il m'a adressé toutes les questions d'usage, il les goûte et les laisse là.

« Que vous en semble, docteur ? N'est-ce pas une
« bataille perdue ? — Gagnée, sire, pour peu que
« Votre Majesté le veuille. — Comment cela ? Des
« remèdes ? — Mais... — Mais chacun se bat avec
« ses armes ; c'est bien, docteur, j'aime votre
« ténacité. — Votre Majesté est donc d'intelligence

« avec la latitude ? — Encore mieux ? Crainte ou
« conviction, qu'importe, pourvu que le malade se
« drogue ? — Cependant... — Eh bien, quoi ? La
« santé, si je les prends, la mort, si je les refuse. Je
« ne m'abuse plus ; la vie m'échappe, je le sens ;
« c'est pour cela que je renonce aux médicaments :
« je veux mourir de maladie. Entendez-vous ? »

7 mars. — 9 heures A. M. — La nuit a été fort inquiète ; ce n'est que vers la pointe du jour que l'empereur goûte un peu de repos. Il est moins faible que les jours précédents. Il était debout, négligé, je le priai de prendre soin de lui-même ; il se met à sa toilette. « Quand j'étais Napoléon,
« me dit-il d'un ton pénétré, je la faisais prompte-
« ment et avec plaisir ; mais aujourd'hui qu'ai-je
« à faire d'être bien ou mal ? Cela me coûte d'ailleurs
« plus de fatigue que je n'en éprouvais à disposer
« un plan de campagne. Allons, cependant, » et il se fit la barbe, mais par temps, par intervalles ; il fut obligé de se reprendre bien des fois. Il acheva enfin, se mit au lit, et il n'en sortit pas de la matinée.

1 heure P. M. — L'empereur éprouve des envies de manger ; il demande de l'agneau rôti, des pomme de terre frites, du café : il y touche à peine, et se trouve néanmoins agité. — Douleur dans le bas-ventre.

8 mars. — 10 h. 1|2 A. M. — La nuit a été assez bonne ; cependant la prostration des forces continue, et le malaise devient général. L'empereur se plaint d'une douleur profonde qui se fait sentir dans l'hypocondre gauche, sur le côté gauche de la poitrine, et s'étend jusqu'à l'épaule. — Bas-ventre tendu, météorisé. — Grande inappétence ; pouls petit et rare. — Promenade en calèche. — Pilules toniques

4 h. 1{2 P. M. — L'empereur rend le peu de nourriture qu'il a pris.

9 mars. — 4 h. 1{2 A. M. — L'empereur a passé une nuit assez tranquille ; l'emploi des frictions éthérées, et l'application de linges chauds, ont dissipé la douleur qui s'était manifestée au côté gauche. Rots fréquents et insipides.

10 mars. — 9 heures A. M. — L'empereur a passé une nuit fort agitée. Il n'a pu fermer l'œil ; il est extrêmement faible, néanmoins il se trouve assez bien. — Pilules toniques. — Napoléon tenait un paquet de journaux à la main ; je craignais la fatigue, je lui en fis l'observation. — « Non docteur,
« c'est une scène de gaieté ; j'en suis au dévouement
« du roi de Naples pour le régime constitutionnel.
« Tous ces légitimes sont d'une bénignité que rien
« n'égale. Tenez, lisez : on ne dit pas mieux. » Je parcourus la pièce. Napoléon reprit : « Ce *Mac a-*
« *ronaio* voulait aussi me donner le change, venir
« à Rome, et nous susciter une guerre de religion ;
« je pénétrai sa manœuvre, je lui notifiai qu'il eût
« à rester dans ses États ; il se le tint pour dit
« Mais les prédicants, les madones allaient d'autant
« mieux ; les *sept communes* couraient aux armes,
« il devenait urgent d'arrêter la croisade. Sévir ?
« La légende est déjà assez volumineuse ; je ne me

« souciais pas d'envoyer ces mutins au ciel, je les
« fis prêcher. Je chargeai Joubert de cette affaire.
« Exigez, lui dis-je, de l'évêque de Vicence qu'il
« envoie des missionnaires dans ce pays-là pour leur
« prêcher tranquillité, obéissance, sous peine de
« l'enfer. Faites venir chez vous les missionnaires;
« donnez-leur quinze louis à chacun, et promettez-
« leur-en davantage au retour. Vous verrez que
« tout sera bientôt calmé. En effet, dès que les
« hommes de Dieu furent aux prises, la population
« étonnée, incertaine, ne se soucia plus de guer-
« royer. »

11 mars. — 10 h. A. M. — La nuit a été moins mauvaise, Napoléon se trouve mieux, son humeur est moins sombre, son pouls plus naturel. Le bas-ventre même paraît être dans un meilleur état. L'appétit se fait sentir, la digestion s'opère. L'empereur reste sur pied treize heures de suite. — Pilules toniques. — Promenade en calèche.

12 mars. — 10 h. A. M. — L'empereur s'est moins bien porté sur la fin de la journée. — Promenade accoutumée. — Pilules toniques.

Milady Holland avait fait un envoi de livres dans lesquels se trouvait une cassette renfermant un buste en plâtre, dont la tête était couverte de divisions, de chiffres qui se rapportaient au système crâniologique de Gall : « Voilà, docteur, qui est
« de votre domaine; prenez, étudiez cela, vous
« m'en rendrez compte. Je serais bien aise de
« savoir ce que dirait Gall s'il me tâtait la tête. »
Je me mis à l'œuvre; mais les divisions étaient

inexactes, les chiffres mal placés ; je ne les avais pas rétablis que Napoléon me fit appeler. J'allai, je le trouvai, au milieu d'un amas de volumes épars, qui lisait Polybe. Il ne me dit rien d'abord, continua de parcourir l'ouvrage qu'il avait dans les mains, le jeta, vint à moi, me regarda fixement, et me prenant par les oreilles : « Eh bien ! *dottoraccio*
« *di Capo Corso*, vous avez vu la cassette ? — Oui,
« sire. — Médité le système de Gall ? — A peu
« près. — Saisi ? — Je le crois. — Vous êtes à
« même d'en rendre compte ? — Votre Majesté en
« jugera. De connaître mes goûts, d'apprécier
« mes facultés en palpant ma tête ? — Et même
« sans la toucher. (Il se mit à rire.) — Vous êtes
« au courant ? — Oui, sire. — Eh bien, nous en
« causerons plus tard, quand nous n'aurons rien
« de mieux à faire. C'est un pis-aller qui en vaut
« un autre ; on s'amuse quelquefois à considérer
« jusqu'où peut aller la sottise. » Il se promenait, fit un tour, et reprit : « Que pensait Mascagni de ces
« rêveries germaniques ? Allons, franchement,
« comme si vous vous entreteniez avec un de vos
« confrères. — Mascagni aimait beaucoup la
« manière dont Gall et Spurzheim développent et
« rendent sensibles les diverses parties de la cer-
« velle ; il avait lui-même adopté cette méthode ;
« il la jugeait éminemment propre à faire bien
« connaître ce viscère intéressant. Quant à la
« prétention de juger sur les protubérances des
« vices, des goûts et des vertus des hommes, il la
« regardait comme une fable ingénieuse qui pouvait

« séduire les gens du monde, et ne soutenait pas
« l'examen de l'anatomiste. — Voilà un homme
« sage ; un homme qui sait apprécier le mérite d'une
« conception, l'isoler du faux dont la surcharge le
« charlatanisme : je regrette de ne l'avoir pas
« connu. Corvisart était grand partisan de Gall ; il
« le vantait, le protégeait, fit l'inimaginable pour
« le pousser jusqu'à moi ; mais il n'y avait pas sym-
« pathie entre nous. Lavater, Cagliostro, Mesmer,
« n'ont jamais été mon fait ; j'éprouvais je ne sais
« quelle espèce d'aversion pour eux, je n'avais garde
« d'admettre celui qui les continuait parmi nous.
« Tous ces messieurs sont adroits, parlent bien,
« exploitent ce besoin du merveilleux qu'éprouve
« le commun des hommes, et donnent l'apparence
« du vrai aux théories les plus fausses. La nature
« ne se trahit pas par ses formes extérieures. Elle
« cache, elle ne livre pas ses secrets. Vouloir saisir,
« pénétrer les hommes par des indices aussi légers
« est d'une dupe ou d'un imposteur, ce qu'est au
« reste toute cette tourbe à inspirations mer-
« veilleuses, qui pullule au sein des grandes capi-
« tales. Le seul moyen de connaître ses semblables
« est de les voir, de les hanter, de les soumettre à
« des épreuves. Il faut les étudier longtemps, si on
« ne veut pas se méprendre. Il faut les juger par
« leurs actions ; encore cette règle n'est-elle pas
« infaillible, et a-t-elle besoin de se restreindre au
« moment où ils agissent, car nous n'obéissons
« presque jamais à notre caractère, nous cédons
« au transport, nous sommes emportés par la pas-

« sion, voilà ce que c'est que les vices et les vertus,
« la perversité et l'héroïsme. Telle est mon opinion,
« tel a été longtemps mon guide. Ce n'est pas que
« je prétende exclure l'influence du naturel et de
« l'éducation, je pense au contraire qu'elle est
« immense ; mais hors de là tout est système, tout est
« sottise. »

13 mars. — 9 heures A. M. — La nuit a été mauvaise. — Prostration des forces. — Inappétence. — Flatuosités dans l'estomac et le tube digestif. — Rapports fréquents et insipides. — Pouls petit et nerveux. — Anxiété générale. — Physionomie terreuse. — Le malade a pris très peu de nourriture, et il est resté presque tout le jour au lit.

7 heures P. M. — Les journaux d'Europe sont arrivés. L'empereur passe la nuit à les parcourir.

14 mars. — 10 h. 1/2 A. M. — L'empereur lit encore, il se lève, continue sa lecture et ne veut écouter aucun conseil à cet égard.

11 h. 1/2 A. M. — L'empereur paraît extrêmement fatigué, sa physionomie exprime l'abattement, ses yeux sont enfoncés, livides, presque éteints. Il a pris très peu de nourriture pendant la journée ; sur le soir il monte en calèche, fait un tour de promenade, rentre, m'adresse quelques questions sur son état, et se met à parcourir les journaux. Il aperçoit au nombre des défenseurs de l'indépendance italienne un personnage qui ne lui revient pas. — « J'ai
« quelque idée de cet homme ; le connaissez-vous ?
— Oui, sire ; c'est un des marquis de Pavie, un des

bravaches qui se laissèrent enlever par Giorno. — Quel est ce Giorno ? Que me racontez-vous là ? — Une de ces conspirations obscures dont le souvenir vous est échappé. Les partisans de l'Autriche avaient repris courage ; ils parcouraient le Lodero, travaillaient, échauffaient le peuple et le poussaient à la révolte. La noblesse crut le moment propice ; elle disposait de la garde nationale, elle la mit en insurrection. La Cisalpine était sans troupes, un homme courut faire face à l'orage ; il se présente chez le gouverneur, s'entend, se concerte avec lui, et mande les chefs de la rébellion. Il est indigné des effets de quelques révolutionnaires ; il veut sévir, faire un exemple : c'est pour cela qu'il les a convoqués. Cette sévérité les charme ; ils applaudissent, promettent d'être sans pitié, lorsque Giorno, dont les voitures arrivent, arrête l'aréopage, et l'enlève, sans que ni conjuré ni complice essaie d'opposer la moindre résistance. Tel est***. Voilà un aperçu de ses antécédents, la mesure de son courage. »

L'empereur ne répondit rien ; il se mit à parler de Venise, de la manière dont elle avait fini. Je sentis l'allusion, j'écoutai. Venise, malgré l'insurrection des États de Terre-ferme, conservait encore des ressources incalculables ; elle était à même de résister. Le temps pouvait d'ailleurs amener d'autres combinaisons politiques, et laisser aux nobles le pouvoir dont ils s'étaient emparés. Ils ne surent pas s'élever au-dessus des menaces, des privations ; ils cédèrent lâchement à la crainte ; ils ne songèrent qu'à feindre et à trahir. Ils se flattèrent que nous serions dupes de leurs artifices, qu'ils nous joueraient avec des mots, et qu'une révolution illusoire suffirait pour nous calmer. Le Grand Conseil imagina, en conséquence, de se démettre de son pouvoir et de promettre la démocratie. Autant valait la proclamer. Il s'en aperçut ; mais l'opinion avait marché ; il ne pouvait revenir sur ses pas, il eut recours à l'anarchie. Il lance des bandes d'Esclavons dans les rues ; il les guide, les échauffe ; mais les citoyens courent aux armes et le coup est manqué. Que faire ? Quel parti prendre ? Paralyser le peuple, lui donner un chef vieilli, sans énergie, qui soit hors d'état d'utiliser les moyens : on nomme Salembeni. Malheureusement ce vieillard était encore plein de feu ; il choisit, rassemble des hommes éprouvés, s'empare des postes principaux et dissipe les pillards ; ils reviennent à la charge, et essaient de surprendre le Rialto. Ils s'approchent, tirent, fondent sur la troupe qui le défend, et la mettent en fuite. Abandonné des siens, l'officier qui la commande ne perd pas courage ; il s'élance sur les assaillants et s'engage corps à corps avec eux. Deux fois son fer se brise, deux fois il s'arme à leurs dépens ; il en blesse cinq, en tue quatre et fait reculer le reste. Ses soldats accourent, on se joint, on se mêle, on se confond : la terre est jonchée de morts.

Le Sénat, battu sans ressources, est obligé, pour se dérober à la haine populaire, d'invoquer les Français. L'amiral Condulmer fait des ouvertures à Baraguey-d'Hilliers ; il lui offre des chaloupes, le presse d'entrer seul à Venise, puis crée, imagine des difficultés, cherche en un mot à gagner du temps. Tantôt c'est un simple citoyen dégoûté des affaires, tantôt un chef d'escadre qui parle, agit avec l'ascendant du pouvoir. Nous n'eûmes pas de peine à démêler ses trames ; nous hâtâmes nos apprêts, et Venise fut occupée que l'aristocratie était encore à discuter ses complots.

15 mars. — 10 h. 1/2 A. M. — L'empereur est très abattu. Il éprouve un froid glacial aux extrémités inférieures, le pouls est petit et irrégulier. « Ah ! « docteur, comme je souffre !..... Je ne sens plus « mes entrailles, il me semble que je n'ai plus de « bas-ventre. Tout le mal que j'éprouve est vers la « rate et l'extrémité gauche de l'estomac : je le « sens, ma mort ne peut pas être éloignée. » Il n'a pris de tout le jour que quelques cuillerées de soupe et quelques pommes de terre frites.

16 mars. — 10 h. 1/4 A. M. — L'empereur est couché, plongé dans une somnolence léthargique qu'il ne peut vaincre. « En quel état je suis tombé ! « J'étais si actif, si alerte ! à peine si je puis à pré- « sent soulever ma paupière ; mais je ne suis plus « Napoléon ; » et il referme les yeux. Il cède cependant à mes instances sur la fin du jour : il se lève, se place sur un sopha et ne consent qu'avec peine à prendre quelque nourriture.

Mme Bertrand survient, il veut l'associer à ses promenades. « Nous sortirons de bonne heure, « nous jouirons de l'air frais du matin, nous gagne-

« rons de l'appétit, et nous échapperons à l'action
« du climat. Vous, Hortense et moi, sommes les
« plus malades, il faut que nous nous aidions, que
« nous unissions nos forces pour faire face à la la-
« titude et lui arracher ses victimes. »

18 mars. — 7 heures. A. M. — La nuit a été assez tranquille. Napoléon sort en calèche : ce fut la dernière fois ! encore fut-il obligé de rentrer presque aussitôt.

Midi. — Après avoir pris quelque nourriture, l'empereur est atteint d'une vive douleur de tête, et d'un sentiment de froid glacial qui l'affecte partout, mais principalement entre les deux épaules, et vers les extrémités inférieures. — Frissons. — Grincements de dents. — Pouls très petit et nerveux. — Ces funestes symptômes ont duré cinq minutes.

L'abbé Buonavita était toujours souffrant, maladif ; Napoléon ne voulut pas qu'il gémit plus longtemps sur un écueil où l'on appréciait son zèle, mais où son ministère n'était pas indispensable. Il lui assigna une pension de trois mille francs, et le renvoya. Je profitai de l'occasion ; j'écrivis au chevalier Colonna :

« Longwood, île de Sainte-Hélène, 17 mars 1821.

« Mon cher ami,

« Je vous entretenais, dans ma lettre du 18 juillet dernier, de l'hépatite chronique dont Sa Majesté est atteinte. Cette maladie, *endémique* à la latitude où nous sommes, semblait néanmoins céder à l'action des remèdes. J'avais obtenu quelques améliorations ; mais les rechutes sont survenues. Ce n'a plus été dès lors que brusques alternatives. Tout l'effet du traitement a été complètement détruit. La situation de l'empereur n'a fait que s'empirer, les fonctions hépatiques ne s'accomplissent plus, et celles des voies digestives sont tout à fait anéanties. Sa Majesté en est au point qu'elle ne peut se nourrir que de substances liquides, qui n'ont pour ainsi dire pas besoin d'être digérées ; encore n'est-il pas sûr qu'elles soient reçues dans l'estomac, puisqu'à peine sont-elles prises qu'elles sont rejetées.

« En conséquence, et pour me décharger de toute responsabilité, je déclare à vous, à toute la famille impériale, à tout le monde que la maladie dont est attaqué l'empereur tient à la nature du climat, et que les symptômes sous lesquels elle se présente sont de la dernière gravité.

« L'art ne peut rien contre l'action continue de l'air qu'on respire, et si le gouvernement anglais ne se hâte d'arracher Napoléon à cette atmosphère dévorante, je le dis avec douleur, Sa Majesté aura bientôt rendu sa dépouille à la terre.

« Les journaux anglais répètent sans cesse que la santé de l'empereur est bonne ; n'en croyez rien, l'événement vous prouvera si ceux qui les inspirent sont sincères ou bien informés.

« Votre ami,
              « F. ANTOMMARCHI. »

« Accompagnez ce bon vieillard à James-Town,
« me dit l'empereur, rendez-lui tous les soins, don-
« nez-lui tous les conseils qu'exige un si long tra-
« jet. » J'allai, je conduisis l'abbé jusqu'au bâtiment
qui devait le transporter en Europe et rentrai à
Longwood. « Est-il embarqué? me demanda Napo-
« léon? — Oui, sire. — Commodément? — Le na-
« vire paraît bon. — L'équipage? — Bien com-
« posé. — Tant mieux; je voudrais déjà savoir ce
« brave ecclésiastique à Rome, et quitte des acci-
« dents de la traversée. Quel accueil pensez-vous
« qu'on lui fasse à Rome; il y sera bien reçu; ne
« le croyez-vous pas? » — Je tardais à répondre;
il reprit : — « Ils me le doivent, du moins; car
« enfin sans moi où en serait l'Église? »

18 mars. — 10 h. 1/2 A. M. — L'empereur a
passé une bonne nuit; cependant ses forces vont
toujours décroissant. Le pouls est petit et nerveux;
il ne mange plus et parle sans interruption. Son
propos est gai, plaisant; il me raille sur mes
pilules; je ris de la frayeur qu'elles lui causent; je
suis assez heureux pour faire quelques instants diversion à la douleur. La toux se réveille, je cours à
la potion calmante. — « A d'autres, me dit Napo-
« léon; j'ai déjà trop pris de votre cuisine; je n'en
« veux plus. — Mais, sire, la toux… — Sans
« doute! la toux, le foie, l'estomac! J'expire si je
« ne me soumets aux juleps… » J'insistai, il me
railla; j'entrai dans quelques détails, il les parodia;
je fus obligé de lâcher prise. Il avait esquivé le remède, il était gai, satisfait; il ne tarissait pas sur

l'art et ses adeptes. Je l'excitais, je prêtais le flanc, j'entretenais cette légère contradiction, qui prolonge, anime la conversation. Il m'opposait des cas, je lui en rendais compte ; j'avais souvent raison malgré moi. Il changeait alors de point d'attaque, allait, revenait, et finissait toujours par son adage, que rien n'était funeste comme les remèdes pris à l'intérieur. Je n'avais garde d'admettre cette conclusion ; elle eût été péremptoire : je n'eusse pu désormais rien obtenir. Je la combattis vivement ; je lui fis voir combien elle était fausse et pouvait entraîner de maux. « La nature ! Sans doute elle
« est puissante, inépuisable ; mais encore faut-il la
« secourir. Dans le plus grand nombre de cas,
« elle a besoin d'être saisie, interprétée. » Il était à bout, il ne voulait pas avouer la faiblesse de sa théorie ; il saisit le mot. « Interprétée ! Vous êtes
« médecin, docteur, je vous cède. — Non, sire, je
« n'oserais. — Comment cela ? — Jamais on ne fit
« mieux ! — Quoi ? que voulez-vous dire ? » — Je
« riais. — « Je vous entends ; la proclamation, n'est-
« ce pas ? Sans doute, l'interprétation était bonne ;
« mais les conseils sonnaient de nouveau le tocsin
« contre les prêtres. Repoussés par l'étranger,
« poursuivis par la France, ces malheureux que
« consumait la misère allaient périr. Je leur tendis une main secourable, je les accueillis. La
« tribune n'osa proscrire les hommes que je protégeais, et la persécution cessa ; je conservai ses
« ministres à l'Église. — Et notifiâtes au conclave
« les inspirations du Saint-Esprit. — Non. On ballot-

« tait trois candidats pour la chaire apostolique,
« Caprara, Gerdil et Albani. Le premier était à la
« tête des mécontents; l'Espagne le soutenait, je
« n'avais rien à dire. Le second était une espèce
« de saint, le choix du bas clergé et des dévots ;
« son élévation était sans conséquence politique,
« mais Albani était une créature de l'Autriche; il
« avait du tact, de l'usage, un extérieur fait pour
« séduire; il pouvait être dangereux, je n'en vou-
« lus pas. Je ne m'opposais pas à ce qu'il fût
« évêque, mais je ne devais pas reconnaître comme
« prince l'assassin de Basseville. J'étais loin de
« vouloir toucher au culte; la Révolution avait assez
« déplacé d'intérêts pour qu'on respectât les opi-
« nions religieuses. Je fis faire des ouvertures au
« Pape, je lui proposai de se joindre au gouverne-
« ment français, d'employer sa prépondérance
« pour consolider la tranquillité des deux États et
« concourir à la satisfaction commune.

« Le moment est venu, lui dis-je, d'exécuter une
« opération à laquelle sont également intéressées
« et à laquelle doivent également concourir la sa-
« gesse, la politique et la vraie religion.

« Le gouvernement français vient de permettre
« de rouvrir les églises du culte catholique, apos-
« tolique et romain, et d'accorder à cette religion
« tolérance et protection.

« Ou les prêtres profiteront de ce premier acte
« du gouvernement français dans le véritable esprit
« de l'Évangile, en concourant à la tranquillité pu-
« blique et en prêchant les vraies maximes de la

« charité, qui sont le fondement de la religion,
« de l'Évangile ; alors je ne mets plus en doute
« qu'ils n'obtiennent une protection plus spéciale,
« et que ce ne soit un heureux commencement
« vers le but tant désiré.

« Ou les prêtres se conduiront d'une manière
« tout opposée, alors ils seront de nouveau persé-
« cutés et chassés.

« Le Pape, comme chef des fidèles et centre
« commun de la Foi, peut avoir, mandai-je à son
« ministre, une grande influence sur la conduite
« que tiendront les prêtres. Il pensera peut-être
« qu'il est digne de sa sagesse, de la plus sainte
« des religions, de faire une bulle ou mandement
« qui ordonne aux prêtres obéissance au gouver-
« nement et de faire tout ce qui sera en leur
« pouvoir pour consolider la constitution établie.
« Si cette bulle est conçue dans des termes concis
« et convenables au grand but qu'elle peut pro-
« duire, elle sera un grand acheminement vers le
« bien et extrêmement avantageuse à la prospérité
« de la religion.

« Après cette première opération, il serait
« utile de connaître les mesures qui pourraient
« être prises pour réconcilier les prêtres consti-
« tutionnels avec les prêtres non constitutionnels ;
« enfin les mesures que pourrait proposer la Cour
« de Rome pour lever tous les obstacles et rame-
« ner aux principes de la religion la majorité du
« peuple français. Je prie les ministres de Sa
« Sainteté de vouloir bien communiquer ces idées

« au Pape, et de me faire connaître sa réponse le
« plus tôt possible.

« Le désir d'être utile à la religion est un des
« principaux motifs qui me font agir.

« La théologie simple et pure de l'Évangile, la
« sagesse, la politique et l'expérience du Pape
« peuvent, si elles sont exclusivement écoutées,
« avoir des résultats heureux pour la chrétienté et
« la gloire personnelle de Sa Sainteté. »

19 mars. — 10 h. 1|2 A. M. — La nuit a été assez bonne, mais le malade est tout à fait abattu. Il a le pouls fréquent, petit et nerveux.

1 h. 1|2 P. M. — L'empereur n'a pris que quelques cuillerées de soupe. Il éprouve un accès de fièvre accompagné d'un froid général qui dure environ trois quarts d'heure, et qui se fait surtout sentir aux extrémités inférieures. — Douleur de tête. — Atonie générale. — Oppression. — Douleur à l'hypocondre droit et dans tout le bas-ventre. — Toux sèche. — Langue humide et pâteuse. — Gosier, bouche tapissés de mucosités. — Napoléon se lève, mais sa faiblesse s'accroît encore, l'inappétence devient extrême, un sentiment de plénitude et d'oppression se fait sentir à l'épigastre. — Le malade éprouve dans le bas-ventre des flatuosités et une constipation fort incommodes. — Anxiété générale. — Cet état d'agitation, accompagnée d'humeur sombre et chagrine, a duré jusqu'à cinq heures de l'après-midi. Napoléon a essayé d'avaler une cuillerée de soupe, qui est rejetée presque aussitôt. Il a pris sur le soir un

peu de charlotte, et goûté quelques instants de sommeil. A son réveil, lavement simple qu'il n'a pas rendu.

11 h. 1[2 P. M. — Quelques cuillerées de bouillon, un œuf frais. — La fièvre continue.

20 mars. — 2 heures A. M. — L'empereur éprouve une forte oppression à l'estomac et une espèce de suffocation fatigante à la poitrine. Une douleur aiguë se fait sentir dans l'épigastre, l'hypocondre gauche, et s'étend sur le côté du thorax jusqu'à l'épaule correspondante; la fièvre continue; l'abdomen est fortement météorisé, il est très douloureux au tact; l'estomac paraît tout à fait détendu. — Fomentations sèches sur la partie malade. — Boissons chaudes et légèrement calmantes, suivies d'un assez bon effet.

5 heures P. M. — La fièvre redouble et se complique de froid glacial, surtout aux extrémités inférieures; le bas-ventre se météorise de nouveau; la respiration devient très difficile, et une vive douleur se fait sentir dans tous les viscères de l'abdomen. — Le malade se plaint surtout d'une forte crampe à la *milza* et à la *stacca sinistra dello stomaco*, ce sont ses expressions. — Pédiluve. — Fomentations sèches sur l'abdomen. — Frictions éthérées. — Lavements anodins.

Mme Bertrand est survenue. Il a fait un effort et s'est montré moins abattu. Il lui a demandé des nouvelles de sa santé, et après avoir conversé quelques instants avec une espèce de gaieté : « Il « faut nous préparer à la sentence fatale; vous,

« Hortense et moi, sommes destinés à la subir sur
« ce vilain rocher. J'irai le premier, vous viendrez
« ensuite, Hortense suivra, nous nous retrouverons
« tous trois dans les Champs-Élysées », et il se
mit à réciter ces vers :

> Mais à revoir Paris je ne dois plus prétendre ;
> Vous voyez qu'au tombeau je suis prêt à descendre ;
> Je vais au roi des rois demander aujourd'hui
> Le prix de tous les maux que j'ai soufferts pour lui.
>
> (VOLTAIRE, Zaïre, acte II, sc. 3.)

21 mars. — 4 heures A. M. — L'empereur a été fort agité pendant toute la nuit.

7 h. 1/2 A. M. — On lui a donné de l'huile de ricin, à la dose de sept drachmes, dans une tasse de bouillon aux herbes, mais ce médicament n'a pas été plus loin que l'estomac. Il s'est fait sentir tout le jour à la bouche, et n'a produit aucun effet. Cependant l'irritation spasmodique de l'estomac et des autres viscères abdominaux s'est un peu calmée, la fièvre continue.

4 h. 1/2 P. M. — Redoublement de la fièvre, avec un froid assez fort, mais de peu de durée. — Météorisme de l'abdomen. — Douleur vive de tous les viscères contenus dans cette cavité. — Fomentations humides adoucissantes avec succès sur l'abdomen.

11 heures P. M. — Mêmes fomentations, même succès. — Lavements simples. — L'empereur n'a pas dormi de toute la journée ; il a lu lui-même pendant quelque temps, puis il a demandé qu'on

lui fit la lecture. Tout à coup survinrent des vaniloques qui durèrent environ trois heures. Pendant ce temps, Napoléon a pris plaisir à répéter de petites chansons italiennes, à causer, à rire et à plaisanter, comme c'est assez son habitude lorsqu'il est gai et moins souffrant. — La fièvre continue, mais avec moins d'intensité. Le malade se plaint d'être extrêmement fatigué.

Je sentais combien l'émétique serait utile, je suppliai Napoléon de ne pas se manquer à lui-même, de faire un léger effort, mais sa répugnance s'exaltait au seul nom de remède. Il me répondait en exagérant l'incertitude de la médecine. « Pouvez-« vous seulement me dire en quoi consiste ma mala-« die, pouvez-vous même m'en assigner le lieu? » J'avais beau lui représenter que l'art de guérir ne procède pas comme les sciences exactes, que le siège, la cause des affections qu'on éprouve ne peuvent s'établir que par induction, il ne voulait pas admettre de distinction semblable. « En ce cas, « me disait-il, gardez vos remèdes, je ne veux pas « avoir deux maladies, celle qui me travaille et celle « que vous me donnez. » Si j'insistais, il nous accusait de travailler dans les ténèbres, d'administrer des médicaments au hasard, et de faire périr les trois quarts de ceux qui se confient à nous. Quelquefois il le prenait sur un ton que je n'oublierai jamais. « J'ai toute confiance en vous, me « disait-il ; la manière dont vous avez exercé à « Longwood m'a convaincu de votre capacité; mais « je n'ai jamais pris de médecine, je regarde les

« médicaments comme incertains, dangereux,
« j'aime mieux m'en rapporter à la nature. D'ailleurs,
« la vie veut vivre et n'a pas besoin des secours de
« l'art. Je connais mon tempérament, je suis per-
« suadé que le plus léger remède porterait le dé-
« sordre dans mon estomac. Qu'en dites-vous,
« coquin de docteur ? Ne le croyez-vous pas ? — A
« la bonne heure, sire: mais une boisson légère-
« ment émétisée... ? — Comment! une boisson
« émétisée! n'est-ce pas un remède ? — » Il consentit enfin à la prendre ; mais combien j'avais
insisté, prié, disputé !

22 mars. — Nuit assez bonne, sommeil interrompu, légère transpiration. Douleurs vagues qui
se font sentir, tantôt au foie, tantôt à l'estomac, et
parfois aux autres viscères de l'abdomen. — Sentiment de dégoût laissé par l'huile de ricin dans la
bouche. — Fomentations humides et fomentations
sèches, suivies d'un soulagement très prononcé.

7 heures A. M. — L'empereur est un peu mieux,
le pouls est presque apyrétique. Napoléon se sent
assez de forces pour se faire la barbe et essayer
sa toilette.

9 h. 1|2 A. M. — Redoublement de la fièvre
avec froid ; douleur de tête et météorisme de l'abdomen. Le malade éprouve une assez forte oppression à la région épigastrique, et un sentiment de
suffocation causé par une surabondance de glaires
sécrétées dans les voies aériennes et digestives.

11 h. 1|2 A. M. — Administration d'un quart de

grain de tartre émétique, suivie, à trois quarts de distance, d'un vomissement abondant de matière pituito-filamenteuse très épaisse. Le sentiment d'oppression et de suffocation se dissipe. — Lavement simple. — Je conseille inutilement l'emploi d'une légère décoction de chiendent. — Sueur abondante, pouls presque apyrétique.

23 *mars*. — L'empereur a un peu dormi.

A 2 heures A. M. — Redoublement de fièvre, accompagné de frissons.

A 10 heures A. M. — Administration d'un second quart de grain de tartre émétique, suivie d'un vomissement très abondant de matières semblables par leur nature à celles du jour précédent.

5 h. 1/4 P. M. — Exacerbation de la fièvre, froid glacial aux extrémités inférieures, météorisme, bâillements, sentiment douloureux dans les viscères abdominaux, oppression de l'estomac, forte constipation.

6 heures P. M. — Pédiluve sinapisé de vingt minutes de durée.

10 h. 1/4 P. M. — L'empereur a dormi depuis sept heures; il se réveille au milieu d'une sueur abondante.

11 h. 1/4. P. M. — Lavement composé.

24 *mars* — L'empereur a passé tranquillement le reste de la nuit.

8 h. 1/2 A. M. — Lavement.

10 heures A. M. — La fièvre a un peu perdu de son intensité, mais l'oppression de l'épigastre et le sentiment de suffocation se font sentir avec

plus de force que jamais. — Un quart de grain de tartre émétique.

11 h. 1/4 A. M. — Vomissement abondant de matières glaireuses, suivi d'un grand soulagement.

3 h. 1/2 P. M. — Exacerbation de la fièvre plus forte que de coutume. Le froid glacial, après s'être manifesté aux extrémités inférieures, se répand sur tout le corps. — Bâillements. — Anxiété générale. — Douleur de tête. — Bas-ventre tendu, douloureux au tact. La fièvre continue, le malade éprouve une soif ardente et boit avec beaucoup de plaisir de l'eau édulcorée avec du jus de réglisse.

25 *mars*. — La nuit a été assez tranquille, le malade a eu d'abondantes sueurs. La fièvre a beaucoup diminué, et l'empereur parle déjà de sa guérison prochaine. Cependant le bas-ventre est toujours météorisé. Je cherche à rétablir l'ordre des sécrétions muqueuses dans les voies digestives; je prescris, pour dégager les matières glaireuses et en faciliter la dissolution, un quart de grain de tartre émétique dissous dans un litre de petit lait. Napoléon le refuse.

10 heures A. M. — Tension du bas-ventre. — Oppression à l'épigastre. — Douleurs de l'abdomen. — Inquiétude générale. — Pesanteur de tête, accompagnée de légers vertiges. — Trois lavements; ils sont sans effet. Je fais faire, vers les huit heures du soir, des fomentations rafraîchissantes et anodines sur le bas-ventre. Le pouls est extrêmement irrégulier, et la fièvre varie sans cesse d'intensité.

11 heures P. M. — Fomentations sèches sur l'abdomen; le malade ne peut trouver un instant de sommeil. Il est triste, inquiet et dans un abattement extrême. — Boissons anodines.

26 mars. — Nuit mauvaise.

5 heures A. M. — Administration d'un lavement simple, suivie de quelque soulagement. — Légère sueur vers le tronc et les extrémités supérieures.

7 h. 1/4 A. M. — Exacerbation de la fièvre. — Tension du bas-ventre. — Borborygmes. — Oppression à l'estomac. — Douleur de tête. — Humeur sombre et chagrine. — Lavements.

La maladie devenait chaque jour plus grave; je n'osai m'en rapporter à mes lumières, l'empereur ne voulait pas d'Anglais; j'étais dans une perplexité difficile à décrire. Elle fut encore augmentée par une offre indiscrète du gouverneur. Il lui était arrivé un médecin habile, incomparable, qui guérissait tous les maux; il pensait que ses services pouvaient être utiles au *général* Bonaparte, il le mettait à sa disposition. — « Pour continuer Baxter, faire « de faux bulletins! A-t-il encore besoin d'abuser « l'Europe, ou songe-t-il déjà à l'autopsie? Je ne « veux pas d'homme qui communique avec lui. » — Je laissai tomber ses défiances et saisis le moment où je le vis plus tranquille pour hasarder quelques mots sur la nécessité d'une consultation. — « Une consultation! A quoi servirait-elle? Vous « jouez tous à l'aveugle. Un autre médecin ne « verrait pas plus que vous ce qui se passe dans

« mon corps; s'il prétendait mieux y lire, ce serait
« un charlatan qui me ferait perdre le peu de
« confiance que je conserve encore pour les enfants
« d'Hippocrate. D'ailleurs, qui consulterais-je? Des
« Anglais qui recevraient les inspirations d'Hud-
« son? Je n'en veux pas, je vous l'ai déjà dit;
« j'aime mieux que l'iniquité s'achève; la flétris-
« sure équivaut à toutes mes angoisses. » — L'empereur était animé, je n'insistai pas; j'attendis
qu'il fût plus calme, je revins à la charge. —
« Vous persistez, me dit-il avec bonté, eh bien!
« soit, j'y consens. Concertez-vous avec celui des
« médecins de l'île que vous jugez le plus capable. »
— Je m'adressai au docteur Arnott, chirurgien
du 2º régiment; je lui fis l'exposé des symptômes,
des principales circonstances de la vie de l'empereur; il fut d'avis qu'il fallait :

1º Appliquer un large vésicatoire sur toute la
région abdominale ;

2º Administrer un purgatif;

3º Faire de fréquentes aspersions de vinaigre sur
le front.

Je rentrai ; la fièvre était diminuée. L'empereur
prit deux lavements et se trouva un peu soulagé.
Il me demanda quel était le résultat de la consultation, je le lui dis. Il secoua la tête, parut peu satisfait et ajouta : — « C'est là de la médecine anglaise. »

27 mars — 5 h. 1/2 A. M. — Nuit assez tranquille. — Sueurs abondantes. — Le bas-ventre est
tendu, douloureux au tact. Je crois devoir prescrire

une mixture saline légèrement purgative et un lavevent simple. L'empereur consent à prendre l'un, montre de la répugnance pour l'autre. J'insiste, il se défend, et se met à me questionner sur la composition de ce médicament, son efficacité, et le mal qu'il peut lui faire. « — Aucun. — Vous en « êtes sûr ? — Parfaitement. — Mais s'il en fait ? — « J'y remédierai. — Par quels moyens ? » — Je les lui indiquai. « — Eh bien ! préparez-le ; mon « estomac n'est pas fait à vos drogues, je vous en « avertis, arrangez-vous en conséquence. » — Je m'arrangeai ; mais il ne vit pas plus tôt que tout était disposé qu'il se prit à rire et me dit : « — Vous « vous pressez trop, docteur ; pas encore : j'y réflé« chirai. » — Nous le suppliâmes de ne pas s'abandonner lui-même, de chercher quelque soulagement aux maux qu'il endurait. Il s'impatienta, nous dit que nous étions tous d'accord, que nous en voulions à son pauvre estomac, que nous savions bien qu'il ne croyait ni à la médecine ni à ses remèdes, que nous le laissassions tranquille.

9 heures A. M. — Exacerbation de la fièvre, accompagné d'un froid glacial qui se fait principalement sentir aux extrémités inférieures. — Bâillements. — Douleur de tête. — Oppressions à l'estomac. — Tension abdominale. Vers le soir, la fièvre perd de son intensité et diminue encore davantage pendant la nuit. — Lavement.

L'empereur avait fréquemment besoin de moi. Me faire chercher, aller, venir, entraîner du temps, il ne le voulut plus. « — Vous devez être accablé, doc-

« teur, me dit-il avec bonté ; vous êtes dérangé sans
« cesse, vous n'avez pas un instant pour clore la
« paupière. Ce n'est pas encore fait de moi ; il faut
« que je vous ménage. Je vais vous faire tendre un
« lit dans la pièce voisine. » — Il donna aussitôt ses
ordres, détailla les symptômes, les sensations qu'il
éprouvait, et ajouta : « — Nous y sommes, docteur, en
« dépit de vos pilules ; ne le croyez-vous pas ? —
« Moins que jamais. — Bon ! moins que jamais !
« Encore une déception médicale. Quel effet pensez-
« vous que ma mort produise en Europe ? — Aucun,
« sire. — » Il ne me laissa pas achever. « — Au-
« cun ! — Non ; parce qu'elle n'arrivera pas. — Si
« elle arrivait ? — Alors, sire, alors... — Eh bien ?
« — Votre Majesté est l'idole des braves ; ils se-
« raient dans la désolation. — Les peuples ? — A
« la merci des rois, et la cause populaire à jamais
« perdue. — Perdue ! docteur ; et mon fils ! Sup-
« poseriez-vous ? — Non, sire, rien ; mais quelle
« distance à franchir ! — Est-elle plus vaste que
« celle que j'ai parcourue ? — Que d'obstacles à
« surmonter ! — En ai-je eu moins à vaincre ? Mon
« point de départ était-il plus élevé ? Allez, doc-
« teur, il porte mon nom ; je lui lègue ma gloire
« et l'affection de mes amis ; il n'en faut pas tant
« pour recueillir mon héritage. » C'était l'illusion
d'un père à l'agonie ; je n'insistai pas : il eût été
trop cruel de la dissiper.

28 mars. — 7 heures A. M. — Lavement
composé, suivi d'une évacuation abondante de
matières pituiteuses, denses et glutineuses. —

Bas-ventre tendu, douloureux. Je propose l'emploi d'un purgatif doux, mais l'empereur n'en a pas entendu le nom qu'il fait mine de céder au sommeil, laisse tomber sa tête sur sa poitrine et s'étend dans son lit. J'essaie tous les lieux communs d'usage ; il m'écoute les yeux fermés et poussant un profond soupir dès qu'il entend que j'ai achevé mon homélie : « — Que disiez-vous, docteur? » — Je commençai, il recommença et m'éconduisit ainsi.

9 heures A. M. — Exacerbation de la fièvre, accompagnée de froid glacial aux extrémités inférieures et d'une violente douleur de tête.

10 heures P. M. — Le reste de la journée a été moins mauvais ; l'empereur a pris un peu plus de nourriture que de coutume.

29 mars. — Mauvaise nuit. Une heure du matin : exacerbation de la fièvre, froid glacial aux extrémités inférieures, douleur de tête, météorisme de l'abdomen. Lavement vers le point du jour; il reste sans effet.

9 heures A. M. — Nouvelle exacerbation de la fièvre — Forte douleur à la tête. — Somnolence. — Transpiration assez abondante. Le malade boit beaucoup et avec plaisir de l'eau édulcorée avec du jus de réglisse. Sa langue est recouverte d'un enduit blanchâtre, et sa bouche ainsi que son gosier sont tapissés de matières visqueuses et glaireuses.

2 h. 1|2 P. M. — La fièvre commence à diminuer.

La maladie faisait des progrès rapides; je revins encore à la charge, et, au risque de lui déplaire, je suppliai Napoléon de ne pas se refuser plus longtemps aux secours de l'art. Il ne répondit rien, resta quelques instants et me dit : « — Vous avez « raison, je verrai; pour le moment, vos soins me « sont inutiles : vous pouvez vous retirer. » — Je m'en allais, il me retint et se mit à discourir sur la destinée, dont toutes les facultés du monde ne peuvent arrêter ni suspendre les coups. J'essayai de combattre ces funestes doctrines; mais il parlait avec force, revenait constamment à ses adages : « — *Quod scriptum, scriptum;* douteriez-vous, « docteur, que tout ce qui arrive est écrit, que « notre heure est marquée, que nul d'entre nous « ne peut prendre sur le temps une part que lui « refuse la nature? » — J'osai le contredire, il s'emporta et *m'envoya au diable avec mes drogues.* Je me retirai, mais un instant avait suffi pour le rendre à sa bonté naturelle. Je n'étais pas dans ma chambre qu'il me fit chercher, et me dit qu'il voulait être désormais plus respectueux envers la médecine, qu'il ne lui manquerait plus, et ne révoquerait plus en doute son efficacité. « — Mais, « sire, les remèdes! Votre Majesté consentira-t-« elle à les prendre? — Ah! répliqua-t-il d'un « ton qui peignait son excessive répugnance, cela « est peut-être au-dessus de mes forces; c'est une « chose inouïe que l'aversion que je porte aux « médicaments. Je courais les dangers avec indiffé-« rence; je voyais la mort sans émotion, et je ne

« peux, quelque effort que je fasse, approcher de
« mes lèvres un vase qui renferme la plus légère
« préparation; mais c'est qu'aussi je suis un
« enfant gâté qui n'a jamais eu affaire de méde-
« cine. » — S'adressant ensuite à Mme Bertrand :
« — Comment faites-vous pour prendre toutes ces
« pilules, toutes ces drogues que vous prescrit
« sans cesse le docteur? — Je les prends sans y
« penser, lui répondit-elle, et je conseille à Votre
« Majesté d'en faire autant. » — Il secoua la tête, adressa la même question au général Montholon, à ses valets de chambre qui avaient tous été plus ou moins malades. Il reçut de chacun la même réponse, et me dit : « — Je suis donc le seul ici
« qui soit rebelle à la médecine; je ne veux plus
« l'être : donnez. » — Je lui passai dix grains d'extrait de rhubarbe; il les prit et eut une évacuation abondante de matières glaireuses.

30 mars. — 5 h. 1/2 A. M. — La nuit a été extrêmement agitée. Le malade a pris à une heure du matin un lavement composé, qu'il a rendu bientôt après, avec beaucoup de matières glaireuses.

2 heures P. M. — J'administre *six grains d'extrait de rhubarbe* qui déterminent un vomissement très abondant de glaires.

3 h. 1/2 P. M. — Exacerbation de la fièvre, avec douleur de tête et froid glacial aux extrémités inférieures. La fièvre continue le reste du jour sans rien perdre de son intensité.

11 heures P. M. — La nuit est agitée. Les symptômes se soutiennent, l'exacerbation de la fièvre se

complique d'une forte tension du bas-ventre, de violents borborygmes, d'une sensation douloureuse, et d'une chaleur presque insupportable dans l'abdomen et dans la poitrine. Je répète les fomentations ; le malade est sombre et inquiet.

Je cherche à faire diversion aux idées qui l'assiègent ; je parle des hommes que je sais lui être chers, de Dugua, de Caffarelli, de Kléber. « Kléber !
« c'était le dieu Mars en uniforme. Courage, con-
« ception, il avait tout ; il ne lui manqua que de
« disposer plus longtemps de son champ de ba-
« taille. J'étais jaloux de me l'attacher : je lui pro-
« posai de faire partie de l'expédition dont nous
« menacions l'Angleterre. Je le voudrais, me dit-il ;
« mais, si je le demande, les avocats me refuseront.
« — Je m'en charge, lui répliquai-je. — Eh bien ! si
« vous jetez un brûlot sur la Tamise, mettez Klé-
« ber dedans, vous verrez ce qu'il sait faire.

« *31 mars.* — Les symptômes fâcheux qui avaient commencé à se manifester hier, ont duré jusqu'à ce matin. Au point du jour, une sueur abondante a eu lieu, et la fièvre a beaucoup perdu de sa violence.

8 heures A. M. — Paroxysme de peu de durée. Sur le soir, l'empereur se trouve beaucoup mieux, toutefois il se plaint encore de l'affection du bas-ventre ; il ne veut pas faire usage des laxatifs, et prend deux lavements simples dont il ne rend qu'une partie.

9 heures P. M. — Nouvelle exacerbation de la fièvre, accompagnée d'une chaleur insupportable dans l'abdomen. — Météorisme. — Somnolence

léthargique. — Vers le milieu de la nuit, la fièvre diminue considérablement. Je continue les fomentations.

1er avril. — Sueurs abondantes; le malade est assez tranquille le reste de la nuit.

8 heures A. M. — Exacerbation de la fièvre, accompagnée de somnolence et suivie d'une forte transpiration.

10 h. 1/2 A. M. — Le pouls donne soixante-quinze battements par minute. Des sueurs abondantes se manifestent à la tête, sur la poitrine, à l'épine du dos, aux extrémités supérieures, à la région abdominale même : les extrémités inférieures en sont seules exemptes.

1 h. 1/2 P. M. — Un lavement composé donne lieu à une évacuation de matières glaireuses, dans lesquelles sont suspendues des substances glutineuses, plus ou moins épaisses et consistantes. Fomentations.

8 h. 1/2 P. M. — Nouveau paroxysme accompagné d'une chaleur brûlante et d'une violente tension du bas-ventre. — Pesanteur de tête. — Toux sèche, fréquente et insupportable.

10 h. 1/2 P. M. — L'empereur m'avait permis d'appeler le chirurgien du 20e en consultation. Il allait plus mal, je désirais m'aider de l'expérience de ce praticien; je lui demandai qu'il voulût bien l'admettre, il y consentit. En conséquence, j'introduisis le docteur Arnott auprès de lui. Sa chambre n'était point éclairée; il se plaisait dans cette obscurité profonde, il ne voulut pas même qu'on ap-

portât de la lumière, pendant que le médecin anglais était là. Il lui permit de lui tâter le pouls, d'explorer l'état du bas-ventre dont il se plaignait beaucoup, lui demanda ce qu'il pensait de sa maladie, et le congédia en lui témoignant le désir de le revoir le lendemain matin, à neuf heures.

L'officier d'ordonnance chargé de constater la présence de Napoléon, était obligé de faire chaque jour son rapport au gouverneur et d'attester qu'il l'avait vu, mais l'empereur gardait le lit depuis le 17 mars, il n'avait pu remplir cette partie de sa mission. Hudson s'imagina qu'il était trahi. Il vint à Longwood avec sa suite, fit le tour de l'habitation, n'aperçut rien, s'emporta et menaça l'officier des peines les plus sévères, s'il ne s'assurait de la présence du *général Bonaparte*.

L'officier était fort embarrassé ; car d'un côté il connaissait les intentions de l'empereur, et de l'autre il n'espérait pas qu'il sortît jamais de l'habitation. Il s'adressa au général Montholon et à Marchand, qui, touchés de sa position, lui ménagèrent les moyens de sortir de peine et de calmer les fureurs d'Hudson. Il fallait éviter que Napoléon aperçût l'agent du gouverneur, faire en sorte qu'il ne se doutât pas même de sa présence ; la chose n'était pas facile : ils y réussirent cependant.

La chambre à coucher de l'empereur se trouvait au niveau du sol, et les fenêtres étaient assez basses pour qu'on vît tout ce qui s'y passait. Napoléon, habituellement constipé, était obligé de prendre des lavements ; nous disposâmes le siège en face de la fenêtre, et tandis que le général Montholon et moi nous nous tenions à côté du malade, Marchand entr'ouvrit légèrement les rideaux comme s'il eût voulu regarder dans le jardin : l'officier, qui était posté en dehors de la fenêtre, vit et put faire son rapport; mais le gouverneur ne fut pas satisfait, il ne rêvait que fuite, qu'évasion, et ne passait pas un jour qu'il ne cherchât à surprendre le seuil de son prisonnier. Enfin, le 31 mars, il déclara que si dans la journée, ou au plus tard le lendemain, son agent n'avait pas la faculté de voir le *général Bonaparte*, il arriverait avec son état-major et forcerait l'entrée, sans égard pour les suites fâcheuses que son irruption pourrait avoir. Le général Montholon chercha à le détourner de ce dessein, lui représenta les égards qu'on doit au malheur, le trouble, le désordre où son apparition jetterait l'empereur : il ne voulut rien entendre. Il s'inquiétait fort peu qu'il vécût, qu'il mourût; son devoir était de s'assurer de sa personne, il le remplirait. J'apercevais le tigre rôdant autour de l'habitation ; j'étais suffoqué, hors de moi ; je sortais lorsqu'il me saisit au passage. « Que fait le *général Bonaparte* ? — Je l'ignore. — Où est-il ? — Je ne sais. — Il n'y est pas ? » Il montrait la cabane. « — Il n'y est pas. — Disparu ? — Tout à fait. — Comment ? quand ? — Je ne sais pas au juste — Cherchez, rassemblez vos idées ; depuis quelle heure ? — L'heure ! la dernière bataille qu'il a commandée est, je crois, celle d'Aboukir. Il combattait pour la civilisation, vous défen-

diez la barbarie ; il défit, jeta vos alliés à la mer ;
sa victoire fut complète ; je n'en ai pas entendu
parler depuis. — Docteur ! — Excellence ! — Tout
ici... — Non ! — Qui ? — Moi. — Vous ! — Moi.
Soldats ! — Soldats ! accourez ; mettez le comble à
vos outrages ; arrachez un reste de vie à l'empereur. — L'empereur ! Quel empereur ! — Celui qui
fit trembler l'Angleterre, qui montra à la France le
chemin qui conduit à Douvres, et mit aux mains du
continent la massue qui tôt ou tard donnera le coup
de grâce à votre aristocratie. » Son Excellence
s'éloigna ; je restai seul avec Reade. « — Ce n'est
pas ainsi... — Non, sûrement, ce n'est pas ainsi ; il
faut avoir l'âme pétrie du limon de la Tamise pour
venir épier le dernier soupir d'un moribond ; son
agonie vous tarde, vous voulez la presser, en jouir.
Le Cimbre, chargé d'égorger Marius, recula devant
le forfait qu'il devait commettre ; mais vous !...
Allez, si l'opprobre se mesure à l'attentat, nous
sommes bien vengés. »

La résolution était trop ferme et le Calabrais trop
sauvage pour qu'on pût compter sur les bienséances
et les droits de l'humanité. Le comte Bertrand et
le général Montholon cherchèrent un autre moyen
de conjurer l'orage. Ils représentèrent à Napoléon
que sa santé exigeait des soins, des ménagements,
une pratique éclairée, et furent assez heureux pour
le déterminer à prendre un médecin consultant. Il
choisit le docteur Arnott que le gouverneur rendit
responsable de l'existence de l'empereur, et qui fut
obligé de faire chaque jour à l'officier d'ordonnance

un rapport que celui-ci était chargé de transmettre à Plantation-House.

2 avril. — L'empereur a été fort agité pendant la nuit dernière ; il a eu des sueurs visqueuses abondantes à la tête, à l'épine du dos, à la poitrine et aux extrémités supérieures. Il est d'une faiblesse extrême, et son pouls donne soixante-seize pulsations par minute.

7 h. 1/2 A. M. — Nouveau paroxysme, accompagné de bâillements, de pesanteur de tête et de douleur abdominale. Toux sèche et fréquente.

9 heures A. M. — J'introduis le docteur Arnott auprès de l'empereur, qui lui adresse plusieurs questions relatives à sa maladie ; il se plaint beaucoup de l'estomac et de l'abdomen. Le médecin anglais propose l'usage d'une nourriture animale, telle que gélatine ou autre analogue, dont le choix doit être subordonné à l'état des forces digestives : il conseille en outre de rester au lit le moins possible, et de faire usage de pilules composées d'*extrait d'aloës succotrin, de savon dur,* ana, *demi-gros; huile de carvi, deux gouttes* ; d'en faire douze et d'en prendre deux le matin et deux le soir. L'empereur témoigne une répugnance extrême pour toute espèce de médicament, surtout à l'état liquide.

11 h. 1/2 A. M. — Sueurs visqueuses et abondantes. La fièvre perd beaucoup de son intensité.

3 heures P. M. — Les sueurs durent encore. Le météorisme du bas-ventre augmente à chaque instant. — Oppression de l'estomac, accompagnée

d'un sentiment de pulsation. — Le malade refuse de prendre les pilules. — Lavement suivi presque aussitôt d'évacuation.

4 h. 3/4 P. M. — Nouvelle exacerbation de la fièvre, accompagnée de froid glacial, principalement aux extrémités inférieures.

7 h. 1/4 P. M. — Les domestiques rapportent qu'ils ont observé une comète vers l'orient. « Une « comète ! s'écrie l'empereur avec émotion, ce fut « le signe précurseur de la mort de César. » J'arrivai au milieu du trouble où ce rapport l'avait mis. « Vous avez vu, docteur ? — Non, sire, rien. — « Comment ! la comète ? — On n'en aperçoit pas. — « On l'a vue. — On s'est mépris ; j'ai longtemps « observé le ciel, je n'ai rien découvert. — Peine « perdue ! je suis à bout, tout me l'annonce, vous « seul vous obstinez à me le cacher ; que vous en revient-il ? pourquoi m'abuser ? Mais j'ai tort ; vous « voulez me voiler l'horreur de l'agonie, je vous « sais gré de votre intention » (1).

---

1. Une comète réputée historique, non pas dans les annales de l'astronomie, mais dans les chroniques de la Corse, avait été découverte à l'Observatoire de Paris par l'astronome Missier, le 8 août 1769. Elle semblait, selon les croyances populaires, tracer tout autour du soleil sa longue traînée lumineuse, pour annoncer au monde l'avènement d'un grand homme. Si, le jour de la naissance, l'astre errant n'était pas encore aussi visible que l'annonçait la légende, il se développait les jours suivants et brillait en septembre d'un éclat magnifique. La queue de cette comète atteignait enfin 60 degrés de longueur vers l'époque annoncée où son rapprochement du soleil la fit disparaître dans la lumière du jour.

En 1821, dès les premiers jours de février au matin, une comète apparut, au-dessus de l'île Sainte-Hélène. Napoléon, resté fataliste, vit dans ce phénomène céleste un funeste présage, éclipsant l'étoile de son avènement au monde.

« Cette comète de 1821, a écrit M. Faye, l'éminent astronome, a été découverte à Paris, le 11 janvier et est devenue visible, à l'œil nu, en février avec une queue de 7 degrés de longueur. Elle a été observée en Europe et même du 21 avril au 3 mai à Valparaiso. Le 5 mai, enfin, elle devait être encore visible avec une lunette, à l'île Sainte-Hélène, en s'éloignant, de plus en plus, de la terre. »

3 avril. — Le malade a passé une assez bonne nuit, il a beaucoup dormi, et à six heures du matin il a pris un lavement composé qui a été suivi d'une évacuation abondante de matière pituiteuses, partie liées, partie de suspension, et d'une odeur insupportable.

Je rencontrai Thomas Reade comme je sortais de chez l'empereur. Il était impatient, soucieux, brûlait de lui voir occuper l'habitation nouvelle ; il m'en parla, s'étonna que je le laissasse consumer dans des pièces étouffées, malsaines, tandis que nous pouvions disposer de magnifiques appartements. « J'entends, lui dis-je ; tué dans une hutte, il faut qu'il expire dans un palais. La combinaison est trop anglaise, je ne peux m'y prêter. Voyez ailleurs. » Il vit en effet. Je n'avais pas conduit le docteur Arnott au chevet de Napoléon, que ce brave médecin improvisait déjà sur les avantages qu'il y avait à déloger. L'empereur l'écouta sans répondre, réfléchit un instant, et me dit : « Est-ce votre avis, « docteur ? — Non, sire ; la fièvre est trop forte ; « le déplacement pourrait avoir les plus graves « conséquences. — Vous l'avez entendu. » Il s'adressait à Arnott. — « Eh bien ! n'en parlons plus. » Le docteur voulut revenir à la charge, mais Napoléon fit la sourde oreille, il n'en fut plus question.

10 heures A. M. — Tristesse profonde, pouls petit et irrégulier. Les pulsations varient de soixante-quatorze à quatre-vingts par minute. La chaleur du corps est de 96 degrés au thermomètre de Farenheit ; la peau paraît plus humide que de coutume.

— Nouveau lavement composé, qui est suivi d'une évacuation semblable à la précédente. Le malade transpire beaucoup, éprouve de la soif, et dit qu'il ne peut manger : toutefois il exprime le désir de prendre un peu de vin, boit du clairet, mais refuse avec obstination toute espèce de médicament.

3 heures P. M. — Nouveau lavement, suivi des mêmes résultats que les précédents.

4 h. 3/4 P. M. — Exacerbation de la fièvre, accompagnée de froid glacial aux extrémités inférieures, de douleur à la tête, d'une tension pénible de l'abdomen, d'une toux sèche et d'une oppression violente à la région de l'estomac.

L'empereur me paraît dans un danger imminent; je communique mes craintes au docteur Arnott, qui, loin de les partager, augure admirablement de son état. Je voudrais avoir la même espérance, mais je ne puis me dissimuler que Napoléon touche à sa fin. J'en préviens les comtes Bertrand et Montholon. Celui-ci se charge d'instruire l'empereur que son heure approche et le dispose à mettre ordre à ses affaires.

4 avril. — La fièvre a continué pendant toute la nuit avec une alternative de froid et de chaud qui a surtout affecté les extrémités inférieures. Le malade éprouvait une tension douloureuse au bas-ventre, une soif ardente, un sentiment pénible de suffocation, une inquiétude extrême et une anxiété générale. Son imagination est troublée par des cauchemars et des songes effrayants. — Nausées. — Vomissement de matières glaireuses. — Sueurs visqueuses abondantes, surtout à la tête, le long du dos et des extrémités supérieures.

8 heures A. M. — L'empereur se trouve un peu mieux ; cependant le pouls donne quatre-vingt-quatre pulsations par minute ; la chaleur est au-dessus de l'état naturel, et le malade boit beaucoup d'eau rougie avec du clairet.

10 heures A. M. — Nouvelle exacerbation de la fièvre, accompagnée de froid aux extrémités inférieures, d'une pesanteur douloureuse à la tête et d'une forte tension du bas-ventre. — Borborygmes.

1 heure P. M. — Lavement composé, suivi immédiatement d'une légère évacuation de matières peu liées et extrêmement fétides.

1 h. 1/2 P. M. — Paroxysme accompagné de nausées et de vomissements glaireux.

2 h. 1/4 P. M. — Les nausées durent encore, et après de violents efforts le malade vomit une grande quantité de matières glaireuses plus épaisses que les précédentes.

5 avril. — L'empereur a passé une nuit extrêmement agitée ; il a eu quatre vomissements consécutifs ; la fièvre s'est maintenue longtemps avec violence. Elle a baissé sur les deux heures du matin ; les sueurs visqueuses abondantes qui se sont déterminées à la tête, à la poitrine et le long du dos l'ont beaucoup affaibli. Toutefois le météorisme et la sensation douloureuse du bas-ventre, l'inquiétude et l'anxiété générale n'ont pas cessé.

Napoléon est accablé de son état, et s'écrie à

diverses reprises : « Ah ! pourquoi, puisque je de-
« vais la perdre d'une manière aussi déplorable,
« les boulets ont-il épargné ma vie ! »

10 heures A. M. — Légère exacerbation de la
fièvre. Le malade se trouve un peu mieux ; mais il
est extrêmement faible, se plaint beaucoup de l'estomac et ne prend presque point de nourriture.

3 heures P. M. — Lavement composé, suivi
d'une évacuation abondance de matières glaireuses,
fort épaisses, et de mucosités en état de dissolution et très fétides.

4 heures P. M. — Nausées et vomissement glaireux.

5 heures P. M. — Le malade prend une pilule
faite avec de l'*extrait d'aloès succotrin* et du *savon*.
Elle lui laisse dans la bouche un goût désagréable
qui se fait sentir pendant toute la soirée et une
partie de la nuit. — Nouvel accès de fièvre. —
Urine bourbeuse et chargée de sédiment.

10 heures P. M. — La fièvre diminue et est suivie d'une sueur visqueuse abondante.

6 avril. — La nuit n'a pas été mauvaise ; cependant la pilule n'a produit aucun effet, et la fièvre
a reparu avec une nouvelle violence. Le sommeil a
souvent été interrompu par une soif ardente. Le
malade demandait sans cesse à boire et ne pouvait
l'étancher, les sueurs visqueuses qui se manifestaient ordinairement à la tête, sur l'épine du dos,
à la poitrine et aux extrémités supérieures ont été
plus abondantes que précédemment. Ce matin, la
fièvre a considérablement diminué, le pouls donne

de soixante-dix à quatre-vingts pulsations par minute, la chaleur est presque naturelle ; le malade refuse toute espèce de nourriture et de médicament ; son urine est encore bourbeuse et plus sédimenteuse qu'hier.

Midi. — Napoléon est plongé dans une espèce d'assoupissement ; il refuse toujours de prendre de la nourriture. Je le presse de se rafraîchir la bouche. « — Laissez, docteur, laissez ; ne troublez « pas le repos dont je jouis. »

1 heure P. M. — L'empereur a pris deux pilules purgatives. Nous lui proposons l'usage des cordiaux, de la décoction de quinquina surtout.

9 h. 1/4 P. M. — Exacerbation de la fièvre, accompagnée de froid glacial aux extrémités inférieures, de douleur à la tête, au foie, à l'estomac, et d'une tension douloureuse au bas-ventre. Le malade paraît très agité et vomit de la pituite épaisse et filamenteuse. Les pilules purgatives produisent enfin une évacuation abondante de matières jaunâtres, muqueuses et mêlées de beaucoup de glaires.

Il y avait une vingtaine de jours qu'il était hors d'état de se faire la barbe ; il l'avait laissée croître au point d'en être incommodé. Je l'avais plusieurs fois engagé à la faire faire par un de ses domestiques ; mais il avait toujours éludé. A la fin, la gêne devint tellement insupportable, que lui-même témoigna le désir d'être rasé. Je lui proposai d'appeler Coursot ou quelqu'un de sa suite ; il ne répondit pas d'abord, réfléchit quelques moments et me dit : « Je « me suis toujours fait la barbe moi-même, jamais

« personne ne m'a mis la main sur le visage. Au-
« jourd'hui que je suis sans force, il faut bien que
« je m'y résigne, que je me soumette à une chose
« à laquelle ma nature s'est toujours refusée. Mais
« non, docteur, ajouta-t-il en se tournant vers moi,
« il ne sera pas dit que je me serai ainsi laissé
« toucher ; ce n'est qu'à vous que je permettrai de
« me faire la barbe. » — Je n'avais jamais fait que
la mienne, je me retranchai sur mon inexpérience,
et fis tous mes efforts pour que l'empereur eût
recours à une main plus exercée. — « A la bonne
« heure ; il en sera ce qu'il vous plaira ; mais, bien
« certainement, aucun autre que vous ne se vantera
« jamais de m'avoir porté les mains sur la figure.
« Au reste, je verrai. »

7 avril. — L'empereur a passé la nuit dans une
agitation continuelle. — Borborygmes. — Forte
douleur de tête. — A deux heures du matin, la
fièvre a commencé à perdre de son intensité par
l'effet de quelques sueurs visqueuses partielles assez
abondantes. Ce matin, il éprouve une légère pesanteur de tête et un malaise général, le pouls est
petit, fréquent et irrégulier.

3 heures P. M. — Deux lavements consécutifs
ont été rendus avec des matières en état de dissolution. L'empereur est d'assez bonne humeur. A
quatre heures, il prend une cuillerée de gélatine et
une pomme cuite.

5 heures P. M. — Il se lève, se rase, fait sa toilette. « Eh bien, docteur, ce n'est pas encore cette
« fois ? — Je vous le disais, sire ; votre heure n'est

« pas venue. » J'approchai son fauteuil ; il s'assit, demanda les journaux et les parcourait avec complaisance lorsqu'il rencontra je ne sais quelle anecdocte offensante pour deux de ses généraux, qu'on disait avoir recueillie de la bouche de l'un de nous. Son front devint sévère, son œil prit du feu. « C'est
« vous, monsieur, qui répandez de telles infamies !
« C'est sous mon nom que vous les débitez ! Qui vous
« pousse, qui vous excite ? que vous proposez-vous ?
« Est-ce pour me faire tenir école de diffamation
« que vous vous êtes attaché à mes pas ! Quoi ! mes
« amis, les miens, ceux qui ont couru ma fortune,
« c'est moi qui les flétris ! moi qui les déshonore !
« Que tardez-vous ? Qui vous arrête ? Courez en
« Europe ; vous y ferez des lettres du Cap, de la
« Méditerranée, que sais-je, moi ? On n'est jamais
« embarrassé en fait de libelle. L'émigration battra
« des mains, je ne serai pas là pour vous démen-
« tir ; vous jouirez de vos mensonges ; allez. » Il se retira. Napoléon reprit : « Sans doute il y a
« eu des fautes, mais qui n'en fait pas ? Le citoyen,
« dans sa vie facile, a ses moments de faiblesse et
« de force ; et l'on veut que les hommes qui ont
« vieilli au milieu des hasards de la guerre, qui
« ont été constamment aux prises avec tous les
« genres de difficultés, n'aient jamais été au-dessous
« d'eux-mêmes, aient toujours touché juste au but. »

6 heures P. M. — Il prend une pilule purgative ; nous lui proposons de nouveau l'usage de la décoction de quinquina.

7 h. 1/2. P. M. — Il prend une soupe d'*arrow-*

root, deux cuillerées de gélatine, et un peu d'eau mêlée avec du clairet.

9 h. 1[4. P. M. — Paroxysme accompagné des symptômes accoutumés.

11 heures P. M. — Sueurs partielles et visqueuses ; elles sont plus abondantes que jamais.

8 avril. — 7 h. 1[2. A. M. — La nuit a été tout à fait mauvaise. Le pouls, sans être précisément fébrile, est petit, fréquent et irrégulier. L'empereur accepte quelques cuillerées de soupe d'*arrow-root* et de la gélatine avec deux biscuits à la cuillère et un peu de vin muscat de Frontignan.

1 h. 1[2. P. M. — Trois évacuations ont lieu successivement ; elles sont toutes composées de matières jaunâtres, muqueuses et mêlées de beaucoup de glaires.

3 heures P. M. — Le malade consent à faire usage d'une once de décoction de quinquina, mêlée avec quelques gouttes de teinture spiritueuse du même médicament. Il prend encore, sur le soir, de la gélatine et une soupe de vermicelle.

8 h 1[2. P. M. — Pilule purgative. — Pouls normal.

9 avril. — L'empereur a passé une assez bonne nuit ; il a bu du thé acidulé avec du suc de citron. A trois heures du matin il a pris une once de la décoction de quinquina avec la teinture spiritueuse du même médicament, et au point du jour il a eu des vomissements de matières glaireuses. Le pouls, sans être fébrile, est petit, irrégulier, et donne de soixante-douze à quatre-vingt-quatre pulsations par minute. Le malade est d'une humeur inquiète et sombre : il éprouve d'abondantes évacuations : ses forces sont dans un état de prostration extrême.

10 avril. — Rien de bien particulier. Le malade éprouve toujours des nausées; il rend presque tous les aliments dont il fait usage : ses forces diminuent de plus en plus. Le pouls est presque normal et donne soixante-douze pulsations par minute. L'empereur cependant croit éprouver du mieux. « La « crise est passée; me voilà retombé dans l'état « où je languis depuis huit mois, beaucoup de fai- « blesse, point d'appétit et puis... » Il porta la main sur l'hypocondre droit. « C'est là, c'est le foie, doc- « teur. A quelle latitude on m'a livré ! » Il laissa tomber sa tête et resta immobile jusqu'au moment où le chirurgien du 20e, qui lui avait demandé la permission de palper, voulut lui persuader que l'organe dont il se plaignait était en bon état. Il lui jeta un coup d'œil qui n'était assurément pas celui de la conviction, secoua la tête, parut un instant pensif, et lui dit avec une espèce de rire sardonique :

« C'est bien, docteur; je vous sais gré de l'espé- « rance que vous voulez me rendre; allez. » Nous nous retirâmes.

11 avril. — Pendant la nuit dernière, il y a eu une évacuation alvine de matières bilieuses fétides, et un vomissement de glaires mêlées à des substances alimentaires. Ces vomissements devenaient alarmants; j'essayai de les arrêter, et lui proposai une mixture antiémétique, anodine, opiacée. Il la refusa, s'impatienta; je ne dus pas insister. J'étais rentré dans mon appartement; il me fit chercher. « — Docteur, me dit-il lorsque je parus, votre « malade veut dorénavant obéir à la médecine; il est « résolu de prendre vos remèdes. » Puis fixant avec un léger sourire ceux de ses serviteurs qui étaient rangés autour de son lit : « Droguez-moi « d'abord tous ces coquins-là, droguez-vous vous-« même, vous en avez tous besoin. » — Nous espérions le piquer d'amour-propre, nous goûtâmes à la potion. — « Eh bien! soit, je ne veux pas être « le seul qui n'ose affronter une drogue. Allons, « vite! » Je la lui donnai; il la porta brusquement à sa bouche et l'avala d'un trait. Malheureusement elle fit peu d'effet, et le vomissement continua.

Le pouls est dans le même état que les jours précédents. Trois vomissements ont eu lieu à cinq heures et demie, six heures et demie et sept heures du matin.

11 heures A. M. — L'empereur sort de son lit, et reste dans son fauteuil pendant une heure entière. Il a pris une cuillerée d'eau distillée de cannelle mêlée avec de l'eau commune.

1 heure P. M. — Froid glacial aux extrémités inférieures. Je veux le dissiper; j'essaie des fomentations. « Laissez; ce n'est pas là, c'est à l'estomac, « c'est au foie qu'est le mal. Vous n'avez point de « remèdes contre l'ardeur qui me consume, point « de préparations, de médicaments pour calmer les « feux dont je suis dévoré. » Arnott voulut encore

lui persuader que le foie était intact, « Il le faut « bien, puisque Hudson l'a décrété. »

1 h. 1|2. P. M. — Vomissement glaireux accompagné de grands efforts. — Rots insipides. — Hoquet incommode. — Sommeil léger et souvent interrompu par un sentiment de suffocation qui provient de la grande quantité de glaires qui se sécrètent dans le gosier et dans le larynx. — La langue est dépouillée de l'enduit blanchâtre et visqueux qui la recouvrait, mais en revanche elle est enveloppée d'une couche transparente de pituite.

2 h. 1|2 P. M. — Plein une cuillerée à café de mixture antiémétique.

5 h. 1|4 P. M. — Le malade prend de la gélatine, deux cuillerées de vin muscat de Frontignan et deux biscuits à la cuillère.

9 heures P. M. — Pilule purgative accoutumée. L'empereur s'en plaint longtemps, dit qu'elle l'incommode beaucoup et lui cause dans l'estomac un sentiment de pesanteur insupportable. Vomissement abondant de matières glaireuses vers le milieu de la nuit. Le pouls est presque toujours apyrétique, petit, fréquent et irrégulier. A minuit le malade prend un peu de gélatine avec deux cuillerées de vin de Bordeaux. Il ne peut jouir d'un moment de sommeil. Tension abdominale douloureuse.

12 avril. — L'empereur a passé une nuit fort agitée; il a vomi des glaires à trois et quatre heures du matin. Il continue à perdre ses forces.

4.

7 heures A. M. — Napoléon prend un peu de gélatine et trois cuillerées de clairet.

8 heures A. M. — Il prend deux cuillerées de gélatine.

10 h. 1/2 A. M. — Évacuation abondante et presque normale.

11 heures A. M. — Vomissement de pituite épaisse.

11 h. 3/4 A. M. — Il prend un peu de gélatine, une cuillerée de clairet, et un peu de soupe au vin chaud, dans lequel on a fait tremper quelques croûtes de pain rôti.

1 h. 1/4 P. M. — L'empereur s'est levé et s'est fait conduire sur son fauteuil, mais au bout d'une demi-heure il a éprouvé un froid glacial aux extrémités inférieures et a été forcé de se remettre au lit.

2 h. 1/4 P. M. — Lavement. Le malade a été fort agité pendant le reste de la journée, et n'a pu goûter qu'un sommeil léger et longtemps interrompu par un sentiment de suffocation. — Nausées suivies d'un vomissement abondant de matières glaireuses. Sommeil. Mouvements convulsifs qui durent tout le temps du repos. — Espèce de mastication continuelle.

8 heures P. M. — Le malade a pris avec plaisir quelques cuillerées de crème de riz.

9 h. 1/2 P. M. — Nouvel accès de fièvre accompagné d'un froid glacial qui se reproduit souvent aux extrémités inférieures, et de tous les autres symptômes dont il a coutume de se compliquer.

J'essayais de le dissiper : « Merci de vos soins, doc-
« teur ; c'est peine perdue ; les secours de l'art
« n'y peuvent rien, l'heure est sonnée, ma maladie
« est mortelle. Docteur Arnott, est-ce qu'on ne
« meurt pas de faiblesse ? Comment se fait-il qu'on
« puisse vivre en mangeant si peu ? »

13 avril. — 2 heures A. M. — La nuit a été très agitée. La crème de riz que Napoléon a prise est rejetée par le vomissement avec une grande quantité de glaires. La prostration des forces va toujours en augmentant. — Lavement simple ; légère évacuation. — Forte oppression à l'estomac.

7 h. 1/2 A. M. — Le malade prend un peu de gélatine.

10 heures A. M. — Vomissement de matières glaireuses. Lavement.

10 h. 1/4 A. M. — Le malade prend encore un peu de gélatine avec une pomme cuite.

11 heures A. M. — Lavement. — Il est rendu bientôt après avec des matières fécales. L'empereur ne veut plus faire usage des pilules purgatives. J'essaie encore de triompher de sa répugnance, je le presse de toutes mes forces et l'engage à surmonter un léger dégoût. « Sont-elles bien enve-
« loppées, bien couvertes ? — Oui, sire. — Elles
« ne m'empoisonneront pas la bouche ? — Votre
« Majesté ne s'apercevra pas même si elles sont
« sapides. — Tout de bon ? — Assurément. — Eh
« bien ! à toi, coquin, avale-les, » dit-il à Marchand. Marchand les avale sur-le-champ et lui proteste qu'elles ne sont pas mauvaises. — « Je te l'avais

« dit : n'est-il pas vrai, docteur, qu'il avait besoin
« d'être drogué, que mes pilules lui feront du bien ?
« — Elles ne peuvent pas nuire. — Donnez-lui-en
« donc encore : quant à moi, je n'en veux plus ;
« j'aime mieux prendre des lavements, ce sont là les
« meilleurs et les plus simples de tous les remèdes.
« Les Anglais, ajouta-t-il en plaisantant, trouvent
« honteux d'en faire usage ; je suis moins suscep-
« tible, et m'y soumets sans peine. »

Midi. — Vomissement glaireux.

Midi 1/2. — Autre vomissement glaireux.

1 heure P. M. — Il se lève, se fait conduire à son fauteuil, prend la dose accoutumée de décoction de teinture de quinquina : à une heure et demie, on le ramène vers son lit.

1 h. 3/4 P. M. — L'empereur demande du papier, une écritoire, et défend son appartement. MM. Montholon et Marchand entrent seuls.

8 heures P. M. — Napoléon prend un peu de gélatine et quelques cuillerées de soupe d'*arrow root*. La fièvre continue toujours avec des rémittences et des paroxysmes très irréguliers. Le malade dit qu'il devient de jour en jour plus faible et qu'il sent que toutes ses forces l'abandonnent.

14 avril. — L'empereur a passé une fort mauvaise nuit. — La fièvre a diminué à la suite d'abondantes sueurs visqueuses partielles. — La prostration des forces est toujours considérable, moindre pourtant qu'elle ne l'était hier.

7 heures A. M. — Le malade prend du thé acidulé avec du suc de citron, à huit heures du chocolat,

à neuf heures un peu de gélatine, à neuf heures et demie une soupe faite avec du vin chaud et des croûtes de pain rôti ; enfin, à dix heures un quart, il mange deux gaufres.

Midi. — Les symptômes morbifiques se sont adoucis, et le malade est d'assez bonne humeur ; il prend encore une soupe au vin chaud, et reçoit de la manière la plus aimable le docteur Arnott ; il lui expose les sensations qu'il éprouve, le questionne, l'interroge sur ce qu'il doit faire ; et, passant tout à coup de la médecine à la guerre, il se met à discourir sur les armées anglaises, les généraux qui les ont commandées, et fait un magnifique éloge de Marlborough. Napoléon était mieux ; je renaissais à l'espérance ; je ne fus pas maître d'un mouvement de gaieté, il s'en aperçut, me jeta un coup d'œil et poursuivit : « Ce n'était pas un homme étroitement
« borné à son champ de bataille ; il négociait, com-
« battait ; il était à la fois capitaine et diplomate.
« Le 20⁰ a ses campagnes ! — Je ne le pense pas.
« — Eh bien, j'en ai là un exemplaire que je suis
« bien aise d'offrir à ce brave régiment. Prenez-le,
« docteur ; vous le placerez de ma part dans sa
« bibliothèque. » Le docteur le prit et se retira.
« Qu'aviez-vous donc ? » me demanda Napoléon dès que nous fûmes seuls. — « Rien, un souvenir ; la
« chanson de *Malbrough*, dont j'ai été bercé dans
« mon enfance, m'est revenue à la mémoire ; je
« fusse parti d'un éclat, si je n'eusse été en pré-
« sence de Votre Majesté. — Voilà pourtant ce que
« c'est que le ridicule ; il stigmatise tout jusqu'à la

« victoire. » Il riait lui-même et se mit à fredonner le premier couplet. Nous prenions Marlborough au plaisant ; Son Excellence n'était pas si facile ; elle l'aperçut sous le bras du docteur, le repoussa, ne voulut pas qu'il communiquât avec le 20e. Arnott, tout confus, craignit aussi qu'il ne lui donnât la peste à lui-même, et se hâta de le déposer chez l'officier d'ordonnance, qui était capitaine de ce régiment. Moins méticuleux, celui-ci le reçoit. Cette inconvenance révolte Hudson ; il accourt, menace, destitue : le capitaine est remplacé ; il le méritait bien ; il avait accepté un ouvrage que lui remettait Arnott.

1 heure P. M. — Lavement suivi d'une faible évacuation de matières fécales.

2 h. 1|4 P. M. — Vomissement glaireux.

2 h. 1|2 P. M. — Violentes agitations convulsives qui durent pendant près d'une heure et demie, le pouls est petit, vibratile et irrégulier. — Froid glacial. — Sueurs froides et visqueuses. — Tension douloureuse du bas-ventre. — Douleur de tête. — Profonds soupirs. — Oppression de l'estomac. — Atonie générale ; Napoléon se lève deux fois dans le courant de la journée, mais avec beaucoup de peine, et reste un peu de temps debout.

Sur le soir, la prostration des forces augmente encore.

7. h. 1|2 P. M. — Le malade prend un bouillon avec des croûtes de pain rôti et un peu de gélatine. Il passe assez tranquillement le reste de la soirée ; il goûte même quelques instants de sommeil.

11 heures, P. M. — L'empereur s'éveille avec de fortes nausées, et vomit un peu de glaires.

15 avril. — L'empereur a passé une mauvaise nuit ; il est assoupi, couvert de sueurs froides et visqueuses, il éprouve un froid universel. Son pouls, à peine sensible, fournit plus de cent pulsations par minute. La respiration est courte, profonde, et donne souvent lieu à des soupirs prolongés. Fortes nausées.

5 heures A. M. — Vomissement de matières glaireuses. Pendant la nuit, le malade prend à diverses reprises un peu de gélatine et une cuillerée de vin étendu d'eau.

5 h. 1/4 M. — Évacuation alvine de matières, brunâtres et détachées.

7 heures A. M. — Le malade prend une soupe de vermicelle.

9 heures A. M. — L'empereur se trouve un peu mieux, le pouls est devenu plus fort, mais parfois intermittent. La chaleur du corps est naturelle. Une dose de la décoction de quinquina, avec la teinture du même médicament, semble avoir diminué la disposition au vomissement.

10 heures A. M. — L'empereur prend du chocolat, le pouls devient plus régulier, donne quatre-vingt-dix pulsations par minute, mais reste toujours petit et déprimé.

1 heure P. M. — Vomissement glaireux présentant la couleur du chocolat.

1 h. 1/2 P. M. — L'entrée de l'appartement de l'empereur est interdite à tout le monde, excepté

au général Montholon et à Marchand, qui restent auprès de lui jusqu'à six heures. J'entre ; le tapis est couvert de papiers déchirés; tout est étiqueté, muni d'une adresse. Napoléon a fait le recensement de son nécessaire et donné à chacune des pièces qui le composent une destination spéciale. « Voilà « mes apprêts, docteur ; je m'en vais, c'en est fait « de moi. » Je lui représentai qu'il avait encore bien des chances, que son état n'était pas désespéré; il m'arrêta : « Plus d'illusion, me dit-il ; je « sais ce qui en est, je suis résigné. »

6 h. 1/2 P. M. — Violente agitation convulsive qui dure pendant deux heures. — Tension douloureuse du bas-ventre. — Douleur profonde du foie. L'empereur se plaint, dans la soirée, d'une extrême faiblesse; il est fatigué ; il a trop écrit. — Il a pris deux lavements qui ont été rendus peu de temps après avec une petite quantité de matières fécales. — Aliments variés et légers.

16 avril. — L'empereur a passé une nuit assez tranquille, quoiqu'il ait été constamment couvert de sueurs froides et visqueuses, et que son sommeil ait été fréquemment interrompu par des serrements spasmodiques à la gorge, accompagnés d'un violent sentiment de suffocation. — Pouls irrégulier, petit, déprimé, et variant de quatre-vingts à cent pulsations par minute. — Chaleur au-dessous de l'état naturel. — Couleur cadavéreuse. — Peau humide et visqueuse. Quoique l'illustre malade continue à prendre de la nourriture, les forces vitales s'éteignent à vue d'œil.

1 h. 1/2 P. M. — La porte de son appartement est de nouveau interdite; le général Montholon et Marchand restent avec lui jusqu'à cinq heures. J'entre; je trouve Napoléon accablé, je laisse percer mon inquiétude. « C'est que je me suis longtemps « occupé; j'ai trop écrit. » Et portant la main sur l'hypocondre droit et à la région épigastrique : « Ah! docteur, quelle souffrance! quelle oppres- « sion! Je sens à l'extrémité gauche de l'estomac « une douleur qui m'accable. » — Froid glacial aux extrémités inférieures. — Anxiété générale. Dans la soirée cependant, il y a un mieux sensible. Un peu trop de nourriture; digestion extrêmement pénible. — Respiration difficile et laborieuse. — Pouls de plus en plus irrégulier et déprimé. — Lavement rendu presque aussitôt que pris, avec une petite quantité de matières fécales. Le malade passe le reste de la soirée dans un état d'agitation et de somnolence qu'il ne peut vaincre; je cherche à le soulager; je lui présente de nouveau la potion, il l'éloigne, retourne la tête et me dit : « Il faut « vous marier, je veux vous marier, docteur. — « Moi, sire! — Vous. » Je ne savais où il voulait en venir, j'attendais; il reprit : « Vous êtes trop « bouillant, trop vif, vous avez besoin d'un calmant. « Épousez une Anglaise, son sang à la glace modé- « rera le feu qui vous dévore : vous serez moins « tenace. — Je voulais soulager Votre Majesté et « ne cherchais pas à lui déplaire. — Je le sais, « docteur; aussi votre malade va-t-il être désor- « mais plus docile; donnez la potion. » Je la lui

passai, il la prit et l'avala d'un trait. « Quand on « est coupable d'irrévérence envers Galien, voilà « comme on l'expie. »

17 avril. — Le pouls s'est maintenu dans le même état de dépression, de vitesse et d'irrégularité, jusqu'à une heure et demie du matin. Il est survenu à cette époque un vomissement abondant de matières glaireuses mêlées avec substances alimentaires non digérées.

2 h. 1/4 A. M. — Vomissement de même nature, mais plus abondant encore que le premier. Le malade a été fort agité pendant le reste de la nuit; il éprouvait un froid universel, des sueurs visqueuses, et un sentiment pénible de suffocation; le sommeil était fréquemment interrompu; le pouls, de plus en plus faible, irrégulier, est devenu presque insensible au point du jour. Adynamie excessive.

6 h. 1/4 A. M. — L'empereur a pris la dose accoutumée de décoction et de teinture de quinquina. Ce médicament a paru le soulager, il s'est trouvé beaucoup mieux le reste de la journée, il a mangé plus qu'à l'ordinaire et s'est levé deux fois.

J'avais remarqué que l'état de l'empereur était tolérable lorsqu'il avait le ventre libre. Je cherchai à l'entretenir au moyen de quelques laxatifs. Napoléon était tourmenté par la soif, mais l'usage des sirops, des boissons faites avec la réglisse avait amené le dégoût; il n'avait pas encore usé de la limonade ni de l'orangeade; ces préparations ne pouvaient que lui être avantageuses, je les prescrivis ; l'embarras était de se procurer des citrons et des oranges ; l'île en fournit, mais si acides, si amers que je n'osais en faire usage. Il le fallut pourtant, je n'en trouvai pas un seul qui vînt du Cap. J'eus beau choisir, monder, trier, tout était si détestable que l'empereur se crut empoisonné. « Docteur, qu'est-ce que cela ? Quel breuvage ? « Quelle horrible préparation ! — De la limonade, « sire. — De la limonade ! » Il se tut, laissa tomber sa tête. « Rassasié d'outrages : en butte à toutes « les privations ! dans quelles mains je suis tombé ! » Il se calme, prend un lavement qui est suivi d'une évacuation abondante de matières glaireuses et fécales. Je propose les pilules cathartiques, mais Napoléon refuse d'en faire usage. Le pouls est devenu plus régulier. Il donne soixante-seize pulsations par minute, l'urine est toujours bourbeuse ; la chaleur du corps diffère peu de l'état naturel. Le malade mange un peu de faisan en hachis, et boit une cuillerée de clairet étendu du double d'eau.

8 h. 1/4 P. M. — L'empereur a pris la dose accoutumée de décoction de quinquina.

9 heures P. M. — Vomissement. Le malade rejette les substances qu'il avait prises.

11 h. 1/4 P. M. — Lavement. Il est rendu presque aussitôt avec beaucoup de matières glaireuses.

18 avril. — L'empereur passe une nuit des plus mauvaises. Il éprouve dans l'abdomen un sentiment de douleur et d'ardeur insupportable. Il est glacé, couvert de sueurs visqueuses ; il a des nausées continuelles et des vomissements qui se prolongent jusqu'à quatre heures et demie du matin. Il est triste, abattu; ne parle qu'avec difficulté. Il attribue la situation où il se trouve à la potion tonique de la veille. Urine bourbeuse ; pouls petit, irrégulier ; chaleur au-dessous de l'état naturel, peau légèrement visqueuse : l'empereur a pris un peu de nourriture qu'il a gardé en partie. Il se lève, se couche, se relève encore et éprouve une inquiétude qu'il ne peut vaincre.

5 heures A. M. — Le pouls est toujours variable, petit et irrégulier. Il donne quatre-vingts à quatre-vingt-dix pulsations par minute.

2 heures P. M. — Lavement presque aussitôt rendu, avec une petite quantité de matières fécales. Je propose à Napoléon quelques médicaments que je crois utiles. « — Non, me dit-il du ton d'un « homme qui a pris son parti ; l'Angleterre réclame « mon cadavre, je ne veux pas la faire attendre, et « mourrai bien sans drogues. »

« — Il n'en est pas là, nous dit Arnott. — Où en est-il donc ? lui demandai-je ; vous répandez l'espérance autour de nous : quels sont vos motifs? Exposez-moi votre opinion, faites que je la partage. J'analysai les symptômes, je récapitulai les accidents ; le docteur fut bientôt revenu d'une conviction qu'il n'avait pas. Nous nous éloignâmes ; la conversation devint sérieuse, médicale, roula sur la nature de la maladie. Arnott parlait de squirres, d'affections héréditaires. Je lui observai que Hudson était sans doute le premier geôlier du monde, mais que ses conceptions physiologiques avaient besoin de la sanction du temps. Il se récria sur l'imputation ; je lui répondis qu'elle était juste, il n'insista pas. Mais Napoléon parlait sans cesse de squirres ! Il avait la conviction qu'il en était atteint ! — Il confondait la nature avec la latitude ; il attribuait à l'une ce qui n'était dû qu'à l'autre. — « La latitude est bonne, le climat tout à fait sain. Nous sommes aussi bien portants que si nous étions en Angleterre. — Vous surtout, docteur, mais vous êtes si rompu à la peine que vous ne tenez pas compte des maladies. Huit à neuf mois de lit sont une bagatelle, vous n'y regardez pas de si près. — Il est vrai que j'ai payé tribut à la latitude, que j'ai même été mis à d'assez cruelles épreuves, mais un cas particulier ne décide rien. — Non plus que cette foule de soldats qui gisent dans vos hôpitaux. — Ils sont accablés de service ! le jour, la nuit… — Le climat… — Non ! Je vous le jure, le climat n'y est pour rien. L'air est pur, tempéré ; nous jouissons de la plénitude de nos forces : nous ne serions pas mieux dans notre pays natal. — Ni nous non plus ? — Je ne le pense pas. — Si nous souffrons… — C'est que vous avez à souffrir ; vous éprouvez une de ces crises auxquelles les lieux ne remédient ni ne contribuent. — Napoléon sans doute aussi ? — Aussi ; on vit, on meurt partout. L'homme s'éteint comme l'heure sonne. Nous sommes des espèces de pendules qui oscillent pendant un temps déterminé, après quoi le balancier s'arrête sans que ni l'air ni la température puissent prolonger le mouvement. — Sans doute ! Humer de l'air chaud, froid, sec, humide ; passer vingt fois dans une heure par les alternatives les plus brusques, n'épuise pas la vie ! — Vous outrez, ce n'est pas le cas ; tenez, voyez comme il fait beau. — Tout à l'heure ? — Une petite ondée, un nuage ! mais auparavant, quel calme ! quel air pur et serein ! C'était véritablement le ciel pur des tropiques. — Et un peu plus tôt? — Quelques gouttes, une échappée. — Puis du vent, du brouillard, toutes les vicissitudes de l'atmosphère dans le cours de la matinée. — Unique — Ordinaire. — Non. — Oui. — J'ai mes observations. — En voilà, comptons ; voyons si c'est sans motif que vous avez jeté Napoléon sur cet écueil : *avril*, deux jours et demi de beau ; *mai*, deux jours ; *juin*, trois. Vous ne m'en croyez pas ; tenez, parcourez, voilà le tableau. » Il lut :

OBSERVATIONS MÉTÉOROLOGIQUES

FAITES A LONGWOOD PENDANT LES ANNÉES 1816 ET 1817

AVRIL 1816

DATES	MIDI	REMARQUES
1	73°	Pluie légère.
2	72	— —
3	73	— —
4	72	Assez beau temps.

AVRIL 1816

DATES	MIDI	REMARQUES
5	72	Pluie.
6	72	Pluie et brouillard.
7	70	— —
8	70	— —
9	71	Pluie légère.
10	68	Pluie et brouillard.
11	70	— —
12	66	— —
13	69	— —
14	68	— —
15	70	— —
16	70	— —
17	66	— —
18	68	— —
19	69	— —
20	70	Pluie.
21	70	—
22	70	Pluie et brouillard.
23	72	Pluie P. M.
24	67	Pluie et brouillard.
25	70	Beau temps.
26	70	
27	69	Beau temps A. M., pluie légère P. M
28	68	Pluie légère.
29	66	Pluie légère et beaucoup de vent.
30	69	Pluie forte et grand vent.

« C'est inconcevable! deux jours et demi! deux jours et demi! Mais, monsieur, cela n'est pas étrange; le mois fut pluvieux partout; mai, j'en suis sûr, fut sec.

MAI

DATES	MIDI	REMARQUES
1	70°	Pluie légère.
2	69	—
3	70	Pluie très légère.
4	68	Pluie.
5	70	—
6	70	—
7	69	—
8	69	—
9	68	—
10	66	—
11	69	—
12	68	—
13	70	Pluie très légère.
14	68	Pluie.
15	70	—
16	68	—
17	70	Pluie légère.
18	70	Pluie.
19	68	—
20	66	—
21	70	Pluie légère.
22	72	Beau temps.
23	72	Pluie légère.
24	70	—
25	68	—
26	68	Beau temps.
27	68	Pluie légère.
28	64	—
29	65	Pluie.
30	66	—
31	65	—

Non; deux jours! rien que deux jours! cela se peut-il? Vos observations sont inexactes; on s'est trompé, je vous le garantis. — Les résultats de M. Jennings vous inspireraient plus de confiance?

— Sans aucun doute, les tableaux de cet habile météorologiste... — Sont conformes aux miens. — Aux vôtres! — Aux miens. — C'est incroyable! — Fâcheux. — Plus de fixité. — Ni d'idylles à la façon d'Hudson. — Peut-être que le mois suivant, *juin :*

JUIN

DATES	MATIN	SOIR	REMARQUES
1	»	64°	Pluie et brouillard.
2	»	04	—
3	»	04	Pluie légère.
4	»	04	—
5	»	04	—
6	»	03	—
7	»	03	A. M. pluie légère
8	»	04	Pluie légère.
9	»	02	Pluie et vent.
10	»	60	Pluie, vent et brouillard.
11	»	04	A. M. pluie, vent et brouillard.
12	60	02	Vent. — Temps généralement beau.
13	60	02	Vent. Pluie.
14	»	04	Pluie légère.
15	»	»	Beau temps.
16	01	05	Pluie et beau temps alternativement.
17	60	04	Pluie.
18	»	03	—
19	»	»	Brouillard, vent.
20	»	04	Pluie et vent.
21	»	»	—
22	»	02	Pluie, vent et brouillard.
23	»	»	Vent, mais beau temps.
24	01	04	Beau temps et vent.
25	»	»	Pluie. — P. M. pluie et vent.
26	»	»	Pluie et vent.
27	»	03	—
28	60	»	Pluie légère.
29	01	04	— brouillard.
30	60	»	—

Encore pis! vos observations sont mal faites. Impossible. On n'y pourrait tenir; l'homme le plus robuste y succomberait. — Sans l'influence du climat? sans maladie héréditaire? — Toujours même cheval de bataille, comme si l'Angleterre n'avait qu'à compter les gouttes d'eau qui tombent ici. L'état météorologique de Sainte-Hélène... — Lui était connu. Beatson l'étudiait depuis 1811; ce savant communiquait avec l'amirauté; il correspondait avec la Société royale; on savait tout, et c'est parce qu'on savait qu'on a choisi... — Comment! vous prétendez...? — Que votre aristocratie est tout à fait morale, qu'elle ne poursuit ses ennemis ni par le fer, ni par le poison, qu'elle leur donne de l'air; elle fait par réflexion ce que les autres font par emportement. Cinq ans à discuter, à consommer la perte d'un homme, cette constance fait frémir; elle n'appartient qu'à vous. »

19 avril. — La nuit est assez tranquille; le malade n'éprouve pas de vomissements, et demande des pommes de terre frites. Il se trouve un peu mieux, mange plus qu'hier, et prend avec plaisir un potage au vermicelle qu'il ne rejette pas. Le pouls, petit, déprimé et pourtant régulier, donne soixante-seize pulsations par minute: la chaleur est naturelle, la peau ni trop humide ni trop sèche, et la physionomie animée.

2 heures P. M. — L'empereur se lève et s'assied dans son fauteuil; il est de bonne humeur, se trouve beaucoup mieux qu'à l'ordinaire, et demande qu'on lui fasse la lecture.

Comme le général Montholon se réjouit de cette amélioration, et que moi-même, sans pourtant reprendre d'espoir, je me laisse aller, je ne sais pourquoi, au même sentiment, il se met à nous sourire avec douceur, et nous dit : « Vous ne vous trompez « pas, mes amis, je vais mieux aujourd'hui, mais « je n'en sens pas moins que ma fin approche. « Quand je serai mort, chacun de vous aura la « douce consolation de retourner en Europe. Vous « reverrez, les uns vos parents, les autres vos amis, « et moi je retrouverai mes braves aux Champs- « Élysées. Oui, continua-t-il en haussant la voix, « Kléber, Desaix, Bessières, Duroc, Ney, Murat, « Masséna, Berthier, tous viendront à ma rencon- « tre ; ils me parleront de ce que nous avons fait « ensemble. Je leur conterai les derniers événe- « ments de ma vie. En me voyant, ils redeviendront « tous fous d'enthousiasme et de gloire. Nous cau- « serons de nos guerres avec les Scipion, les Anni- « bal, les César, les Frédéric. Il y aura plaisir à « cela!.... A moins, ajouta-t-il en riant, qu'on n'ait « peur là-bas de voir tant de guerriers ensemble. » Arnott survint ; l'empereur s'arrêta et le reçut de la manière la plus aimable ; il l'entretint quelque temps et lui adressa des questions très judicieuses sur sa maladie. Il lui dit que presque toujours en se levant il éprouvait une sensation douloureuse, une chaleur brûlante dans l'estomac, qui ne manquait jamais de lui causer des nausées et des vomisse- ments ; puis, abandonnant tout à coup la suite na- turelle de la conversation, il passe à sa situation actuelle, en s'adressant toujours au docteur Arnott, et prenant un ton plus animé, plus solennel : C'en « est fait, docteur, le coup est porté, je touche à « ma fin, je vais rendre mon cadavre à la terre. « Approchez, Bertrand ; traduisez à monsieur ce « que vous allez entendre : c'est une suite d'outra- « ges dignes de la main qui me les prodigua ; ren- « dez tout, n'omettez pas un mot.

« J'étais venu m'asseoir aux foyers du peuple « britannique ; je demandais une loyale hospitalité, « et, contre tout ce qu'il y a de droits sur la terre, « on me répondit par des fers. J'eusse reçu un au- « tre accueil d'Alexandre ; l'empereur François « m'eût traité avec égards ; le roi de Prusse même « eût été plus généreux. Mais il appartenait à l'An- « gleterre de surprendre, d'entraîner les rois et « donner au monde le spectacle inouï de quatre « grandes puissances s'acharnant sur un seul « homme. C'est votre ministère qui a choisi cet « affreux rocher, où se consomme en moins de « trois années la vie des Européens, pour y achever « la mienne par un assassinat. Et comment m'avez-« vous traité depuis que je suis exilé sur cet écueil ? « Il n'y a pas une indignité, pas une horreur dont « vous ne vous soyez fait une joie de m'abreuver. « Les plus simples communications de famille, « celles même qu'on n'a jamais interdites à per- « sonne, vous me les avez refusées. Vous n'avez « laissé arriver jusqu'à moi aucune nouvelle, aucun « papier d'Europe ; ma femme, mon fils même, n'ont « plus vécu pour moi ; vous m'avez tenu six ans

« dans la torture du secret. Dans cette île inhospi-
« talière, vous m'avez donné pour demeure l'en-
« droit le moins fait pour être habité, celui où le
« climat meurtrier du tropique se fait le plus sen-
« tir. Il m'a fallu me renfermer entre quatre cloi-
« sons, dans un air malsain, moi qui parcourais à
« cheval toute l'Europe! Vous m'avez assassiné
« longuement, en détail, avec préméditation, et
« l'infâme Hudson a été l'exécuteur des hautes-
« œuvres de vos ministres. » L'empereur continua
encore quelque temps avec la même chaleur, et termina par ces mots : « Vous finirez comme la superbe
« république de Venise, et moi, mourant sur cet
« affreux rocher, privé des miens et manquant de
« tout, je lègue l'opprobre et l'horreur de ma mort
« à la famille régnante d'Angleterre! »

4 h. 3/4 P. M. — L'empereur se sent mal à son
aise, les forces lui manquent, il tombe dans une
espèce d'évanouissement. Cependant il se trouve
un peu mieux sur le soir. A huit heures il prend
quelque nourriture sans éprouver de vomissement et
dort jusqu'à onze heures et demie; alors il s'éveille
brusquement et se trouve inondé d'une sueur froide
visqueuse. Le bas-ventre est tendu, une chaleur
brûlante se fait sentir dans tous les viscères que con-
tient cette cavité; le gosier est sec, brûlant, le malade
est dévoré par une soif ardente, cependant il éprouve
une grande difficulté à avaler les liquides, et témoigne une espèce d'aversion pour l'eau froide. — Le
pouls, nerveux, fréquent, variable, donne quatre-
vingts, quatre-vingt-dix, cent pulsations par minute.

20 avril. — Les accidents qui avaient eu lieu dans la journée ont duré jusqu'à trois heures après minuit ; le malade a pris alors quelque nourriture et s'est trouvé un peu mieux. Le pouls toujours petit, mais plus régulier qu'auparavant, donne soixante-seize pulsations par minute ; la chaleur paraît naturelle. — Lavement suivi d'une évacuation abondante de matières mal digérées. Le malade est assez tranquille pendant la soirée, toutefois il se plaint d'une sensation douloureuse et d'une chaleur insupportable à l'estomac, de nausées qui l'incommodent ; s'il ne vomit pas, c'est qu'il s'abstient du plus léger mouvement. Il demande, suivant sa coutume, qu'on lui fasse la lecture, et s'endort presque aussitôt. On la continue, parce qu'on ne l'interrompt d'habitude que quand il l'ordonne. Il se réveille, et s'enquiert de quoi il s'agit. « — Des « prêtres, lui répond-on, et des entraves qu'ils « vous ont suscitées ; l'auteur les dépeint comme « des hommes inquiets, haineux, insensibles aux « bienfaits. — Il extravague. C'est la classe « d'hommes qui m'a le moins coûté. Ils étaient « tous contre moi ; je leur permis de mettre des « bas violets, ils furent tous pour moi. »

21 avril. — L'empereur n'a presque pas dormi, cependant il est un peu mieux qu'hier ; il a pris à quatre heures de la nourriture sans éprouver de vomissement, et au point du jour il s'est trouvé assez de forces pour se lever et passer trois heures partie à dicter et partie à écrire. Ce travail n'a d'abord été suivi d'aucun inconvénient, mais vers les neuf heures le vomissement s'est déclaré ; Napoléon a rendu une partie des aliments qu'il avait pris et a été fort incommodé le reste de la journée. A une heure et demie il mande Vignali. « — Savez-« vous, abbé, ce que c'est qu'une chambre ardente? « — Oui, sire. — En avez-vous desservi ? — « Aucune. — Eh bien, vous desservirez la mienne. » Il entre à cet égard dans les plus grands détails, et donne au prêtre de longues instructions. Sa figure était animée, convulsive ; je suivais avec inquiétude les contractions qu'elle éprouvait, lorsqu'il surprit sur la mienne je ne sais quel mouvement qui lui déplut. « Vous êtes au-dessus de ces faiblesses ; « mais que voulez-vous? je ne suis ni philosophe ni « médecin. Je crois à Dieu, je suis de la religion « de mon père : n'est pas athée qui veut. » Puis revenant au prêtre : « Je suis né dans la religion « catholique, je veux remplir les devoirs qu'elle « impose et recevoir les secours qu'elle administre. « Vous direz tous les jours la messe dans la cha-« pelle voisine et vous exposerez le Saint-Sacrement « pendant les quarante heures. Quand je serai « mort, vous placerez votre autel à ma tête, dans la « chambre ardente; vous continuerez à célébrer la « messe, vous ferez toutes les cérémonies d'usage, « vous ne cesserez que lorsque je serai en terre. » L'abbé se retira ; je restai seul. Napoléon me reprit sur ma prétendue incrédulité. « Pouvez-vous la « pousser à ce point? Pouvez-vous ne pas croire à « Dieu? car enfin tout proclame son existence, et « puis les plus grands esprits l'ont cru. — Mais,

« sire, je ne la révoquai jamais en doute. Je suivais
« les pulsations de la fièvre. Votre Majesté a cru
« trouver dans mes traits une expression qu'ils
« n'avaient pas. — Vous êtes médecin, docteur, »
me répondit-il en riant. « Ces gens-là, ajouta-t-il
« à demi-voix, ne brassent que de la matière; ils
« ne croiront jamais rien. »

3 h. 1|2 P. M. — Sensation douloureuse, insupportable dans l'intérieur du bas-ventre. — Pesanteur de tête. — Froid général. — Extrême prostration de forces. — Somnolence. — Pouls irrégulier et fébrile, soixante-quinze à quatre-vingts pulsations par minute. — Respiration pénible. — Oppression à l'estomac. — Rots fréquents et insipides.

6 h. P. M. — Les symptômes que je viens de décrire s'adoucissent peu à peu, l'empereur demande des aliments, dont il rend une partie à sept heures. Il dort sans interruption pendant toute la soirée.

22 avril. — L'empereur a passé une bonne nuit, le pouls est à peu près le même qu'hier matin.

8 h. 1|2 A. M. — L'empereur est triste, de mauvaise humeur; il se plaint d'une violente douleur à l'estomac et d'un sentiment d'oppression, de suffocation qui l'accompagne. Il veut manger, mais il éprouve bientôt de fortes nausées et rejette la nourriture qu'il vient de prendre, avec une partie de celle d'hier. Cependant il se trouve généralement mieux et passe la journée moitié éveillé et moitié endormi. — Il ne prend pas d'aliments. — Lavement suivi d'une évacuation de matières glaireuses.

Le pouls, devenu plus faible, varie de quatre-vingt-quatre à quatre-vingt-dix pulsations par minute. Le malade consent à prendre la potion suivante :

Magnesiæ sulphatis drach. vj. Solve in aquæ puræ octa. Adde infus. gentianæ compositæ unc. vj. et tinct. compositæ ejusdem semi-unc. F. mixtura, cujus sumat cochlearia tria ampla subinde.

3 h. 1\|4 P. M. — Vomissement de substances alimentaires mal digérées et mêlées à beaucoup de glaires.

4 h. 1\|4 P. M. — Napoléon prend une petite soupe au bouillon, un œuf au jus, de l'oseille, et, peu de temps après, du faisan à la purée.

5 h. 3/4 P. M. — Il éprouve une exacerbation de fièvre, croit se sentir plus de force qu'à l'ordinaire, est d'une extrême loquacité. « Vous me l'aviez « annoncé, docteur, c'est là, oui, là que gît la mala- « die. Je le sens, l'estomac est attaqué ; mais..... » Il leva les yeux au ciel et se tut. A huit heures et demie il a voulu prendre une petite soupe, avec un peu de gélatine, qu'il a rendues vers les dix heures. Il ne peut fermer l'œil pendant une grande partie de la nuit. — Urine bourbeuse et sédimenteuse.

23 avril. — L'empereur ne s'est endormi qu'à deux heures du matin ; encore son sommeil a-t-il été de courte durée.

3 heures A. M. — Il se réveille, la fièvre diminue ; la prostration des forces est extrême. — Somnolence continuelle. — La chaleur est à peu près naturelle, et le pouls varie de soixante-dix-huit à quatre-vingt-quatre pulsations par minute.

7 heures A. M. — Soupe de vermicelle avec un peu de gélatine.

10 heures M. — Lavement presque aussitôt rendu avec des matières fécales.

11 h. 1/4 A. M. — Le malade prend une once de la potion ordonnée hier.

1 heure P. M. — Il prend un peu de nourriture, quelques gouttes de café, défend la porte de son appartement. Il reste enfermé avec MM. Montholon et Marchand jusqu'à cinq heures et demie. Il a beaucoup écrit, il est fatigué. La machine entière paraît se ressentir d'un travail aussi prolongé, l'agitation est extrême.

6 h. 1/2 P. M. — Le malade éprouve une nouvelle exacerbation de fièvre, sans en être toutefois beaucoup incommodé ; il fait usage de la mixture salino-amère dont nous avons parlé plus haut.

7 h. 3/4 P. M. — Il prend un peu de nourriture qu'il rejette et s'endort. Son sommeil dure toute la soirée.

24 avril. — L'empereur a bien passé la nuit. Il dormait encore à sept heures. Il s'est éveillé dans un état de faiblesse extrême. La chaleur est à peu près naturelle, et le pouls, encore un peu fébrile, varie de soixante-dix-huit à quatre-vingt-deux pulsations par minute.

7 h. 1/2 A. M. — Il prend un potage au vermicelle et se rendort. Il s'éveille à dix heures, fait usage d'un lavement qu'il rend bientôt après, chargé de matières fécales et de glaires. La fièvre est presque entièrement dissipée, mais la prostration des forces

est excessive. Le malade se plaint de l'état de faiblesse et des vertiges qui l'accompagnent. A onze heures il prend un peu de vin de Bordeaux avec trois biscuits à la cuillère et se trouve mieux.

1 heure P. M. — Vomissement. Les biscuits sont presque entièrement rejetés. L'empereur fait de nouveau défendre la porte de son appartement, reste enfermé avec le général Montholon et Marchand jusqu'à six heures. J'entre. « J'ai trop écrit, docteur; je suis affaissé, je n'en puis plus. »

6 heures P. M. — Exacerbation de la fièvre, accompagnée d'étourdissement, de vertiges, de tintements d'oreilles, de sensations douloureuses et de chaleur insupportable dans tous les viscères du bas-ventre. Les renvois insipides se succèdent sans interruption; la respiration devient pénible; loquacité continuelle.

Napoléon parle des cultes, des dissensions religieuses et du projet qu'il avait formé de rapprocher toutes les sectes. Il n'a pu l'exécuter; les revers sont venus trop tôt; mais du moins il a rétabli la religion; c'est un service dont on ne peut calculer les suites; car enfin, si les hommes n'en avaient pas, ils s'égorgeraient pour la meilleure poire et la plus belle fille.

A huit heures, il prend un peu de riz et un œuf frais, et à dix heures de la confiture de groseille avec quelques biscuits de Bengale.

10 h. 1/2 P. M. — Il rejette tous les aliments qu'il a pris dans la journée, et reste en proie à une agita-

tion qui l'empêche de goûter un moment de sommeil.

25 avril. — L'empereur n'a pas clos la paupière ; il parle, il vaniloque presque continuellement. La fièvre se soutient avec la même intensité.

4 h. 1/4 A. M. — Vomissement noirâtre de pituite épaisse et filamenteuse, mêlée à des substances alimentaires mal digérées et à du sang noir, grumelé et en putridité. Le jour amène quelques instants de sommeil.

8 h. 1/4 A. M. — Vomissement de matières semblables aux précédentes. Les substances rejetées sont plus noires et renferment quelques grumeaux de sang veineux qui semblent indiquer une lésion organique de l'estomac ; de plus, elles laissent suinter un liquide aqueux, mais âcre, d'une odeur fétide et nauséabonde. Cependant la fièvre passe souvent d'un extrême à l'autre. Les pieds restent glacés avec quelque soin qu'on les réchauffe, et le malade éprouve encore des vomissements de matières semblables aux précédentes. Les substances alimentaires deviennent plus épaisses. A dix heures on administre un lavement qui est suivi d'une légère évacuation de matières fécales. A deux heures il s'en fait une autre, mais naturelle, assez abondante et mêlée à une grande quantité de bile noire.

6 h. 1/2 P. M. — Le malade prend trois cuillerées de la mixture salino-amère et une soupe de semoule deux heures après. Il était mieux ; j'avais quelques préparations à faire, je profitai du moment et passai dans la pharmacie. Dès qu'il se voit

seul, je ne sais quelle cruelle fantaisie de manger lui prend ; il se fait apporter des fruits, du vin, essaie un biscuit, passe au champagne, demande une prune, saisit un raisin et se met à rire aux éclats dès qu'il m'aperçoit. Je retirai tout ; je grondai le maître d'hôtel ; mais le mal était fait, la fièvre se réveilla et devint ardente.

26 avril. — Nuit fort agitée. L'empereur parle beaucoup : délire qui se prolonge jusqu'à minuit.

3 heures A. M. — Vomissement. Tous les aliments sont rejetés. Napoléon se trouve un peu mieux au point du jour et s'endort. Il se réveille à huit heures et éprouve un nouveau vomissement qui le soulage. Le pouls varie de soixante-dix-huit à quatre-vingt-six pulsations par minute, et la chaleur est au-dessous de l'état naturel. Le grand maréchal me fait demander : j'y vais. C'est pour m'annoncer que l'empereur l'a chargé de me dire qu'il ne m'a pas compris dans son testament, mais que son intention est de me laisser *deux cent mille francs.*

1 h. 1/2 P. M. — L'empereur est sur son lit de mort ; il me témoigne beaucoup de bienveillance.

« — Que croyez-vous que je doive donner au méde-
« cin anglais, en reconnaissance des visites qu'il
« m'a faites avec vous ? — Je n'oserais assigner
« des bornes à la munificence de Votre Majesté. —
« Pensez-vous que cinq cents louis soient assez ? —
« Oui, sire, je le crois. — Eh bien ! je lui laisse
« douze mille francs ; à vous, je vous en lègue cent
« mille... » Je le priai de ne pas s'occuper de soins aussi tristes ; il reprit : « Seriez-vous bien aise

« d'entrer au service de Marie-Louise, de lui être
« attaché en qualité de chirurgien, comme vous
« l'êtes auprès de ma personne ? — Si je devais
« perdre Votre Majesté, ce serait toute mon ambi-
« tion. — Elle est ma femme, la première princesse
« de l'Europe : c'est la seule que vous puissiez dé-
« sormais servir. — Je n'en servirai jamais d'autre.
« — Fort bien ; je vais écrire à l'Impératrice. J'es-
« père que vous serez content de ce que je ferai
« pour vous. »

La fièvre a duré pendant toute la journée avec des alternatives continuelles de bien et de mal. Napoléon a éprouvé une soif ardente, un froid glacial aux pieds, des douleurs vagues dans le bas-ventre, des nausées, des vomissements de même nature que ceux qui ont précédé ; il prend sur le soir un peu d'aliments, et, quoique extrêmement faible, il écrit près de trois heures. Il arrête, cachette ses codicilles et se remet au lit.

27 avril. — La nuit a été fort agitée. L'empereur n'a pu goûter un instant de repos. Il dort un peu vers le point du jour.

8 heures A. M. — Vomissement d'une grande quantité de glaires, mêlées à un fluide aqueux, noirâtre et d'une odeur extrêmement âcre et piquante. Le pouls est très faible ; il se maintient pourtant entre soixante-douze et quatre-vingts pulsations par minute. La chaleur est à peu près naturelle ; le malade n'éprouve pas de douleur et refuse tout remède, il ne veut pas même faire usage de lavement. Je lui propose l'application d'un vésica-

toire à la région épigastrique ; il le repousse et ne consent qu'avec peine à l'emploi d'un cérat aromatique stimulant, de la pharmacopée de Dublin.

9 heures A. M. — Le malade prend un peu de soupe. — La fièvre continue le reste de la journée. Les forces tombent de plus en plus, les vomissements deviennent plus fréquents et ne donnent, pour ainsi dire, qu'une pituite épaisse, mêlée à une espèce de bouillie corrompue, ainsi qu'à un fluide aqueux, âcre et noirâtre dans lequel flottent quelques parties d'une substance semblable à du chocalat dissous dans l'eau.

3 h. 1/4 P. M. — Il essaie d'écrire, mais les forces sont éteintes, il ne peut tracer qu'une partie du huitième codicille de son testament. Il se promet d'achever le lendemain ; l'atonie est profonde, générale. La mort l'a déjà saisi, il va descendre au tombeau.

5 h. 1/2 P. M. — Napoléon prend quelque peu d'aliments et les garde.

7 heures P. M. — Napoléon se détermine enfin à abandonner sa chambre mal aérée, petite et incommode pour s'établir dans le salon. Nous nous disposons à le transporter. « Non, dit-il, quand je « serai mort ; pour le moment, il suffit que vous me « souteniez. »

28 *avril*. — L'empereur a passé une très mauvaise nuit ; il a eu plusieurs vomissements de même nature que les précédents. Le pouls extrêmement faible varie de quatre-vingt-quatre à quatre-vingt-

dix pulsations par minute ; la chaleur est fort au-dessous de l'état naturel.

6 h. 1/2 A. M. — Vomissement semblable à ceux qui ont précédé. — La fièvre augmente, le froid glacial devient universel ; les forces tombent dans la dernière prostration.

7 heures A. M. — Le malade prend une soupe, un œuf frais et un biscuit à la cuillère trempé dans un peu de clairet.

8 heures A. M. — L'empereur m'adresse des paroles pleines de bonté, puis, avec un calme parfait, une bonté inaltérable, il me donne les instructions suivantes : « Après ma mort, qui ne peut être
« éloignée, je veux que vous fassiez l'ouverture de
« mon cadavre ; je veux aussi, j'exige que vous me
« promettiez qu'aucun médecin anglais ne portera
« la main sur moi. Si pourtant vous aviez indis-
« pensablement besoin de quelqu'un, le docteur
« Arnott est le seul qu'il vous soit permis d'em-
« ployer. Je souhaite encore que vous preniez mon
« cœur, que vous le mettiez dans l'esprit-de-vin et
« que vous le portiez à Parme, à ma chère Marie-
« Louise. Vous lui direz que je l'ai tendrement
« aimée, que je n'ai jamais cessé de l'aimer ; vous
« lui raconterez tout ce que vous avez vu, tout ce
« qui se rapporte à ma situation et à ma mort. Je
« vous recommande surtout de bien examiner mon
« estomac, d'en faire un rapport précis, détaillé
« que vous remettrez à mon fils... Les vomissements
« qui se succèdent presque sans interruption me
« font penser que l'estomac est celui de mes organes

« qui est le plus malade, et je ne suis pas éloigné
« de croire qu'il est atteint de la lésion qui con-
« duisit mon père au tombeau, je veux dire d'un
« squirre au pylore... Qu'en pensez-vous ? » J'hési-
tai à répondre, il continua : « Je m'en suis douté dès
« que j'ai vu les vomissements devenir fréquents
« et opiniâtres. Il est pourtant bien digne de re-
« marque que j'ai toujours eu un estomac de fer,
« que je n'ai souffert de cet organe que dans ces
« derniers temps, et que, tandis que mon père
« aimait beaucoup les substances fortes et les
« liqueurs spiritueuses, je n'ai jamais pu en faire
« usage. Quoi qu'il en soit, je vous prie, je vous
« charge de ne rien négliger dans un tel examen,
« afin qu'en voyant mon fils vous puissiez lui com-
« muniquer vos observations et lui indiquer les
« remèdes les plus convenables... Quand je ne
« serai plus, vous vous rendrez à Rome ; vous irez
« trouver ma mère, ma famille, vous leur rappor-
« terez tout ce que vous avez observé relativement
« à ma situation, à ma maladie et à ma mort sur ce
« triste et malheureux rocher ; vous leur direz que
« le grand Napoléon a expiré dans l'état le plus
« déplorable, manquant de tout, abandonné à lui-
« même et à sa gloire ; vous leur direz qu'en expi-
« rant il lègue à toutes les familles régnantes
« l'horreur et l'opprobre de ses derniers mo-
« ments. »

Il est dix heures du matin. La fièvre cesse tout
à coup ; le malade tombe dans une adynamie extrême, il parle beaucoup encore, mais ses paroles

sont coupées incohérentes, et ne présentent, pour ainsi dire, plus de suite.

12 h. 1/4. — Il prend un peu de nourriture ; son estomac n'en paraît pas d'abord incommodé ; mais quelques heures après il rejette toutes les substances alimentaires, mêlées avec des matières glaireuses, épaisses, noirâtres et renfermant quelques grumeaux de sang putride. Il est cependant un peu mieux.

6 h. 1|2 P. M. — Lavement, suivi presque aussitôt d'une évacuation légère de matières fécales. Le malade est fort agité; il essaie à diverses reprises d'achever le huitième codicille de son testament, mais il ne peut écrire, ni même se tenir assis.

29 avril. — L'empereur passe une très mauvaise nuit ; il ne prend presque point d'aliments et ne peut goûter un moment de sommeil; il parle, il vaniloque, il est sans connaissance et distribue mille choses au hasard ; cependant la fièvre a diminué d'intensité. Vers le matin, le hoquet se fait sentir avec violence ; le malade rejette tous les aliments qu'il a pris. Ils sont mêlés d'une grande quantité de matières glaireuses et d'un fluide âcre et noir. La fièvre augmente, le délire survient, Napoléon parle d'estomac, de squirre au pylore ; il somme, il interpelle Baxter de paraître, de venir juger de la vérité de ses bulletins. Puis, faisant tout à coup intervenir O'Meara, il établit entre eux un dialogue accablant pour la politique anglaise. La fièvre diminue, l'ouïe devient nette ; l'empereur se

calme, et il nous entretient encore du squirre de son père ; il raconte qu'après l'ouverture du cadavre les médecins de Montpellier pronostiquèrent que la maladie serait héréditaire, et passerait à tous les membres de la famille : « Docteur, je vous le re-
« commande encore ; portez le plus grand soin dans
« l'examen du pylore, consignez vos observations
« sur le papier, vous les remettrez à mon fils, je
« veux du moins le garantir de cette maladie. »

7 heures A. M. — Lavement suivi d'une légère évacuation de matières fécales assez bien formées. — Le malade s'endort et repose tranquillement jusqu'à onze heures. A midi il prend une cuillerée de soupe au vermicelle, un œuf frais et un peu de vin clairet. Le pouls varie de quatre-vingt-dix-sept à quatre-vingt-dix-huit pulsations par minute. — Chaleur fort au-dessus de la naturelle.

1 heure P. M. — L'emplâtre que j'avais appliqué à la région épigastrique produisait peu d'effet. Je priai Napoléon de le laisser remplacer par un vésicatoire. « Vous le voulez ! eh bien, soit, faites ;
« ce n'est pas que j'en attende le moindre effet,
« mais je touche à ma fin ; je veux que vous jugiez
« par ma résignation de la reconnaissance que je
« vous porte, allez, appliquez-le. » Je l'appliquai. Malheureusement la nature était à bout, il fut vingt et une heures avant d'agir.

Napoléon n'éprouve pas de vomissement, et boit beaucoup d'eau fraîche. « Si la destinée voulait que
« je me rétablisse, j'élèverais un monument dans
« le lieu où elle jaillit ; je couronnerais la fontaine

« en mémoire du soulagement qu'elle a donné. Si
« je meurs, que l'on proscrive mon cadavre comme
« on a proscrit ma personne, que l'on me refuse
« un peu de terre, je souhaite qu'on m'inhume
« auprès de mes ancêtres, dans la cathédrale
« d'Ajaccio, en Corse. S'il ne m'est pas permis de
« reposer où je naquis, eh bien ! qu'on m'ensève-
« lisse là où coule cette eau si douce et si pure. »
Je lui proposai la prescription suivante :

R. Aquæ menthæ viridis, unc. j.
Potassæ subcarbonatis, g. j.
Succi lim. recentis, q. s. ad saturand.
Tincturæ calumbæ, minim. xxx.
Idem opii, minim. v.
Misce ut fiat haustus sexta-quaque hora sumendus.

Mais il la repousse. J'essaie inutilement de triompher de sa répugnance ; il refuse jusqu'aux aliments et repose le reste de la journée.

9 heures P. M. — Application de deux vésicatoires aux cuisses.

30 avril. — L'empereur a un peu dormi pendant
la nuit ; il a eu deux vomissements de même nature
que les précédents ; la fièvre va toujours en augmentant ; elle perd un peu de son intensité à l'approche du jour.

9 heures A. M. — Le malade n'a presque plus
de fièvre, il est assez tranquille ; le pouls faible et
déprimé varie de quatre-vingt-quatre à quatre-
vingt-onze pulsations par minute ; la chaleur est
au-dessous de l'état naturel, la peau humide et
visqueuse, la respiration facile. Les vésicatoires

placés sur les cuisses n'ont produit aucun effet ; celui qui a été appliqué à la région épigastrique ne cause pas de douleur au malade qui croit ne pas l'avoir. Dans le courant de la matinée, les vomissements se renouvellent plusieurs fois. Napoléon est triste et sombre, mais en pleine connaissance.

Midi. — Napoléon prend quelques cuillerées de vermicelle et un œuf frais. Il éprouve une chaleur brûlante au gosier et un hoquet qui se prolonge pendant deux heures.

1 heure P. M. — Lavement : il ne détermine aucune évacuation. J'essaie vainement de faire adopter l'emploi de quelques remèdes internes, l'empereur s'y refuse avec obstination. — Somnolence. — Le hoquet dure toujours.

3 heures P. M. — La fièvre augmente, ce n'est que vers le soir qu'elle perd un peu de son intensité. Le malade refuse de prendre de la nourriture.

9 h. 1[2 P. M. — La fièvre devient plus forte. — Agitation générale. — Anxiété. — Hoquet. — Respiration profonde et pénible. — Oppression abdominale. — Soulèvement arqué et spasmodique de l'épigastre et de l'estomac, accompagné d'un sentiment de suffocation. — Salivation abondante. — Froid glacial universel ; de moment en moment le pouls cesse de se faire sentir, cependant il se relève un peu vers onze heures et demie du soir.

1er mai. — Le pouls est petit, fréquent, et donne jusqu'à cent pulsations par minute. Chaleur au-dessous de l'état naturel, peau humide et visqueuse;

vomissement de matières glaireuses mêlées au fluide âcre et noirâtre dont il a déjà été question. L'empereur s'endort à l'approche du jour, mais il se réveille bientôt, éprouve des vomissements et se trouve dans une situation terrible. Peu à peu cependant les symptômes s'affaiblissent, l'oppression se calme, et la matinée est assez tranquille. Le pouls prend de l'énergie et donne de soixante-quinze à quatre-vingts pulsations, mais conserve toujours son irrégularité. Chaleur au-dessus de l'état naturel ; peau toujours humide et visqueuse. Le pouls retombe tout à coup à son premier état et donne cent pulsations à la minute, mais si faibles, qu'elles sont à peine sensibles au tact.

12 heures. — Hoquet plus fort que jamais. — Anxiété générale. — Dyspnée. — Soulèvement arqué et spasmodique de l'épigastre et de l'estomac. — Oppression abdominale. — Le malade délire, vanilique. — Lavement, évacuation abondante. — Les symptômes augmentent d'intensité jusque vers le milieu de la nuit. L'empereur n'a pris de la journée que deux biscuits à la cuillère avec un peu de clairet.

2 mai. — Napoléon est plus tranquille et les symptômes alarmants ont un peu diminué.

2 heures A. M. — La fièvre redouble. — Délire. — L'empereur ne parle que de la France, de son fils, de ses compagnons d'armes. « Steingel, De-« saix, Masséna ! Ah ! la victoire se décide ; allez, « courez, pressez la charge ; ils sont à nous. » J'écoutais, je suivais les progrès de cette pénible agonie. J'étais accablé, déchiré, lorsque tout à coup

Napoléon recueille ses forces, saute à terre et veut absolument descendre, se promener au jardin ; j'accours le recevoir dans mes bras, mais ses jambes plient sous le faix, il tombe en arrière, j'ai la douleur de ne pouvoir prévenir la chute ; nous le relevons, nous le supplions de se remettre au lit, mais il ne connaît plus personne, il s'emporte, il s'irrite, sa tête n'y est plus ; il demande toujours à se promener au jardin. Les forces sont anéanties, le pouls est on ne peut plus faible et donne jusqu'à cent huit pulsations par minute. Chaleur fort au-dessus de l'état naturel. — Agitation générale. — Nausées fréquentes. — Anxiété.

9 heures A. M. — La fièvre diminue. L'empereur me donne quelques instructions et ajoute : « Rappelez-vous ce que je vous ai chargé de faire « lorsque je ne serai plus. Faites avec soin l'examen « anatomique de mon corps, de l'estomac surtout. « Les médecins de Montpellier avaient annoncé « que le squirre au pylore serait héréditaire dans « ma famille ; leur rapport est, je crois, dans les « mains de Louis ; demandez, comparez-le avec ce « que vous aurez observé vous-même ; que je sauve « du moins mon fils de cette cruelle maladie. Vous « le verrez, docteur ; vous lui indiquerez ce qu'il « convient de faire ; vous lui épargnerez les an- « goisses dont je suis déchiré : c'est un dernier « service que j'attends de vous. » Je désirais le rendre : le praticien qui avait le rapport en dépôt m'avait offert de me le communiquer, mais il se trouva le lendemain qu'il s'était trompé la veille,

qu'il ne l'avait plus, qu'il l'avait égaré. Je ne pus faire le rapprochement que Napoléon exigeait.

Midi. — Nouvelle exacerbation de la fièvre ; le malade reprend l'exercice de ses facultés, me regarde, me fixe quelques instants, pousse un profond soupir et me dit : « Je suis bien mal, docteur, « je le sens ; je vais mourir, » et il reperd connaissance. — Sommeil interrompu. — Hoquet fréquent et d'une nature alarmante. — Respiration inégale et pénible. — Oppression abdominale. — Soulèvement arqué et spasmodique De l'épigastre et de l'estomac. — Vomissement glaireux. — Rire sardonique légèrement prononcé. — Mouvement spasmodique des lèvres en avant. — Potion anodine composée d'un peu d'eau de fleur d'orange et de quelques gouttes de teinture d'opium et d'éther. Elle produit quelques instants de calme, le malade reprend l'usage de ses sens, et se croit en état d'achever ses dernières dispositions, mais aucun de ses membres n'obéit plus, sa faiblesse est trop grande, il ne peut y parvenir. Il prend, vers une heure, deux biscuits à la cuillère dans du clairet étendu d'eau.

Sa fin approchait, nous allions le perdre, chacun redoublait de zèle, de prévenance, voulait lui donner une dernière marque de dévouement. Ses officiers, Marchand, Saint-Denis et moi, nous nous étions exclusivement réservé les veilles, mais Napoléon ne pouvait supporter la lumière ; nous étions obligés de le lever, de le changer, de lui donner tous les soins qu'exigeait son état au milieu d'une

profonde obscurité. L'anxiété avait ajouté à la fatigue ; le grand maréchal était à bout, le général Montholon n'en pouvait plus, je ne valais pas mieux : nous cédâmes aux pressantes sollicitations des Français qui habitaient Longwood, nous les associâmes aux tristes devoirs que nous remplissions. Pierron, Coursot, tous en un mot veillèrent conjointement avec quelqu'un de nous. Le zèle, la sollicitude qu'ils montraient, touchèrent l'empereur ; il les recommandait à ses officiers, voulait qu'ils fussent aidés, soutenus, qu'on ne les oubliât pas. « Et mes pauvres Chinois ! qu'on ne les oublie pas
« non plus, qu'on leur donne quelques vingtaines
« de napoléons : il faut bien aussi que je leur fasse
« mes adieux. »

3 mai. — La nuit a été meilleure que de coutume. Les symptômes alarmants d'hier ont diminué, le malade a reposé quelques instants. Vers le matin, la fièvre augmente. — Agitation générale. — Anxiété. — Délire.

7 heures A. M. — La fièvre perd un peu de son intensité. — Grande prostration des forces. — Profonds soupirs. — Anxiété.

8 h. 3|4 A. M. — L'empereur prend avec assez de plaisir deux biscuits à la cuillère, du vin et un jaune d'œuf ; cependant la prostration des forces va toujours croissant. — Somnolence. — Hoquet. — Nausées fréquentes. Vomissements de même nature que les précédents. — Administration de quelques cuillerées de la potion anodine accoutumée.

Hudson, pris tout à coup d'humanité, imagine que le lait de vache pourrait soulager cette cruelle agonie et en fait offrir. Le docteur Arnott admire l'inspiration de son chef et veut en essayer. Je m'y oppose de toutes mes forces, attendu que le lait est naturellement pesant et indigeste, que l'empereur rejette à chaque instant les substances les plus douces, les plus légères, les plus faciles à digérer; attendu que même en bonne santé il n'avait jamais pu supporter aucune espèce de lait, que toutes les fois qu'il en avait pris il avait éprouvé des désordres plus ou moins graves dans les voies digestives, qu'enfin la soupe *à la reine* avait toujours été pour lui un purgatif. Le docteur Arnott ne se rendait pas, j'insistai, nous eûmes une discussion des plus vives; je réussis néanmoins à empêcher qu'on administrât du lait à l'empereur mourant.

Midi. — Les symptômes s'aggravent et deviennent de plus en plus alarmants, la fièvre augmente, le froid glacial des extrémités inférieures redouble, le malade est en proie à une anxiété générale. — Hoquet fatigant. — Dyspnée. Forte oppression de l'estomac, la peau change de couleur. Le pouls, à peine sensible et parfois intermittent, donne jusqu'à cent dix pulsations par minute; la chaleur est beaucoup au-dessous de l'état naturel. Napoléon boit en grande quantité de l'eau de fleur d'orange mêlée avec de l'eau commune et du sucre. Il préfère cette boisson à toute autre, elle le soulage.

2 heures P. M. — La fièvre diminue. Nous nous retirons. Vignali reste seul, et nous rejoint

quelques instants après, dans la pièce voisine, où il nous annonce qu'il a administré le viatique à l'empereur.

3 heures A. M. — La fièvre se renouvelle avec violence. — Anxiété générale. — Oppression et spasmes arqués de l'épigastre et de l'estomac. — Hoquet violent et presque continuel. — Face hippocratique. — Napoléon jouit encore de l'usage de ses sens. Il recommande à ses exécuteurs testamentaires, dans le cas où il viendrait à perdre connaissance, de ne permettre de l'approcher à aucun médecin anglais autre que le docteur Arnott.
« Je vais mourir, vous allez repasser en Europe,
« je vous dois quelques conseils sur la conduite que
« vous avez à tenir. Vous avez partagé mon exil,
« vous serez fidèles à ma mémoire, vous ne ferez
« rien qui puisse la blesser. J'ai sanctionné tous
« les principes; je les ai infusés dans mes lois, dans
« mes actes; il n'y en a pas un seul que je n'aie
« consacré. Malheureusement les circonstances
« étaient sévères; j'ai été obligé de sévir, d'ajour-
« ner; les revers sont venus; je n'ai pu débander
« l'arc, et la France a été privée des institutions
« libérales que je lui destinais. Elle me juge avec
« indulgence, elle me tient compte de mes intentions,
« elle chérit mon nom, mes victoires; imitez-la,
« soyez fidèles aux opinions que nous avons défen-
« dues, à la gloire que nous avons acquise, il n'y a
« hors de là que honte et confusion. »

Un ordre du gouverneur nous enjoint de tenir une consultation avec les docteurs Schort et Mitchell.

Ils se rendent dans mon appartement, je leur fais l'exposition des symptômes de la maladie, ils ne s'en contentent pas, et veulent s'assurer par eux-mêmes de l'état où est Napoléon; toute tentative à cet égard est inutile, je les en préviens; ils se rangent à l'avis du docteur Arnott, qui propose l'usage d'un purgatif composé de dix grains de calomel. Je me récrie sur cette prescription; le malade est trop faible, c'est le fatiguer à pure perte; mais je suis seul, ils sont trois, le nombre l'emporte.

6 heures P. M. — On administre les dix grains de calomel.

7 heures P. M. — L'empereur prend quelques cuillerées de sabaillon, il ne peut les avaler sans eau. — Calme fréquemment interrompu. — Le hoquet recommence avec violence.

10 heures P. M. — Les dix grains de calomel n'ont encore produit aucun effet, on délibère si on doit en administrer une nouvelle dose. Je ne garde plus de mesure, je m'oppose formellement à cette détermination.

1 h. 1/2 P. M. — Évacuation abondante de matières ayant la consistance et la couleur du goudron. — Collapsus complet. — Anxiété. — Forte dyspnée. — Sueurs froides. — Refroidissement des extrémités inférieures. — Pouls intermittent et à peine sensible. — Borborygmes. — Envie continuelle d'uriner. — Le malade boit souvent de l'eau de fleur d'orange avec de l'eau commune et du sucre.

4 mai. — Les mêmes symptômes ont duré pendant toute la nuit. L'empereur n'a pris de l'eau de fleur d'orange qu'en petite quantité et à des intervalles éloignés. Le temps était affreux, la pluie tombait sans interruption, et le vent menaçait de tout détruire. Le saule (1) sous lequel Napoléon prenait habituellement le frais avait cédé; nos plantations étaient déracinées, éparses; un seul arbre à gomme résistait encore, lorsqu'un tourbillon le saisit, l'enlève et le couche dans la boue. Rien de ce qu'aimait l'empereur ne devait lui survivre.

7 h. 1|2 A. M. — Évacuations abondantes; elles se renouvellent cinq fois de suite et offrent des déjections de même nature que la première. L'adynamie est générale et va toujours augmentant. — Hoquet très fort et continuel. Le malade refuse de prendre aucun remède à l'intérieur. A peine s'il est possible de lui faire accepter un peu de bouillon froid en consistance de gélatine. Il boit un peu plus tard une grande quantité d'eau de fleur d'orange, mêlée avec de l'eau commune et du sucre, se plaint de vives douleurs de coliques. Des flatuosités se développent dans l'intérieur du bas-ventre. — Hoquet continuel. — Rire sardonique. — Yeux fixes. — Pupilles élevées; on distinguait la partie inférieure du globe oculaire. — Paupières supérieures abaissées. — Face hippocratique. — Oppression, spasmes arqués de l'épigastre et de l'estomac. —

(1) Cette espèce est connue à Sainte-Hélène sous le nom de *Botany-Bay.*

Évacuations alvines qui se répètent encore trois fois. — Le malade va sous lui sans s'en apercevoir. Il paraît privé de tout sentiment; sur le soir, la fièvre augmente d'intensité. — Salivation abondante, expuition continuelle de matières visqueuses et noirâtres.

5 mai. — La nuit est extrêmement agitée. — L'anxiété est générale, la respiration difficile, quelquefois même stercoreuse. — Hoquet fréquent, spasmes arqués continuels de l'épigastre et de l'estomac. — Renvois de matières liquides, noirâtres, âcres et nauséabondes. — Expuition, vomissements continuels de mêmes matières.

5 h. 1/2 A. M. sonnent; Napoléon est toujours dans le délire; il parle avec peine, profère des mots inarticulés, interrompus, laisse échapper ceux de « tête..... armée ». Ce furent les derniers qu'il prononça. Il ne les avait pas fait entendre qu'il perdit la parole. — Évacuation de même nature que les précédentes. Vives douleurs dans le bas-ventre. La dyspnée était portée à son dernier point. — Corps glacé, tétanique, couvert de sueurs visqueuses, trismus; on sent à peine des pulsations dans les carotides et les axillaires. Je croyais le principe de vie échappé, mais peu à peu le pouls se relève; l'oppression diminue, de profonds soupirs échappent : Napoléon vit encore.

Ce fut alors que se passa la plus déchirante peut-être de toutes les scènes dont fut accompagnée sa longue agonie. Mme Bertrand, qui, malgré ses souffrances, n'avait pas voulu quitter un instant le lit de l'auguste malade, fit appeler d'abord sa fille Hortense, et ensuite ses trois fils, pour leur faire voir une dernière fois celui qui avait été leur bienfaiteur. Rien ne saurait exprimer l'émotion qui saisit ces pauvres enfants à ce spectacle de mort. Il y avait environ cinquante jours qu'ils n'avaient été admis auprès de Napoléon, et leurs yeux pleins de larmes cherchaient avec effroi sur son visage pâle et défiguré l'expression de grandeur et de bonté qu'ils étaient accoutumés à y trouver. Cependant d'un mouvement commun ils s'élancent vers le lit, saisissent les deux mains de l'empereur, les baisent en sanglotant et les couvrent de pleurs. Le jeune Napoléon Bertrand ne peut supporter plus longtemps ce cruel spectacle ; il cède à l'émotion qu'il éprouve ; il tombe, il s'évanouit. On est obligé d'arracher du lit les jeunes affligés et de les conduire dans le jardin. Sans doute le souvenir de cette scène est resté dans leurs cœurs pour n'en jamais sortir, et leurs larmes couleront plus d'une fois quand ils se rappelleront qu'ils ont contemplé le corps de Napoléon au moment que sa grande âme allait en sortir. Pour nous tous qui assistions à ce lugubre adieu des enfants à leur auguste protecteur, l'impression que nous en reçûmes est au-dessus de toutes les paroles humaines: ce ne fut qu'un même gémissement, une même angoisse, un même pressentiment de l'instant fatal que chaque minute approchait de nous.

10 h. 1/2 A. M. — Pouls anéanti. J'en suivais avec anxiété les pulsations, je cherchais si le principe

de vie était éteint, lorsque je vis arriver Noverraz, pâle, échevelé, tout hors de lui. Ce malheureux, affaibli par quarante-huit jours d'une hépatite aiguë accompagnée d'une fièvre synocale, entrait à peine en convalescence, mais il avait appris le fâcheux état de l'empereur, il voulait voir encore, contempler une dernière fois celui qu'il avait si longtemps servi ; il s'était fait descendre, et arrivait fondant en larmes. J'essaye de le renvoyer, mais son émotion croît à mesure que je lui parle ; il s'imagine que l'empereur est menacé, qu'il l'appelle au secours ; il ne peut l'abandonner, il veut combattre, mourir pour lui. Sa tête était perdue ; je flattai son zèle, je le calmai et revins à mon poste.

11 heures A. M. — Borborygmes. — Météorisme abdominal. — Refroidissement glacial des extrémités inférieures et bientôt de tout le corps. — Œil fixe. — Lèvres fermées et contractées. — Forte agitation des ailes du nez. — Adynamie la plus complète. — Pouls extrêmement faible, intermittent et variant de cent deux à cent huit, cent dix et cent douze pulsations par minute. — Respiration lente, intermittente et stercoreuse. — Tiraillements spasmodiques arqués de l'épigastre et de l'estomac, profonds soupirs, cris lamentables ; mouvements convulsifs qui se terminent par un bruyant et sinistre sanglot. Je place un vésicatoire sur la poitrine, deux sur les cuisses, et j'applique deux larges sinapismes à la plante des pieds. Je fais des fomentations sur le milieu de l'abdomen avec une bouteille remplie d'eau chaude ; je lui

rafraîchis continuellement les lèvres et la bouche avec de l'eau commune mêlée d'eau de fleur d'orange et de sucre, mais le passage est spasmodiquement fermé, rien n'est avalé : tout est vain. La respiration, luctueuse et intermittente, est accompagnée d'une grande agitation des muscles abdominaux. — Les paupières restent fixes, les yeux se meuvent, se renversent sous les paupières supérieures, le pouls tombe, se ranime. Il est six heures moins onze minutes, Napoléon touche à sa fin ; ses lèvres se couvrent d'une légère écume ; il n'est plus : ainsi passe la gloire.

Tout s'écoule aussitôt ; ce n'est que pleurs, que sanglots ; chacun est accablé d'une perte aussi cruelle. Nous étions dans le premier saisissement de la douleur, deux Anglais en profitent et se glissent au milieu de nous ; ils pénètrent dans le salon, découvrent, palpent l'empereur et se retirent comme ils sont venus. Cette profanation nous rend à nous-mêmes, nous rentrons, nous veillons sur le cadavre ; des mains anglaises ne doivent pas le souiller.

Il y avait six heures qu'il était sans vie ; je le fis raser, laver, et je le plaçai sur un autre lit ; de leur côté, les exécuteurs testamentaires avaient pris connaissance des deux codicilles qui devaient être ouverts immédiatement après la mort de l'empereur ; l'un était relatif aux gratifications qu'il accordait sur sa cassette à toutes les personnes de sa Maison et aux aumônes qu'il faisait distribuer aux pauvres de Sainte-Hélène; l'autre contenait des instructions sur ses funérailles; il était ainsi conçu:

Avril, le 16, 1821, Longwood.

Ceci est un codicille de mon testament.

1° Je désire que mes cendres reposent sur les bords de la Seine, au milieu de ce peuple français que j'ai tant aimé.

2° Je lègue aux comtes Bertrand, Montholon et à Marchand l'argent, bijoux, argenterie, porcelaine, meubles, livres, armes, et généralement tout ce qui m'appartient dans l'île de Sainte-Hélène.

Ce codicille, tout entier écrit de ma main, est signé et scellé de mes armes.

(Sceau.) NAPOLÉON

Les exécuteurs testamentaires notifièrent cette pièce au gouverneur, qui se récria sur cette prétention et déclara qu'elle était inadmissible; qu'il s'y opposait, que le cadavre devait rester dans l'île; que l'Angleterre y tenait; qu'elle ne s'en dessaisirait pas. On chercha à désarmer sa haine, on essaya les représentations, les prières, tout fut inutile; le corps de Napoléon devait rester à Sainte-Hélène, il y resterait. Les exécuteurs testamentaires invoquaient l'humanité, le respect qu'on doit aux morts, mais le droit s'évanouit devant la force, on ne put que recourir aux ressources des faibles, protester et obéir. On le fit; on choisit un lieu dont l'empereur, qui pourtant ne l'avait vu qu'une joie, parlait toujours avec satisfaction, celui où jaillissait cette eau bienfaisante qui avait si souvent adouci les maux qu'il endurait. Hudson y consentit ; il avait depuis 1820 l'ordre [de retenir les dépouilles de *Bonaparte*, mais il *lui était* indifférent qu'elles fussent dans tel ou tel endroit de l'île, et, montant aussitôt à cheval, il accourut à la tête de son état-major, des membres de son conseil, du général Coffin, du contre-amiral Lambert, du marquis de Montchenu, et de ce qu'il y avait de médecins, de chirurgiens dans l'île. Il voulait s'assurer par lui-même que Napoléon était bien mort, que le corps qu'il voyait était bien celui de l'Empereur. Il demandait aussi qu'on procédât à l'ouverture du cadavre, mais je lui observai qu'il y avait trop peu de temps qu'il était sans vie, il n'insista pas. « Vous m'avez fait demander du plâtre « pour prendre le masque du défunt ; un de mes « chirurgiens est fort habile dans ces sortes d'opé- « rations, il vous aidera. » Je remerciai son Excellence ; le moulage est une chose si facile que je pouvais me passer d'aide. Mais je manquais de plâtre ; Mme Bertrand n'avait reçu, malgré ses instances, qu'une espèce de chaux. Je ne savais comment faire, lorsque le docteur Burton nous indiqua un gisement où se trouvait du gypse. Le contre-amiral donna aussitôt des ordres, une chaloupe mit en mer et rapporta quelques heures après des fragments qu'on fit calciner. J'avais du plâtre, je moulai la figure et procédai à l'autopsie (1).

(1) Après la Révolution de Juillet, en 1833, alors que Napoléon fut librement célébré, le docteur Antommachi se souvint qu'il avait moulé la tête du héros mourant. Ce fut seulement à cette époque, environ neuf

Les généraux Bertrand et Montholon, Marchand, exécuteurs testamentaires, assistaient à cette opération pénible, où se trouvaient aussi sir Thomas Reade, quelques officiers d'état-major, les docteurs Thomas Schort, Arnott, Charles Mitchell, Mathieu Livingston, chirurgien de la Compagnie des Indes, et autres médecins au nombre de huit que j'avais invités.

Napoléon avait destiné ses cheveux aux divers membres de sa famille ; on le rasait, je vérifiai quelques remarques que j'avais déjà faites ; voici les principales :

1° L'empereur avait considérablement maigri, depuis mon arrivée à Sainte-Hélène ; il n'était pas en volume le quart de ce qu'il était auparavant.

2° Le visage et le corps étaient pâles, mais sans altération, sans aspect cadavéreux. La physiono-

années après son retour de Sainte-Hélène, qu'il se décida à publier le masque de l'empereur. Il en existe encore de nombreux exemplaires dans les collections particulières des membres de la famille de Napoléon, dans des musées, etc.

«... La mort même n'a pu altérer le beau type de sa figure et son masque, pris par le docteur Antommarchi, conserve son grand caractère. Par une singulière métamorphose, dit M. Tissot, de l'Académie française, Napoléon semble revenu au moment du Consulat ; seulement il y a quelque chose de plus fort dans toutes les dimensions du visage. Au premier aspect on se rappelle un portrait de Bonaparte par le célèbre Gérard, le peintre de tous les rois de l'époque. Le masque du héros offre plusieurs choses remarquables : le front paraît plus large et plus élevé ; les yeux, qui ne sont pas tout à fait fermés, conservent une certaine finesse d'expression qui se retrouve dans la bouche, malgré son altération ; le nez, droit et effilé, sans être maigre, révèle un sentiment de douleur ; ce sentiment réside aussi dans la lèvre supérieure, qui a perdu en partie sa forme, tandis que la lèvre inférieure est restée comme elle était pendant la vie. Vu à droite, le profil est presque entièrement celui de Bonaparte après la paix d'Amiens, sauf la contraction de la lèvre de ce côté ; à gauche, il présente un aspect plus sévère ; de face, le masque respire quelque chose de grave, de pensif, d'élevé, de calme, comme le sommeil vivant ; l'empreinte de la mort n'est que dans la bouche ; seule, elle annonce les souffrances qui ont été les préludes de la fin de l'existence. Mais si on élève en l'air le masque en le renversant un peu, de manière à le voir de bas en haut, alors on lui trouve une profonde empreinte de douleur, et l'on croit voir un Alexandre mourant... »

mie était belle, les yeux fermés, et on eût dit non que l'empereur était mort, mais qu'il dormait d'un profond sommeil. Sa bouche conservait l'expression du sourire, à cela près que du côté gauche elle était légèrement contractée par le rire sardonique.

3° Le corps présentait la plaie d'un cautère fait au bras gauche, et plusieurs cicatrices, savoir : une à la tête, trois à la jambe gauche, dont une sur la malléole externe, une cinquième à l'extrémité du doigt annulaire de la main gauche ; enfin il y en avait un assez grand nombre sur la cuisse gauche.

4° La hauteur totale, du sommet de la tête aux talons, était de cinq pieds deux pouces et quatre lignes.

5° L'étendue comprise entre ses deux bras, en partant des extrémités des deux doigts du milieu, était de cinq pieds deux pouces.

6° De la symphise du pubis au sommet de la tête il y avait deux pieds sept pouces quatre lignes.

7° Du pubis au calcaneum, deux pieds sept pouces.

8° Du sommet de la tête au menton, sept pouces et six lignes.

9° La tête avait vingt pouces et dix lignes de circonférence ; le front était haut, les tempes légèrement déprimées, les régions sincipitales très fortes et très évasées.

10° Cheveux rares et de couleur châtain-clair.

11° Cou un peu court, mais assez normal.

12° Poitrine large et d'une bonne conformation.

7.

13° Abdomen très météorisé et volumineux.

14° Les mains, les pieds un peu petits, mais beaux et bien faits.

15° Membres tendus et raides.

16° Toutes les autres parties du corps étaient à peu près dans les proportions ordinaires.

Je fus curieux de faire à ce grand homme l'application du système crâniologique des docteurs Spurzheim et Gall ; voici les signes les plus apparents qu'offrit sa tête :

1° Organe de la dissimulation ;

2° Organe des conquêtes ;

3° Organe de la bienveillance ;

4° Organe de l'imagination ;

5° Organe de l'ambition, de l'amour de la gloire.

Sous le rapport des facultés intellectuelles, je trouvai :

1° Organe de l'individualité, ou connaissance des individus et des choses ;

2° Organe de la localité, des rapports de l'espace ;

3° Organe du calcul ;

4° Organe de la comparaison ;

5° Organe de la causalité, de l'esprit d'induction, de tête philosophique.

Le cadavre était gisant depuis vingt heures et demie. Je procédai à l'autopsie ; j'ouvris d'abord la poitrine. Voici ce que j'observai de plus remarquable :

Les cartilages costaux sont en grande partie ossifiés.

Le sac formé par la plèvre costale du côté gauche contenait environ un verre d'eau de couleur citrine.

Une couche légère de lymphe coagulable couvrait une partie des faces des plèvres costale et pulmonaire correspondantes du même côté.

Le poumon gauche était légèrement comprimé par l'épanchement, adhérait par de nombreuses brides aux parties postérieure et latérale de la poitrine et au péricarde ; je le disséquai avec soin, je trouvai le lobe supérieur parsemé de tubercules et de quelques petites excavations tuberculeuses.

Une couche légère de lymphe coagulable couvrait une partie des faces des plèvres costale et pulmonaire correspondantes de ce côté.

Le sac de la plèvre costale du côté droit renfermait environ deux verres d'eau de couleur citrine.

Le poumon droit était légèrement comprimé par l'épanchement, mais son parenchyme était en état normal. Les deux poumons étaient généralement crépitants et d'une couleur naturelle. La membrane *plus composée* ou muqueuse de la trachée artère et des bronches était assez rouge, et enduite d'une assez grande quantité de pituite épaisse et visqueuse.

Plusieurs des ganglions bronchiques et du médiastin étaient un peu grossis, presque dégénérés, et en suppuration.

Le péricarde était en état normal et contenait environ une once d'eau de couleur citrine. Le cœur, un peu plus volumineux que le poing du sujet, présentait, quoique sain, assez de graisse à sa base et à ses sillons. Les ventricules aortique et pulmonaire et les oreillettes correspondantes étaient en état normal, mais pâles et tout à fait vides de sang. Les orifices ne présentaient aucune lésion notable. Les gros vaisseaux artériels et veineux, auprès du cœur, étaient vides et généralement en état normal.

L'abdomen présenta ce qui suit :

Distension du péritoine, produite par une grande quantité de gaz ;

Exsudation molle, transparente et diffluente, revêtant dans toute leur étendue les deux parties ordinairement contiguës de la face interne du péritoine.

Le grand épiploon était en état normal.

La rate et le foie durci étaient très volumineux et gorgés de sang ; le tissu du foie, d'un rouge brun, ne présentait du reste aucune altération notable de structure. Une bile extrêmement épaisse et grumeleuse remplissait et distendait la vésicule biliaire. Le foie, qui était affecté d'hépatite chronique, était uni intimement par sa face convexe au diaphragme ; l'adhérence se prolongeait dans toute son étendue, elle était forte, celluleuse et ancienne. La face concave du lobe gauche adhérait immédiatement et fortement à la partie correspondante de l'estomac, surtout le long de la petite courbure de cet organe, ainsi qu'au petit épiploon. Dans tous ces points de contact, le lobe était sensiblement épais, gonflé et durci.

L'estomac parut d'abord dans un état des plus sains ; nulle trace d'irritation ou de phlogose, la membrane péritonéale se présentait sous les meilleures apparences. Mais, en examinant cet organe avec soin, je découvris sur la face antérieure, vers la petite courbure, et à trois travers de doigt du pylore, un léger engorgement comme squirreux, très peu étendu et exactement circonscrit. L'estomac était percé de part en part dans le centre de cette petite induration. L'adhérence de cette partie au lobe gauche du foie en bouchait l'ouverture.

Le volume de l'estomac était plus petit qu'il ne l'est ordinairement.

En ouvrant ce viscère le long de sa grande courbure, je reconnus qu'une partie de sa capacité était remplie par une quantité considérable de matières faiblement consistantes et mêlées à beaucoup de glaires très épaisses et d'une couleur analogue à celle du marc de café ; elles répandaient une odeur âcre et infecte. Ces matières retirées, la membrane *plus composée* ou muqueuse de l'estomac se trouva dans son état normal, depuis le petit jusqu'au grand cul-de-sac de ce viscère, en suivant la grande courbure. Presque tout le reste de la surface interne de cet organe était occupé par un ulcère cancéreux qui avait son centre à la partie supérieure, le long de la petite courbure de l'estomac, tandis que les bords irréguliers, digités et linguiformes de sa circonférence s'étendaient en avant, en arrière de cette surface intérieure, et depuis l'orifice du cardia jusqu'à un bon pouce du pyloro. L'ouverture, arrondie, taillée obliquement en biseau aux dépens de la face interne du viscère, avait à peine quatre à cinq lignes de diamètre en dedans et deux lignes et demie au plus en dehors ; son bord circulaire, dans ce sens, était extrêmement mince, légèrement dentelé, noirâtre, et seulement formé par la membrane péritonéale de l'estomac. Une surface ulcéreuse, grisâtre et lisse, formait d'ailleurs les parois de cette espèce de canal qui aurait établi une communication entre la cavité de l'estomac et celle de l'abdomen, si l'adhérence avec le foie ne s'y était opposée. L'extrémité droite de l'estomac, à un pouce de distance du pylore, était environnée d'un gonflement ou plutôt d'un endurcissement squirreux annulaire, de quelques lignes de largeur. L'orifice du pylore était dans un état tout à fait normal. Les bords de l'ulcère présentaient des boursouflements fongueux remarquables, dont la base, dure, épaisse et squirreuse, s'étendait aussi à toute la surface occupée par cette cruelle maladie.

Le petit épiploon était rétréci, gonflé, extrêmement durci et dégénéré. Les glandes lymphatiques de ce repli péritonéal, celles qui sont placées le long des courbures de l'estomac, ainsi que celles qui avoisinent les piliers du diaphragme étaient en partie tuméfiées, squirreuses, quelques-unes même en suppuration.

Le tube digestif était distendu par une grande quantité de gaz. A la surface péritonéale et aux replis péritonéaux, je remarquai de petites taches et de petites plaques rouges, d'une nuance très légère, de dimensions variées, éparses et assez distantes les unes des autres. La membrane *plus composée* de ce canal paraissait être dans un état normal. Une matière noirâtre et extrêmement visqueuse enduisait le gros intestin.

Le rein droit était dans un état normal ; celui du côté gauche était déplacé et renversé sur la colonne lombo-vertébrale ; il était plus long et plus étroit que le premier ; du reste, il paraissait sain. La vessie, vide et très rétrécie, renfermait une certaine quantité de gravier mêlé avec quelques petits calculs. De nombreuses plaques rouges étaient éparses sur la membrane *plus composée* ou muqueuse, les parois de cet organe étaient en état anormal.

Je voulais faire l'examen du cerveau. L'état de cet organe dans un homme tel que l'empereur était du plus haut intérêt, mais on m'arrêta durement : il fallut céder.

J'avais terminé cette triste opération. Je détachai le cœur, l'estomac et les mis dans un vase d'argent rempli d'esprit-de-vin. Je réunis ensuite les parties séparées, les assemblai par une suture ; je lavai le corps, et fis place au valet de chambre, qui l'habilla comme il avait coutume de l'être pendant sa vie : caleçon, culotte de casimir blanc, gilet blanc, cravate blanche surmontée d'une cravate noire bouclée par derrière ; Grand Cordon de la Légion d'honneur, uniforme de colonel de chasseurs de la Garde (1), décoré des Ordres de la Légion d'honneur et de la Couronne de fer ; longues bottes à l'écuyère avec de petits éperons ; enfin chapeau à trois cornes. Ainsi vêtu, Napoléon fut enlevé, à cinq heures trois quarts, de cette salle où la foule pénétra aussitôt. Le linge, le drap qui avait servi à la dissection du cadavre, tout fut emporté, déchiré, distribué ; ils étaient teints de sang, chacun voulait en avoir un lambeau.

Napoléon fut exposé dans sa petite chambre à coucher qu'on avait convertie en chambre ardente. Elle était tendue en drap noir que l'on avait tiré du magasin de la Compagnie des Indes, à James-Town. Ce fut cette circonstance qui fit connaître la maladie et la mort de Napoléon dans l'île. Étonnés de voir transporter tant d'étoffes, les habitants et les employés eux-mêmes cherchaient que pouvait être l'usage auquel on les destinait. Ils n'en voyaient aucun. La curiosité s'accrut et devint générale à mesure que l'on connut ce qui l'avait fait naître. Les idées les plus étranges, les bruits les plus bizarres commençaient à se propager lorsqu'un Chinois révéla le mystère. Ce ne fut qu'un cri de surprise ; chacun était étonné, confondu. « Comment ! le général Bonaparte était sérieusement malade ! On nous disait qu'il se portait si bien ! »

Le cadavre, qui n'avait pu être embaumé, faute des substances nécessaires, et dont la blancheur était vraiment extraordinaire, fut déposé sur un des lits de campagne, surmontés de petits rideaux

(1) Il était vert avec des parements rouges.

blancs, qui servaient de sarcophage !!! Le manteau de drap bleu que Napoléon avait porté à la bataille de Marengo servait de couverture. Les pieds et les mains étaient libres; l'épée au côté gauche, et un crucifix sur la poitrine. A quelque distance du corps était le vase d'argent qui contenait le cœur et l'estomac qu'on m'avait forcé d'y déposer. Derrière la tête était un autel où le prêtre, en surplis et en étole, récitait des prières. Toutes les personnes de la suite de Napoléon, officiers et domestiques, en habit de deuil, se tenaient debout, à gauche. Le docteur Arnott veillait sur le cadavre, qui avait été mis sous sa responsabilité personnelle.

Depuis plusieurs heures la foule obstruait les avenues et se pressait à la porte de la chambre ardente. On ouvrit; elle entra, contempla ces restes inanimés sans confusion, sans tumulte, avec un silence religieux. Le capitaine Crokat, officier d'ordonnance de Longwood, réglait l'ordre dans lequel chacun se présentait. Les officiers et les sous-officiers du 20ᵉ et du 66ᵉ furent admis les premiers; les autres ensuite. Tous éprouvaient cette émotion que le courage malheureux éveille toujours dans le cœur des braves.

L'affluence fut encore plus grande le lendemain. Les troupes, la population, tout accourt, tout se presse; il n'y a pas jusqu'aux dames qui ne bravent l'autorité et la fatigue pour contempler une dernière fois les restes inanimés de l'empereur. Un ordre ridicule leur défend de paraître à Longwood, elles se mêlent à la foule, aux transports ; elles arrivent et n'en font que mieux éclater les sentiments qui les animent. Chacun répudie la complicité d'une mort cruelle ; c'est une consolation pour nous.

Je la goûtais, lorsque je vis venir à moi les docteurs Schort, Mitchell et Burton, qui sortaient de chez l'officier d'ordonnance. Ces messieurs avaient, comme je l'ai dit, assisté d'office à l'autopsie, mais n'y avaient pris aucune part. Cependant ils s'étaient tout à coup avisés que c'était à eux à dresser le procès-verbal. Ils l'avaient écrit, rédigé, et me l'apportaient à signer : je refusai. Qu'avais-je à faire d'Anglais, de rédaction anglaise ? J'étais médecin de Napoléon ; j'avais fait l'autopsie, c'était à moi à la constater. Je ne pouvais rien déguiser, rien entendre ; j'offris une copie de mon rapport ; mais il n'allait pas au but, on n'en voulut pas.

La caisse qui devait recevoir l'Empereur était arrivée, je fus obligé d'y mettre le cœur et l'estomac. Je m'étais flatté de les transporter en Europe, mais toutes mes démarches furent inutiles : j'eus la douleur d'être refusé. Je laissai le premier de ces organes dans le vase qui d'abord l'avait reçu, et mis le second dans un autre vase de même métal et de forme cylindrique, qui servait à serrer l'éponge de Napoléon. Je remplis l'un, celui qui contenait le cœur, d'alcool ; je le fermai hermétiquement, je le soudai, et les déposai l'un et l'autre aux angles du cercueil. On y descendit Napoléon ; on le plaça dans la caisse de fer-blanc, qu'on avait garnie d'une espèce de matelas, d'un oreiller, et revêtue en satin blanc. Le chapeau, ne pouvant rester, faute d'espace, sur la tête du mort, fut mis sur ses pieds, on y mit aussi des aigles, des pièces de toutes les monnaies frappées à son effigie, son couvert, son couteau, une assiette avec ses armes, etc. On ferma la caisse, on la souda avec soin, et on la passa dans une autre en acajou qu'on mit dans une troisième, faite en plomb, qui fut elle-même disposée dans une quatrième d'acajou, qu'on scella et ferma avec des vis de fer. On exposa le cercueil à la place même où le corps l'avait été et on le couvrit avec le manteau que portait Napoléon à la bataille de Marengo. Arnott continua sa surveillance, l'abbé Vignali ses prières, et la multitude, dont les flots croissaient d'heure en heure, put circuler autour de ces apprêts funèbres.

Nous étions accablés, nous nous retirions lorsque Hudson nous rejoignit. Toujours humain, compatissant et vrai, il déplora la perte que nous avions faite, et nous annonça qu'elle était d'autant plus fâcheuse que son gouvernement revenait à bien. *Il l'avait chargé de faire connaître au général Bonaparte que l'instant approchait où la liberté pourrait lui être rendue, et que Sa Majesté britannique ne serait pas la dernière à accélérer le terme de sa captivité. Il est mort, tout est fini ; nous lui rendrons demain les derniers devoirs. Les troupes ont ordre de prendre le deuil et les armes dès la pointe du jour.*

8 *mai.* — Elles les prirent en effet ; le gouverneur arriva, le contre-amiral suivit, et bientôt

toutes les autorités civiles et militaires se trouvèrent réunies à Longwood. La journée était magnifique, la population couvrait les avenues, la musique couronnait les hauteurs : jamais spectacle aussi triste, aussi solennel n'avait été étalé dans ces lieux. Midi et demi sonne, les grenadiers saisissent le cercueil, le soulèvent avec peine, et parviennent cependant, à force de constance et d'efforts, à le transporter dans la grande allée du jardin, où les attend le corbillard. Ils le placent sur le char, le couvrent d'un drap de velours violet et du manteau que Napoléon portait à Marengo. La Maison de l'empereur est en deuil. Le cortège se range conformément au programme arrêté par le gouverneur, et se met en marche dans l'ordre qui suit :

L'abbé Vignali, revêtu des ornements sacerdotaux avec lesquels on célèbre la messe, ayant à ses côtés le jeune Henri Bertrand, portant un bénitier d'argent avec son goupillon ;

Le docteur Arnott et moi ;

Les personnes chargées de surveiller le corbillard traîné par quatre chevaux conduits par des palefreniers, et escorté par douze grenadiers sans armes, de chaque côté. Les derniers doivent porter le cercueil sur leurs épaules dès que le mauvais état du chemin empêchera le char d'avancer ;

Le jeune Napoléon Bertrand et Marchand, tous les deux à pied et sur les côtés du corbillard ;

Les comtes Bertrand et Montholon, à cheval immédiatement derrière le corbillard ;

Une partie de la suite de l'empereur ;

La comtesse Bertrand avec sa fille Hortense, dans une calèche attelée de deux chevaux conduits à la main par ses domestiques, qui marchent du côté du précipice ;

Le cheval de l'empereur, conduit par son piqueur Archambault ;

Les officiers de marine à pied et à cheval ;

Les officiers d'état-major à cheval ;

Les membres du conseil de l'île à cheval ;

Le général Coffin et le marquis de Montchenu à cheval ;

Le contre-amiral et le gouverneur à cheval ;

Les habitants de l'île.

Le cortège sortit dans cet ordre de Longwood, passa devant le corps de garde et trouva la garnison de l'île, au nombre de deux mille cinq cents hommes environ, rangée sur la gauche de la route qu'il occupait jusqu'à Hut's-Gate. Des corps de musiciens placés de distance en distance ajoutaient encore, par leurs sons lugubres, à la tristesse et à la solennité de la cérémonie. Lorsque le cortège eut défilé, ces troupes le suivirent et l'accompagnèrent vers le lieu de la sépulture. Les dragons marchaient en tête. Venaient ensuite, le 20e régiment d'infanterie, les soldats de marine, le 66e, les volontaires de Sainte-Hélène, et enfin le régiment de l'artillerie royale avec quinze pièces de canon. Lady Lowe et sa fille étaient sur le chemin, à Hut's-Gate, dans une calèche à deux chevaux. Elles étaient accompagnées de quelques domestiques en deuil, et suivaient de loin le cortège. Les quinze pièces d'artillerie de campagne étaient placées le long de la route, et les canonniers se tenaient à leurs pièces, prêts à faire feu.

Parvenu à un quart de mille environ au delà de Hut's-Gate, le corbillard s'arrêta, les troupes firent halte, et se rangèrent en bataille le long de la route. Les grenadiers prirent alors le cercueil sur leurs épaules et le portèrent ainsi jusqu'au lieu de la sépulture par la nouvelle route qui avait été pratiquée exprès sur les flancs de la montagne. Tout le monde met pied à terre, les dames descendent de calèche, et le cortège accompagne le corps sans observer aucun ordre. Les comtes Bertrand et Montholon, Marchand et le jeune Napoléon Bertrand portent les quatre coins du drap. Le cercueil est déposé sur les bords de la tombe que l'on avait tendue en noir. On aperçoit auprès la chèvre, les cordages qui doivent servir à le descendre. Tout présente un aspect lugubre, tout concourt à augmenter la tristesse et la douleur dont nos cœurs sont remplis. Notre émotion est profonde, mais concentrée et silencieuse. On découvre le cercueil. L'abbé Vignali récite les prières accoutumées, et le corps est descendu dans la tombe, les pieds vers l'orient et la tête à l'occident. L'artillerie fait aussitôt entendre trois salves consécutives de quinze coups chacune. Le vaisseau amiral tire pendant la marche vingt-cinq coups de canon de minute en minute. Une énorme pierre, qui devait être employée dans la construction de la nouvelle maison de l'empereur, est destinée à fermer sa tombe. Les cérémonies religieuses sont terminées, on la soulève au moyen d'un anneau dont elle est armée, et on la pose au-dessus du cercueil, qu'elle ne touche pourtant pas. Elle appuie de chaque côté sur un mur solide en pierre. Lorsqu'elle est placée, on la fixe ; on enlève l'anneau, et on remplit la place qu'il occupait ; on recouvre la maçonnerie d'une couche de ciment.

Pendant que l'on achevait ces travaux, la foule se jetait sur les saules dont la présence de Napoléon en avait déjà fait un objet de vénération. Chacun voulait avoir des branches ou des feuillages de ces arbres, qui devaient ombrager la tombe de ce grand homme, et les garder comme un précieux souvenir de cette scène imposante de tristesse et de douleur. Hudson et l'amiral, que blesse cet élan, cherchent à l'arrêter ; ils s'emportent, ils menacent. Les assaillants se hâtent d'autant plus, et les saules sont dépouillés jusqu'à la hauteur où la main peut atteindre. Hudson était pâle de colère ; mais les coupables étaient nombreux, de toutes les classes, il ne put sévir. Il s'en vengea en interdisant l'accès du tombeau, qu'il fit entourer d'une barricade, et auprès duquel il plaça deux factionnaires et un poste de douze hommes avec un officier. Cette garde, disait-il, devait y être maintenue *à perpétuité*.

La tombe de l'empereur est à environ une lieue de Longwood. Elle est de forme quadrangulaire, plus large dans le haut que dans le bas ; sa profondeur est d'environ douze pieds. Le cercueil est placé sur deux fortes pièces de bois, et isolé dans tout son pourtour. Nous ne pûmes le couronner d'une pierre tumulaire ni d'une modeste inscription. Le gouverneur s'y opposa, comme si une pierre, une inscription eussent pu en apprendre au monde plus qu'il n'en savait.

Hudson avait mis Napoléon au tombeau, sa tâche était finie ; il ne lui restait qu'à recueillir quelques fournitures. Il accourut, s'en fit remettre l'état, examina, fureta, alla jusqu'à ouvrir des paquets que l'empereur avait lui-même cachetés avant sa mort. Ses recherches sont infructueuses : il ne trouve pas l'objet secret qu'il poursuit ; il en devient plus tenace ; il fouille, il presse, il interroge et ne consent à quitter la place que lorsque ses agents ont inventorié les meubles, emballé les livres, qu'il ne reste pas un coin qui n'ait été visité, pas un chiffon qui n'ait été enregistré.

Nous désirions conserver quelques-uns de ces objets sans valeur, qui étaient pour nous d'un prix inestimable, puisqu'ils avaient servi à l'empereur ; nous demandâmes, nous sollicitâmes, nous ne mîmes pas de bornes à nos offres, mais plus nous insistions, plus nous étions durement refusés ; nous ne pûmes rien obtenir. En revanche, Hudson nous annonça avec une grâce infinie que nous eussions à nous préparer au départ, que nous mettrions à la voile sur un bâtiment de l'État et aux frais du gouvernement.

Nous allions quitter Sainte-Hélène. C'était le moment de compter avec nos hôtes. Le général

Bertrand, qui avait une vieille affaire avec Lowe, s'y disposait; mais le geôlier n'aimait pas le tranchant du sabre; il fit négocier, et tout fut dit.

Il en devint plus souple, plus complaisant; il voulut nous choisir un bâtiment, nous donner un capitaine sûr, un équipage habile; il nous destina

Tombeau de Napoléon à Sainte-Hélène.

le *Camel Storeship* : c'était un transport léger, commode, qui réunissait tout. Nous cherchions d'où venait à Hudson cette subite obligeance, lorsque nous apprîmes que le merveilleux navire était un bâtiment vivrier, qui servait à approvisionner l'île. Nous réclamâmes; il se récria, protesta que nous avions été trompés, et nous donna l'ordre d'envoyer nos effets à bord. Nous pensions nous embarquer le soir même, nous suivîmes.

Nous allions quitter l'île, nous voulûmes visiter

une dernière fois l'asile où reposait Napoléon. Nous le vîmes, nous l'arrosâmes de nos larmes, nous l'entourâmes de violettes, de pensées, et lui dîmes adieu pour jamais. Nous emportâmes quelques branches de saule, triste consolation que le poste n'eut pas le courage de nous refuser... Nous arrivâmes à James-Town, le temps n'avait pas suffi, il y avait encore une foule de caisses à terre ; le départ était remis au lendemain. Hudson nous attendait avec son épouse, il nous pria à dîner ; nous acceptâmes. Le banquet fut gai, magnifique, Lowe était presque aimable ; on eût dit qu'il n'avait plus ses clefs. Nous fûmes bien détrompés lorsque nous arrivâmes au vaisseau. C'était, comme on nous l'avait dit, un bâtiment sale, étroit, qui servait à transporter les bœufs, les porcs, les moutons, etc., que consommait l'île. Le rapprochement était ingénieux, le choix digne de la main qui l'avait fait. Nous étions entassés, pêle-mêle, sur un bord infect, mais nous échappions aux verrous ; le temps était beau, le ciel sans nuages, nous levâmes l'ancre le 27 mai, et nous nous éloignâmes de cette station malheureuse que pourtant nous regrettions.

Le vent enflait nos voiles, le jour baissait, Sainte-Hélène se perdait à l'horizon, nous saluâmes une dernière fois cet horrible écueil, et nous cherchâmes chacun un peu d'espace où nous puissions reposer. La chose n'était pas facile, les caisses couvraient le pont, de la poupe à la proue, ce n'était que meubles, que ballots, et Hudson avait encore jeté sur ce faible bâtiment, qui n'était pas de l'échantillon d'une corvette, deux cents soldats qu'il envoyait en Europe. On fut obligé de se blottir au pied des mâts, sur les affûts, partout où l'on pouvait appuyer sa tête.

Nous avions dépassé le tropique, atteint l'équateur ; le ciel brillant, azuré, facile, rendait cet entassement moins cruel. Nous ne tardâmes pas néanmoins à en ressentir les effets. Les douleurs abdominales se manifestèrent bientôt, les flux de ventre se déclarèrent ; nous fûmes menacés de tous les ravages que la dysenterie exerce à cette latitude. Nous redoublâmes de soins, nous fîmes usage de médicaments, de bains d'eau salée ; nous réussîmes à les arrêter ; nous ne perdîmes que quelques soldats.

Nous avions échappé aux maladies, mais notre voyage se prolongeait ; nos volailles avaient péri, nous n'avions plus de viande fraîche ; l'eau, les provisions, allaient se trouver à bout, lorsque nous aperçûmes les Açores. Nous étions accablés de chaleur et de fatigue ; c'était la première station que nous rencontrions ; nous priâmes le capitaine de mettre en panne et de nous faire acheter quelques comestibles. Il avait ordre de ne pas prendre terre ; nous n'étions plus qu'à dix journées de Portsmouth, il refusa. M.ᵐᵉ Bertrand était toujours souffrante, ne se se remettait qu'avec peine de la maladie qu'elle avait faite à bord ; nous insistâmes, mais il avait encore de la viande salée, un peu d'eau, nous pouvions attendre, il allait forcer de voiles. Nous forçâmes en effet. Le ciel était obscurci, le vent était impétueux, la mer soulevée par les orages; nous filions jusqu'à neuf, onze, douze nœuds à l'heure. Cette tempête nous fut fatale; elle couvrit d'eau deux caisses où nous cultivions les branches de saule que nous avions cueillies sur le tombeau de l'empereur et les fit périr.

L'Afrique était dépassée. Nous étions en Europe, dans les limites qu'avait indiquées Napoléon. La tempête avait cessé, il ventait frais; nous fûmes en vue de la côte, nous découvrîmes l'île de Wight, Portsmouth et la rade de Spithead, où nous jetâmes l'ancre le 31 juillet, après soixante-cinq jours d'une pénible traversée. L'officier chargé des dépêches d'Hudson partit immédiatement pour Londres, nous, nous fûmes consignés à bord. Le roi d'Angleterre paradait à quelque distance, les vaisseaux tiraient, les forts répondaient; c'étaient des salves, les détonations au milieu desquelles notre Chameau ne s'épargnait pas. Les coups se succédaient sans interruption, nous étions déchirés, abasourdis, nous maudissions la fête, lorsque nous vîmes l'escadre diriger sur nous. Elle escortait Georges, qui s'approcha, nous longea et dépêcha trois personnes de sa suite pour nous féliciter. Après les compliments succédèrent les questions; on s'attendrit sur la mort de Napoléon; on voulait en connaître les particularités, les circonstances les plus légères; j'étais son médecin, je fus accablé de caresses et d'égards, mais j'apercevais le rivage d'où étaient partis les ordres de mort; je n'étais pas disposé aux confidences. Enfin, après trois jours de réclusion, on nous notifia que nous pouvions descendre à terre, que nous étions libres, que nous pouvions aller où nous voulions, mais que nous étions sous le coup de l'*alien bill*. Que m'importait ? Ce que j'avais vu de l'Angleterre ne me donnait pas la tentation d'y vivre ; ses lois, ses mesures sauvages, m'inquiétaient peu.

Nous débarquâmes, les cloches sonnaient, la population accourait au rivage ; nous fûmes entourés, pressés, avec l'emportement d'un peuple qui répudiait l'attentat que nous pleurions. Je partis le surlendemain pour Londres, où j'arrivai le même jour ; je donnai avis de mon retour à Madame Mère, et me rendis à l'invitation du Conseil qui m'avait mandé. Il désirait avoir des renseignements sur le climat de Sainte-Hélène. Je le satisfis. « Et Longwood ? l'exposition en était bonne ? — Affreuse, froide, chaude, sèche, humide ; elle confondait tous les extrêmes, elle les assemblait vingt fois le jour. — Elle n'a pas eu d'influence sur la santé du général Bonaparte ? — Elle l'a mis au tombeau. — Comment cela ? Il a succombé à une affection héréditaire. — Les hérédités sont des chimères que la médecine désavoue ; c'est la latitude qui l'a emporté. — Vous le croyez ? — J'en suis convaincu. — Mais son père ? — Son père est mort d'un squirre au pylore, et lui à la suite d'une *gastro-hépatique chronique*. Ses affections ne lui avaient pas plus été transmises que son génie, tout résidait en lui. — La même maladie ne l'eût pas atteint en Europe ? — Elle n'est endémique qu'à la latitude de Sainte-Hélène. — Si on l'avait changé de lieu ? — Il vivrait encore. — Même lorsque le déplacement ne se fût effectué que dans les derniers mois? — Même alors. Sa constitution était forte; il a fallu au climat deux ans pour la détruire. — L'ulcère ne datait que de cette époque? — Il ne remontait pas plus haut. — Fâcheux ! — Fâcheux ! — Mais le repos du monde en dépendait. — Cependant.... — Eh ! oui, dit un membre du Conseil, il eût encore bouleversé l'Europe, s'il eût pu la toucher. — La question politique n'est pas de ma compétence, mais il y avait des stations aussi sûres et moins malsaines. — Qui savait que Sainte-Hélène fût aussi insalubre ? — Le Parlement, la Société royale, tout le monde. Les tables de la mortalité sont partout; elles attestent que personne n'y touche à quarante ans sans que la mort, la nullité morale, le saisissent. » Cette réponse blessa un des membres du Conseil. « Quel mal, après tout, que la mort du général Bonaparte ? Elle nous délivre d'un ennemi implacable et le tire d'une situation pénible dont il ne fût jamais sorti. — Ce n'est pas là, lui répliquai-je, les assurances que nous donnait le gouverneur. — Le gouverneur ! Le gouverneur ! — Votre Excellence ne lui rend pas justice : c'était l'homme de ses instructions. — Que ne faisait-il alors jeter le corps de Bonaparte dans la chaux ? L'idole eût été complètement détruite : nous en eussions eu plus tôt fait. »

Son Excellence s'était mise à nu ; je n'avais plus rien à dire, je me retirai. J'avais la mesure de l'antipathie ministérielle, je croyais que *** l'avait fait passer dans l'âme des agents. Je me trompais : un d'entre eux m'avait suivi de Sainte-Hélène à Londres dans l'espoir de s'emparer du masque de Napoléon et avait exposé une plainte portant que, *parmi les effets du comte Bertrand et dans la maison même qu'il habitait, se trouvait un buste en plâtre du général Bonaparte qui lui appartenait, et que pourtant le comte et la comtesse retenaient avec obstination.* En conséquence, il fut autorisé à employer la force armée, et à s'en saisir ; le grand maréchal accourut, le commissaire de police, instruit de l'espèce de propriété qu'avait Burton, retira l'autorisation qu'il avait donnée ; je restai possesseur du masque que je conserve religieusement. L'autorité s'était récusée, on eut recours aux offres. On me proposait six mille livres sterling si je voulais le céder et n'en garder qu'une copie, mais je me proposais d'en présenter une à Madame Mère ; je voulais en garder une, je refusai.

La légation française m'avait délivré un passeport, je fis sur-le-champ mes dispositions pour me rendre à Rome. Je quittai Londres, j'arrivai à Douvres, à Calais, à Paris, où je me présentai à l'ambassade autrichienne qui me refusa son visa. Je n'en continuai pas moins mon voyage, mais la police m'attendait au pied des monts ; c'étaient des commissaires, des inspecteurs, des délégués ; que sais-je ? il y en avait de toutes les dénominations et de toutes les sortes. Le premier entre les mains duquel je tombai fut le génie tutélaire de Chambéry. Il s'excusa, questionna, fureta, ne laissa pas un de mes effets qu'il ne l'eût tenu pièce à pièce; il était désolé de cette perquisition sévère, mais c'était l'usage, et puis il voyait bien que je n'étais pas un factieux; il pouvait se conformer aux ordres qu'il avait reçus sans compromettre la bienveillance qu'il se sentait pour moi. Malheureusement il aperçut dans le chaleur de son homélie une lettre ouverte que je portais de Londres à Turin, il la lut, la trouva mystérieuse, à sens caché; il en était navré, mais il ne pouvait se dispenser de l'envoyer au ministre. Je l'abandonnai à ses visions et regagnai l'hôtel. J'y arrivais à peine, qu'il me mandait déjà; il fouilla, dépeça encore et trouva je ne sais plus quels calculs algébriques. Pour le coup il n'y tint plus; la conspiration était patente; je ne pouvais le nier, il en avait la preuve. J'eus beau protester qu'il n'en était rien, que ces signes étaient connus, usités; que les sciences..... « Fouilli aux révolutionnaires. Respectez le serviteur du roi. — Comment l'offensai-je? — Par des propos qu'il ne doit pas entendre. — Quoi! que voulez-vous dire? — Que la rébellion n'a pas assez fouillé la terre, qu'elle peut y puiser encore de quoi ébranler les trônes, disperser la légitimité, affronter, battre l'Europe! — Moi? — Vous! Je n'y songeais pas. — A quoi songez-vous donc? Que vous proposez-vous? — De franchir les monts au plus vite, d'arriver à Turin. — Vous pensez que je l'ignore? — Comment? que voulez-vous dire? — Que je sais tout. Allons, avouez; au point où vous en êtes, il n'y a que la franchise qui puisse vous sauver; quel est cet X? — Quel X? — Celui que vous allez séduire, entraîner. — Qui, moi? — Vous. » Il déroula le lambeau où étaient les calculs : « Quel est cet X? — L'inconnue. — Vous vous moquez, monsieur; écrivez qu'il se moque. » Le secrétaire écrivit; l'homme de police continua : « Ma correspondance m'avait mis au fait, je savais tout avant que vous arrivassiez; c'est monsieur ***, n'est-ce pas! » J'étais étonné, stupéfait, de l'affreuse industrie de cet homme; il prit mon silence pour une espèce d'aveu, et me pressa d'autant plus; il avait deviné du premier coup, il connaissait les factieux, il les surveillait, les entourait de pièges, il n'y en avait pas un dont il ne pût dire les espérances et les projets. Mais comment pouvais-je m'associer à ces complots? On m'avait abusé, trompé, il était disposé à faire la part de l'âge, de l'inexpérience; il voulait me ménager une issue, mais il fallait tout dire, tout avouer; quels étaient ces X, Y, Z? Pour X, il le touchait au doigt, cependant il était bien aise d'apprendre de moi qu'il avait rencontré juste. D'ailleurs, il était arrêté. — « X? — La nuit passée, quatre carabiniers... — l'ont saisi? — enlevé, jeté à la citadelle. Y et Z sont sûrement en fuite. — Vous croyez? — Et ne peuvent échapper. — Comment cela? — J'ai dépêché à Milan, envoyé à Bologne. Eh bien! » Il épiait le jeu de ma figure. « Devinai-je? — Parfaitement. — Y, c'est ***? Non. — Non, non, c'est *** que je voulais dire; et ce Z, vous pensez peut-être, parce qu'il est plus éloigné, que je ne l'aperçois pas? Vous vous trompez, c'est.... Allons, convenez-en. — Qui? — Vous savez, cet homme... Comment! il a une blessure, je ne me trompe pas, une envie au front? — Du tout, rien; mais c'est trop prolonger vos surprises; transformer un problème en conspiration! voir des conjurés dans des X, des Y, chercher à me surprendre des noms! Allez, monsieur Roassio; on est moins indigne au coin d'un bois. » Je gagnai la porte, on ne s'y opposa pas, je me retirai; mais je n'étais pas à l'hôtel, que ses sbires me cherchaient déjà : je les suivis : je fus conduit devant le commissaire, qui, tout méditatif, tenait à la main la lettre qu'il m'avait prise. « Je l'ai trouvée, je la tiens, elle est là, oui, j'ai la clef, les deux pièces s'expliquent l'une l'autre; allons, monsieur, une dernière fois, voulez-vous avouer? — Quoi? — Le complot dont j'ai la preuve? Le projet, la corruption dont vous avez écrit l'aveu. — Moi! — Vous; lisez : *reste à déterminer X, Z;* ils hésitent donc encore, c'est pour les entraîner, les corrompre que vous voulez arriver à eux? — Allons, monsieur, c'est aussi trop abuser du pouvoir! imaginer des conspirations à propos d'un exercice de collège! — De collège! — Eh! sans doute. — Vous vous oubliez, monsieur, vous cherchez à en imposer à un magistrat. Il n'est pas question de cela dans les collèges. Je n'en ai jamais ouï parler. Pourquoi êtes-vous allé à Sainte-Hélène? — Parce que cela me convenait. — Qu'y faisiez-vous? — Je m'y exerçais à la patience; c'est une vertu nécessaire avec la police, le ciel y avait pourvu. — Vous viviez sous la surveillance d'un de ses magistrats? — Qui les valait tous. — Tous, c'est beaucoup dire. — Non, vous ne voyez qu'une conspiration dans la lettre, Reade en eût découvert dix par ligne. — Oh! — Oui. — Habile homme. — Véritable Œdipe! — Sans lui! — Sans vous! — Je serais... — Sans égal et lui sans pareil. C'est tout, je me retire; au revoir. Le commissaire me fit un signe de tête, me rappela une heure après, me renvoya, me rappela encore, me fit lever cinq fois dans la même nuit, et ne me donna qu'après neuf heures de délibération un visa qui m'obligeait de descendre à Turin au ministère de la police.

Heureusement on n'y éprouva pas les anxiétés du commissaire, mais c'était partie remise, je devais passer par Boffalora; j'y trouvai un inspecteur qui m'interrogea, tourmenta, menaça, et ne m'accorda qu'après une négociation orageuse ce poli visa :

Boffalora, le 12 octobre 1821.

Vu et approuvé pour la continuation du voyage à Rome, pourvu que le porteur suive la route de Majente à Milan, et soit sorti des provinces lombardes dans l'espace de deux jours appréciables, à compter de celui-ci.

Signé : LELLI, *inspecteur de la police à Boffalora.* »

Je me conformai à l'itinéraire de l'inspecteur, je n'en pus faire autant pour l'évacuation qu'il me prescrivait. Le temps était affreux, le gouverneur à la campagne, force me fut d'attendre, mais ma présence compromettait la sûreté publique, on dépêcha un courrier au magistrat, qui donna des ordres pour que je fusse interrogé, éloigné, que je ne restasse pas une heure de plus dans la capitale. Je fus mandé, questionné, tourmenté de mille manières, je tombai enfin dans les mains d'un homme moins sauvage que son chef. Il m'accorda le reste de la journée et écrivit sur mon passeport le visa qui suit :

« Milan, 14 avril 1821.

« *Vu à la direction impériale et royale de police. Bon pour continuer le voyage jusqu'à Rome, en suivant la route de Florence, et partant de Milan dans la journée même.*

« *Signé* : Morelli, *délégué.* »

Le temps était horrible, la décision peu courtoise, mais je m'attendais à pis ; je ne discutai pas, j'allai, je courus toute la nuit, et arrivai à Parme le lendemain matin. Le major des dragons, le chevalier Rossi, que j'avais connu avant mon départ pour Sainte-Hélène, eut la complaisance de me présenter au comte Neipperg, qui m'accueillit et m'adressa une foule de questions sur la maladie et la mort de l'empereur. Je désirais donner les mêmes détails à l'Impératrice et lui remettre une lettre que lui adressaient les comtes Bertrand et Montholon ; je priai Son Excellence de m'obtenir une audience de Sa Majesté : « Je ne puis, me répondit-il ; la nouvelle de votre arrivée n'a fait qu'accroître la douleur de l'archiduchesse ; elle se plaint, elle gémit, elle n'est pas en état de vous recevoir, mais je vous offre de vous servir d'intermédiaire; je lui transmettrai ce que vous me confierez de vive voix, et lui présenterai la lettre, si vous ne craignez pas qu'elle passe dans mes mains. » J'étais loin d'avoir de la défiance, et, en eussé-je eu, la bienveillance qu'il me témoignait l'eût bannie. Je lui remis la lettre, il sortit, revint au bout d'un instant : « Sa Majesté en a pris lecture; elle regrette vivement d'être hors d'état de vous recevoir, mais elle ne le peut. Elle accueille avec transport les dernières volontés de Napoléon à votre égard; cependant elle a besoin, avant de les exécuter, de les soumettre à son auguste père. Vous les connaissez. — Je les connais. — N'importe, je vais vous en donner lecture :

« Londres, 12 septembre 1821.

« Madame,

« Le docteur Antommarchi, qui aura l'honneur de remettre cette lettre à Votre Majesté, a soigné l'Empereur, votre auguste époux, durant la maladie à laquelle il a succombé.

« Dans ses derniers moments, l'Empereur nous a chargés de faire connaître à Votre Majesté qu'il la priait de faire payer à M. Antommarchi une pension viagère de six mille francs, en récompense de ses services à Sainte-Hélène, et qu'il désirait qu'elle l'attachât à sa Maison comme chirurgien ordinaire, ainsi que M. l'abbé Vignali en qualité d'aumônier, jusqu'à la majorité de son fils, époque à laquelle il désire qu'il lui soit attaché.

« Nous croyons, Madame, remplir un dernier devoir envers l'Empereur en transmettant à Votre Majesté les dernières volontés qu'il nous a plusieurs fois réitérées.

« Nous avons l'honneur d'être, Madame, de Votre Majesté,

« Les très humbles et très obéissants serviteurs ».

« Le comte BERTRAND.

« Le comte MONTHOLON. »

Il m'assura ensuite, à divers reprises, de la bienveillance et de la satisfaction de l'Impératrice, au nom de laquelle il m'offrit une bague que je conserve précieusement.

Toutes les personnes attachées au palais étaient en grand deuil; je laissai percer ma surprise. « Comment, me dit Son Excellence, vous ignorez que c'est par l'ordre exprès de l'archiduchesse? La funeste nouvelle lui fut donnée par le prince de Metternich; elle en fut consternée, abattue; elle voulut associer toute la Cour à sa douleur, que chacun donnât des regrets à celui qu'elle pleurait. Elle décida que le deuil serait de trois mois, qu'on ferait un service solennel, qu'en un mot on ne négligerait aucune des cérémonies que la pitié de ceux qui vivent consacre à ceux qui ne sont plus. Elle y assistait elle-même, elle se plaisait à rendre à Napoléon mort le culte qu'elle lui avait voué pendant sa vie. — Et le prince? — Va à merveille. — Il est fort? — D'une santé à toute épreuve. — D'espérance? — Il étincelle de génie; jamais enfant ne promit tant. — Il est confié à d'habiles mains? — A deux hommes de la plus haute capacité, deux Italiens qui lui donnent à la fois une éducation brillante et solide. Chéri de toute la famille impériale, il l'est surtout de l'Empereur, du prince Charles, qui le surveille avec une sollicitude sans égale. » Nous étions debout, Son Excellence y avait mis une bienveillance infinie; je n'osais pousser plus loin mes questions. Il s'en chargea : « Savez-vous, me dit-il, de qui sont les tableaux qui semblent fixer votre attention? — Je l'ignore, mais ils sont d'un fini, d'une touche... — Qui n'appartiennent qu'à l'Impératrice : ces jolis paysages sont dus à son gracieux pinceau. » Je me rappelai qu'en effet Napoléon m'avait souvent parlé de la perfection dont elle peignait le paysage. Je rejoignis le chevalier Rossi; et, la nuit venue, nous allâmes au spectacle; sa loge était en face de celle de Marie-Louise, on jouait la *Cenerentola ;* je savourais cette délicieuse musique, qu'exécutait le premier orchestre de l'Italie, lorsque l'Impératrice parut. Ce n'était plus ce luxe de santé, cette brillante fraîcheur dont Napoléon m'entretenait si souvent; maigre, abattue, défaite, elle portait les traces des chagrins qu'elle avait essuyés. Elle ne fit pour ainsi dire qu'apparaître, mais je l'avais vue, cela me suffisait.

Je me remis en route, j'arrivai à Florence, où je fus présenté au grand-duc, qui m'adressa une foule de questions sur Sainte-Hélène; à Rome, où je fus admis à une audience du cardinal Fesch, qui ne m'en fit pas une!

J'écrivis au comte de Saint-Leu, il était trop affligé pour me recevoir! Je n'y pensai plus; à la princesse Pauline, qui, quoique souffrante, ne m'en admit pas moins, voulut tout savoir, tout connaître, montra la plus vive sensibilité au récit des outrages et des angoisses qu'avait endurés Napoléon. L'émotion de Madame Mère fut encore plus grande; je fus obligé d'user de réserve, d'employer des ménagements, de ne lui dire en un mot qu'une partie des choses dont j'avais été témoin. A une seconde visite, sa douleur était plus résignée, plus calme, j'entrai dans quelques détails qui furent souvent interrompus par des sanglots. Je m'arrêtais, mais cette malheureuse mère séchait ses larmes et recommençait ses questions. Le courage et la douleur étaient aux prises, jamais déchirement aussi cruel. Je la revis une troisième fois; elle me prodigua des témoignages de bienveillance et de satisfaction et m'offrit un diamant qui ne me quittera jamais : il me vient de la mère de l'Empereur.

Je regagnai Florence; Canino était à quelque distance; j'y descendis, je fus accueilli, accablé d'égards, de questions; la mort de Napoléon y était vivement sentie. Je continuai, j'arrivai à Florence, où je fus arrêté quelques jours par un conflit de prétentions assez bizarres.

J'avais, de concert avec les héritiers de Mascagni, publié en 1816 *l'Anatomie pittoresque;* elle eut du succès; on résolut d'imprimer le Prodrome, de mettre au jour *la Grande Anatomie*. Cette entreprise exigeait une mise de fonds considérable; une société anonyme offrait de la faire, on accepta, je fus mis à la tête de cette opération; voici l'acte qui fut passé entre nous :

« Puisque la mort du professur Mascagni, celle de son frère Bernardino et de son neveu Aurelio, ont laissé la famille dans l'impossibilité d'entreprendre la publication des *œuvres* anatomiques dudit professeur, soit à cause de l'âge, du sexe ou du domicile des héritiers, cette publication sera exécutée aux frais de la société, et d'après le mode établi ci-après :

« ARTICLE I. La famille Mascagni consignera dans les mains de la société ou de ses représentants tous les papiers, dessins, cuivres, etc., que le professeur Mascagni a pu disposer d'avance, pour la publication de ces deux ouvrages.

« ART. II. Elle recevra, pour prix de ces objets livrés, six mille cinq cents écus, de la manière et aux conditions suivantes, etc. ;

« ART. III. La société sera représentée par trois de ses membres, chacun d'eux remplissant les attributions qui lui sont confiées, comme ci-après :

« 1° Un directeur pour l'édition ;

« 2° Un directeur pour l'administration économique ;

« 3° Un trésorier ou caissier.

« 4° La direction de l'édition sera confiée aux soins du docteur François Antommarchi, actuellement prosecteur d'anatomie à l'hôpital de S. Maria

Nuova. Les autres détails typographiques et administratifs seront exclusivement de la compétence du directeur chargé de l'administration économique;

« 5° Le docteur Antommarchi recevra, pour prix de ses soins et de ses travaux, la moitié des bénéfices que donnera la publication, après toutefois qu'on aura prélevé la somme due aux héritiers, ainsi que le remboursement des dépenses faites par la société. »

(Je laisse de côté tous les articles qui ont rapport à l'administration économique.)

« 13° Dans le cas où le docteur Antommarchi viendrait à mourir avant d'avoir disposé les matériaux qui doivent servir à l'édition du premier ouvrage, et avant que les héritiers Mascagni aient pu toucher le somme qui leur revient, la société et toutes les conventions faites entre ses membres seront dissoutes *ipso facto;* les planches redeviendront la propriété des héritiers Mascagni, ainsi que tous les cuivres, papiers, dessins et autres objets livrés par eux; tout le reste devra demeurer entre les mains des associés pour servir à les indemniser soit en totalité, soit en partie. Mais, si le docteur Antommarchi laissait tous les matériaux convenablement disposés et prêts à être mis sous presse, si la somme convenue avait été payée aux héritiers Mascagni, on procéderait à la publication des ouvrages anatomiques, en faisant exécuter la surveillance et la correction des planches aux frais et dépens des héritiers Antommarchi, qui, dans ce cas, jouiraient des mêmes avantages que le docteur lui-même s'il eût été vivant.

« Fait et approuvé par les sociétaires,
  « *Pour copie conforme :*
     « Antonio Mocchi.
    « F. Antommarchi. »

Ainsi j'avais à moi seul la moitié des bénéfices, ce qui suppose que j'étais au moins utile à l'entreprise. Je disposai en conséquence les matériaux nécessaires à la publication du Prodrome, et rédigeai le texte, car Mascagni n'avait laissé que des esquisses; je passai à Sainte-Hélène, mon départ ne changeait rien au fond, mais il pouvait entraîner des délais, des retards; je ne voulais pas donner lieu à des réclamations, nous passâmes un nouvel acte ainsi conçu :

« Pour le maintien d'une bonne et durable intelligence entre le docteur François Antommarchi et les sociétaires chargés de l'édition des œuvres posthumes du professeur Paolo Mascagni, représentés par moi soussigné, pour le repos et les sûretés réciproques des parties, ainsi que ceux des héritiers Mascagni, etc., il a été reconnu et arrêté ce qui suit:

« 1° Que moi, soussigné, j'ai entre les mains un ouvrage de Scarpa sur les hernies, et appartenant au docteur Antommarchi; plus, un exemplaire de *l'Anatomie pittoresque* relié et un exemplaire des six premières livraisons du Prodrome anatomique, les seules qu'on ait publiées jusqu'à ce jour;

« 2° Que des quatre livraisons qui restent à publier, dont quatre exemplaires doivent être remis au docteur Antommarchi, deux exemplaires seront gardés par moi soussigné à sa disposition, l'un pour compléter l'exemplaire qu'il emporte avec lui, l'autre pour compléter celui qui reste en ma possession, et que les deux autres exemplaires seront remis à M. Mansueto Martolini ;

« 3° Pour reconnaître les soins que le docteur Antommarchi a donnés à la publication de *l'Anatomie pittoresque*, les héritiers Mascagni s'engagent à lui donner deux exemplaires de cet ouvrage, que je retirerai pour lui ;

« 4° Le docteur Antommarchi a consigné dans mes mains *tous les manuscrits et dessins relatifs non seulement au Prodrome, mais encore à « la Grande Anatomie ».* On a fait tirer quatre exemplaires des planches existantes de ce dernier ouvrage ; deux ont été remis au docteur Antommarchi, afin de les disposer, autant que de besoin, pour la publication de l'ouvrage entier ;

« 5° Que le docteur Antommarchi retient l'ouvrage de Cuvier sur *l'anatomie comparée*, cinq volumes, appartenant à la famille Mascagni.

« 6° La nouvelle destination du docteur Antommarchi n'apporte aucun changement dans les obligations réciproques contractées entre lui et la société pour l'édition des œuvres de Mascagni, obligations qui dépendent de l'issue de la première entreprise, la publication du Prodrome, et de l'ensemble des circonstances qui pourront en favoriser ou retarder l'accomplissement. Bien entendu que, dans tous ces cas, on aura égard aux intérêts comme aux droits de la famille Mascagni et du docteur Antommarchi. En foi de quoi la présente déclaration a été signée par moi

« Antonio MOGGI, au nom de la société, et
« F. ANTOMMARCHI, dir. de l'Éd. »

Les trente planches de *la Grande Anatomie* de Mascagni avaient été gravées sur cuivre, du vivant de cet homme célèbre; on m'en remit des épreuves pour les corriger, les achever et faire le texte, ainsi qu'il était convenu. Je m'étais occupé de ce travail à Sainte-Hélène; je l'avais achevé et le rapportais avec confiance, lorsque je reçus à Londres un projet de vente écrit au nom de la société et des héritiers Mascagni où l'on me proposait de *m'abandonner en totalité les exemplaires du Prodrome, les cuivres de cet ouvrage*, ceux de *la Grande Anatomie*, ainsi que tous les papiers qui pouvaient y avoir rapport. On demandait une somme de huit mille écus de Toscane, pour le paiement desquels on donnerait du temps et prendrait des sûretés convenables. La famille Mascagni, convaincue qu'il serait avantageux à l'acquéreur de ces deux ouvrages d'avoir les cuivres et les exemplaires qui restaient du Traité sur les vaisseaux lymphatiques et de *l'Anatomie pittoresque*, m'en proposait aussi l'acquisition pour la moitié de ce que portait le *prospectus*.

La somme était assez forte, mon travail était fait, tous mes engagements remplis; je demandai que la société tint les siens ; Moggi me répondit qu'elle était décidée à ne plus faire d'avances, qu'elle voulait se dissoudre, que c'était un parti pris. Je le trouvai assez fâcheux, mais que faire? Je me résignai; c'est dans cette situation d'esprit que j'arrivai à Florence; je m'adressai de suite à la famille Mascagni, et lui proposai sept mille cinq cents écus au lieu de six mille cinq cents que lui payait la société. Nous fûmes bientôt d'accord, les actes étaient rédigés, on allait signer; mais Moggi, qui était l'âme de toute cette affaire, avait d'autres vues. L'autorité intervint, et refusa de sanctionner la transaction. « Puisqu'on m'empêche d'acquérir, qu'on s'exécute. — Nous ne voulons pas. — Mon travail? — Vous l'avez. — Je l'utiliserai. — Libre à vous. — Résilions. — Nous ne demandons pas mieux. » Ainsi fut fait; nous parûmes devant le magistrat, qui déclara la société dissoute, mais l'opération était déjà passée en d'autres mains ; je n'avais pu l'avoir pour sept mille cinq cents écus, on la céda pour trois mille. La famille Mascagni était désintéressée; je ne devais rien à la nouvelle société; je me disposai à tirer parti de mon travail. Elle l'apprit, me demanda les épreuves, je les refusai ; elle me proposa des arrangements, je m'y prêtai. Nous étions d'accord, lorsqu'un *professeur de belles-lettres*, Rosini, imprimeur-libraire à Pise, vint se jeter à la traverse et fit manquer la transaction. Je ne voulus dès lors plus rien entendre; je marchai, je poussai à la roue, j'eus bientôt un succès décidé. On s'en vengea par les libelles et les injures; il n'y eut sorte de calomnies qu'on n'essayât. On répandit que je m'était approprié l'ouvrage de Mascagni, — on a vu comment; que je frustrais sa famille, — elle est désintéressée; que je n'avais pas les squelettes, — je les ai publiés; que le travail était complet, — on demande neuf ans pour le mettre à jour; que je n'y avais rien ajouté, — on m'allouait la moitié des bénéfices. Encore si la production rivale eût mieux valu! mais elle est tombée dans des mains inhabiles qui la sèment de fautes et compromettent la gloire de Mascagni.

Mes offres étaient repoussées, il ne me restait qu'à me remettre en route; je le fis, je gagnai Parme, où je fus encore une fois présenté au comte Neipperg. Son Excellence me renouvela l'assurance de la satisfaction de l'Impératrice, et me remit pour l'ambassade d'Autriche en France une lettre où cette princesse exprimait avec bonté ses intentions bienveillantes pour le médecin de son époux, dont elle voulait remplir les dernières volontés. Je rendis moi-même la dépêche au baron de Vincent, qui eut la complaisance de m'en faire connaître le contenu.

J'avais eu un procès à Florence, je ne trouvai que discussions lorsque j'arrivai à Paris. Le banquier avait fait plaider l'incapacité de Napoléon; ses scrupules avaient été accueillis et les fonds retenus dans sa caisse. Il avait fallu réduire, atténuer les legs, nommer des arbitres qui modérassent les prétentions de l'un, soutinssent les droits de l'autre, en un mot, conciliassent tous les intérêts. Le choix était tombé sur les ducs de Bassano, de Vicence et le comte Daru. C'étaient des amis, des ministres de Napoléon ; chacun leur adressait ses réclamations, j'y joignis les miennes ; je pensais que, scrupuleux interprètes des intentions d'un homme qu'ils avaient longtemps servi, ils respecteraient ses actes, même ceux qui me concernaient ; car enfin, quelque isolé que je fusse, je n'en avais pas moins eu le triste honneur de fermer les yeux à notre bienfaiteur commun. Ils avaient le codicille suivant :

« Aujourd'hui, 27 avril 1821.

« *Malade de corps, mais sain d'esprit, j'ai écrit de ma propre main ce huitième codicille à mon testament :*

« 1° *J'institue mes exécuteurs testamentaires Montholon, Bertrand et Marchand, et Las Cases ou son fils trésorier.*

« 2° *Je prie ma bien-aimée Marie-Louise de prendre à son service mon chirurgien Antommarchi, auquel je lègue une pension pour sa vie durant de 6,000 francs (six mille francs), qu'elle lui paiera.* »

« Pour extrait et copie conforme.

« Paris, ce 12 juin 1823.

« Montholon, Bertrand, Marchand. »

Les exécuteurs testamentaires m'avaient délivré la déclaration qui suit :

« Nous soussignés déclarons et attestons que feu l'Empereur nous a dit, peu de jours avant sa mort, qu'il avait promis à son médecin, le docteur Antommarchi, de lui laisser cent mille francs.

« Paris, ce 4 février 1823.

« MONTHOLON, BERTRAND, MARCHAND. »

Je l'adressai aux arbitres, avec une lettre ainsi conçue :

« Messieurs,

« J'ai l'honneur de vous soumettre la copie d'une pièce par laquelle MM. Bertrand, Montholon et Marchand déclarent que, peu de jours avant sa mort, l'Empereur Napoléon avait promis de me laisser cent mille francs.

« Je vous prie, messieurs les arbitres, de vouloir bien prendre en considération cet acte de justice et de bienveillance de la part de l'Empereur envers le médecin qui a eu l'honneur de lui donner tous ses soins jusqu'à sa dernière heure.

« J'ai l'honneur de vous faire observer qu'à Sainte-Hélène messieurs les exécuteurs testamentaires ont déjà exécuté un ordre semblable donné verbalement par l'Empereur en faveur d'un médecin anglais consultant.

« J'ose attendre cet acte de justice et de bonté de la part de messieurs les arbitres de la succession de feu l'Empereur Napoléon.

« J'ai l'honneur d'être, etc.

« F. ANTOMMARCHI. »

Voici le jugement qu'ils rendirent :

« Nous soussignés, Hugues-Bernard Maret, duc
« de Bassano, demeurant à Paris, rue Saint-Lazare,
« n° 56 ; Armand-Augustin-Louis de Caulincourt,
« duc de Vicence, demeurant à Paris, rue Saint-
« Lazare, n° 5 ; et Pierre-Antoine-Noël-Bruno,
« comte Daru, pair de France, demeurant à
« Paris, rue de Grenelle, faubourg Saint-Germain,
n° 81,

« Arbitres et amiables compositeurs, nommés
« par le compromis fait entre les légataires de
« Napoléon-Bonaparte, le 26 avril 1822, enregistré
« à Paris, par Courapied, le 22 avril 1823, à l'effet
« de juger souverainement et en dernier ressort,
« sans recours en cassation, et comme amiables
« compositeurs, conformément aux articles 1009 et
« 1019 du Code de procédure civile, toutes les con-
« testations qui pourraient s'élever sur l'interpré-
« tation d'aucune des dispositions contenues aux
« testament et codicilles de Napoléon Bonaparte,
« sur la formation des états de répartition de cha-
« que masse, sur ceux qui auront droit d'en faire
« partie, en raison des diverses assignations de
« fonds faites par le testateur, et notamment sur
« les prétentions des légataires portés aux di-
« vers codicilles, de prendre part dans telle ou
« telle masse de fonds énoncés dans les diverses
« parties du testament, toute réclamation qui pour-
« rait être faite par aucun créancier, pensionnaire,
« ou autre prétendant droit, et, en général, toute
« espèce de difficulté, ayant pour cause la liquida-

« tion de la succession, l'exécution des testament
« et codicilles, et l'apurement des comptes qui se-
« ront ultérieurement présentés par les exécuteurs
« testamentaires.

« *Quatrième question.* Ceux des légataires de
« Sainte-Hélène qui réclament le paiement intégral
« de leur legs ont-ils droit à ce privilège ?

« En ce qui touche la quatrième question,

« Attendu que, si le mémoire par lequel on a de-
« mandé par privilège le paiement des legs faits par
« privilège aux légataires de Sainte-Hélène sem-
« blait concerner tous lesdits légataires, il résulte
« des explications données par MM. les comtes Ber-
« trand et Las Cases qu'ils n'entendent prendre
« aucune part à cette demande, et par MM. de Mon-
« tholon et Marchand, que ce privilège n'est réclamé
« par eux que dans le cas où la partie héréditaire
« deviendrait disponible ;

« Attendu que, quoique les arbitres n'aient reçu
« aucun pouvoir de l'héritier, cependant il peut
« leur être permis de prévoir les cas où la muni-
« ficence de l'héritier le porterait à abandonner sa
« portion héréditaire pour concourir autant qu'il
« est en lui à l'accomplissement des intentions ma-
« nifestées par le testateur, et à l'acquittement de
« ses obligations ;

« Attendu que les légataires qui ont suivi le tes-
« tateur dans son exil, qui ont abandonné leur
« famille, leur état et leur patrie, pour partager sa
« captivité, et qui n'avaient mis aucune borne à la
« durée et à l'étendue de leur sacrifice, se trouvent

« dans une condition particulière, et ont des titres
« à une faveur spéciale ;

« Qu'ayant, en effet, été placés en premier ordre
« dans les dispositions faites par le testateur, il est
« permis de penser que, s'il n'avait cru avoir à sa
« disposition que la somme qu'il destinait aux léga-
« taires de Sainte-Hélène, il aurait borné là ses
« libéralités ;

« Qu'il résulte de plus des termes dont s'est servi
« le testateur dans l'expression de ses dernières
« volontés que les legs faits par lui à M. le
« comte de Montholon n'étaient pas seulement à
« titre de libéralité, mais aussi à titre d'indemnité
« des pertes que son séjour à Sainte-Hélène lui
« avait occasionnées... »

A l'article *questions* aux légataires du testament du 15 avril 1821, et du quatrième codicille en date du 24, on lit ce qui suit, en ma faveur, d'après ma réclamation des cent mille francs, comme il a été ci-dessus indiqué :

« La succession sera grevée de quelques pen-
« sions ; quatre sont payées par les parents du tes-
« tateur, il n'en restera que trois à la charge de
« la succession ; de ces trois pensions, une, qui est
« de mille francs, est due en conséquence d'un
« brevet délivré d'après les ordres du testateur ; la
« seconde, qui est de douze cents francs, est un
« secours annuel et provisoire, délégué par le testa-
« teur sur ses parents et amis ; la troisième, que
« l'on propose de fixer à dix-huit cents francs, est
« aussi un secours provisoire en faveur de M. An-

« tommarchi, qui a assisté le testateur jusqu'à ses
« derniers moments; lequel provisoire sera de
« nature à cesser, de l'instant où, conformément
« au vœu énoncé par le testateur, Sa Majesté l'ar-
« chiduchesse Marie-Louise se chargera de la pen-
« sion à payer à M. Antommarchi. »

Cette décision parut inouïe aux légataires; plusieurs réclamèrent, le général Drouot surtout. « La
part que Napoléon avait faite au médecin qui lui avait
clos la paupière n'était pas un simple legs, c'était
un ordre, une dette dont la succession ne pouvait
s'affranchir. Si on ne voulait pas la servir, il fallait
du moins respecter les bienséances, les dernières
volontés de l'Empereur; il fallait doubler la pension,
la porter à trois mille six cents francs. » La plupart
des légataires se rangèrent à l'avis du général; le
baron L...... fut presque le seul qui s'y refusa.

Les arbitres avaient regardé comme non avenu
le codicille qui me concerne et méconnu les intentions de Napoléon; mais que m'importait? Son fils
était plein de vie, l'Impératrice m'avait fait renouveler l'assurance de ses bonnes dispositions : j'étais
tranquille. Je crus cependant devoir céder aux
conseils des exécuteurs testamentaires, qui m'enga-
geaient à soumettre la décision arbitrale à l'équité
des légataires; les uns, à la tête desquels était le
général Montholon, m'allouèrent trois mille francs;
les autres persistèrent à trois mille six cents, comme
l'avait proposé le général Drouot. Le baron L......,
suivant son habitude, trouvait toujours que c'était
trop pour moi et pas assez pour lui. Honteux enfin

d'être seul contre tous, il se rendit, et la question fut soumise aux arbitres.

Mais ils étaient assaillis de doutes, de scrupules, ils n'étaient pas convaincus que les pièces exprimassent la pensée de ceux qui les avaient écrites ; il fallut attendre que chacun vînt attester sa signature, qu'il y eût une réunion. Elle eut lieu, personne ne s'inscrivit en faux contre lui-même, on ne put méconnaître la bienveillance qui animait les légataires. Il s'agissait de décider ; les intéressés proposaient d'aller aux voix, — les arbitres ne le voulurent pas ; de retirer la question qu'ils résoudraient eux-mêmes, — ils ne le voulurent pas davantage ; mais, dociles aux inspirations du baron L..., qui déclamait toujours, ils se réservèrent le jugement de cette affaire et le rendirent en ces termes :

« Nous arbitres et amiables compositeurs susdits,
« en vertu des pouvoirs susénoncés, disons et ordon-
« nons :

« Premièrement, que la moitié de l'actif compo-
« sant la succession de Napoléon Bonaparte sera
« réservée et tenue à la disposition du fils du tes-
« tateur ;

« Deuxièmement....., etc. ;

« Troisièmement....., etc. ;

« Quatrièmement, que, les dispositions du testateur
« excédant la portion disponible, la réduction du
« legs sera faite, conformément à l'article 926 du
» Code civil, au marc le franc entre tous les léga-
« taires sans aucune distinction ;

« Que néanmoins, prenant en considération les

« motifs de la réclamation élevée par le plus grand
« nombre des légataires de Sainte-Hélène, et ce,
« pour le cas où la munificence de l'héritier le por-
« terait à délaisser aux légataires sa portion hérédi-
« taire pour l'accomplissement des intentions du
« testateur, et l'acquittement de ses obligations, la
« distribution sera faite (sauf la retenue proportion-
« nelle au paiement des dettes) de manière à com-
« pléter le paiement intégral des legs desdits léga-
« taires de Sainte-Hélène, et le surplus sera réparti
« au marc le franc entre les autres légataires du
« testament et du quatrième codicile, dans la pro-
« portion de leurs legs ;

« Cinquièmement....., etc ;

« Sixièmement, que les pensions de MM. S...
« et P... et la pension provisoire de M. Antommar-
« chi seront à la charge de MM. les légataires,
« savoir : pour M. S..., à raison, etc., pour M. P...,
« à raison, etc., et pour M. Antommarchi, à raison
« d'une somme annuelle de trois mille francs, jus-
« qu'au moment où S. M. l'archiduchesse Marie-
« Louise se chargera d'accomplir les intentions
« manifestées à cet égard par le testateur, en lui
« accordant une pension.

« Le présent jugement, signé en double minute,
« sera déposé au greffe du tribunal de première
« instance, séant à Paris, pour mettre les parties
« en mesure de requérir l'ordonnance d'homologa-
« tion, et chez M. Bertrand, notaire de la succession,
« afin que MM. les légataires puissent en prendre
« communication.

« Fait à Paris, en la demeure de M. le duc de
« Bassano, l'un de nous, le seize mai mil huit
« cent vingt-trois. Signé : Comte DARU — Le duc
« DE BASSANO. — CAULINCOURT, duc de Vicence. »

Ce jugement inouï fut frappé d'une réprobation générale : on en blâmait les dispositions, on en assignait les motifs ; ce n'était que discussion, mésintelligence ; toutes les passions avaient pris l'essor, lorsque le général de Montholon renonça au bénéfice de la décision par la lettre qui suit :

« Paris, ce 12 juin 1823.

« Après avoir pris connaissance du jugement arbitral rendu le 16 mai dernier, par MM. le duc de Bassano, le duc de Vicence, et le comte Daru, sur la liquidation de la succession de l'Empereur Napoléon, je déclare persister dans l'opinion que j'ai manifestée par ma lettre du 3 juin 1823 à MM. les arbitres, *et ne vouloir d'aucune préférence de paiement intégral qui serait à la charge de mes colégataires.*

« Je renonce en conséquence au bénéfice qui résulterait pour moi de l'exécution des dispositions de l'article dudit jugement qui ordonne que, dans le cas où *la munificence de l'héritier le porterait à renoncer à sa portion héréditaire en faveur des légataires,* les legs des légataires de Sainte-Hélène soient d'abord complétés sur le partage de cette portion héréditaire.

« Signé : DE MONTHOLON. »

Cet acte de désintéressement fut accepté,

applaudi, termina tout. Les légataires revinrent aux sentiments qui les unissaient, je retournai à mes études ; elles valent mieux que des arbitrages et des procès.

APPENDICE

Testament de Napoléon.
Lettre du comte Montholon à S. A. la princesse Pauline Borghèse.
Lettre de la princesse Pauline Borghèse à lord Liverpool.
Lettre de Madame Mère au général Bertrand.
Requête de Madame Mère à lord Castlereagh.
Lettre du docteur Antommarchi.
Relation du retour des cendres de Napoléon.

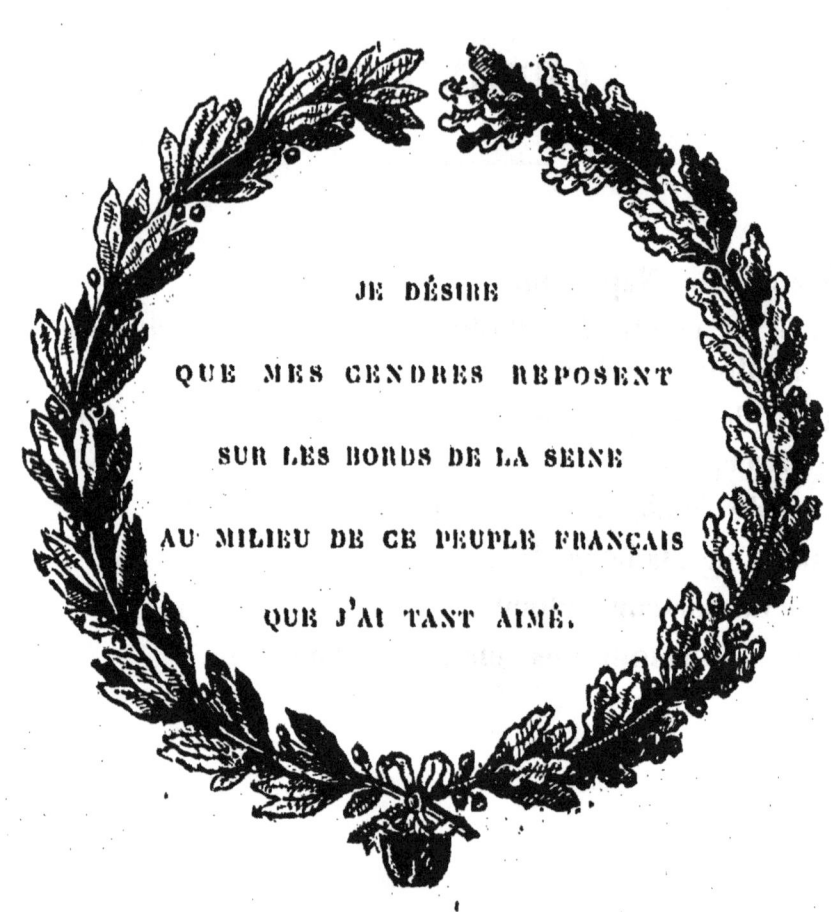

TESTAMENT
DE NAPOLÉON [1]

Napoléon,

Ce jourd'hui, 15 avril 1821, à Longwood, île de Sainte-Hélène. Ceci est mon testament, ou acte de ma dernière volonté.

I

1° Je meurs dans la religion apostolique et romaine, dans le sein de laquelle je suis né, il y a plus de cinquante ans.

2° Je désire que mes cendres reposent sur les bords de la Seine, au milieu de ce peuple français que j'ai tant aimé.

3° J'ai toujours eu à me louer de ma très chère épouse, Marie-Louise ; je lui conserve jusqu'au dernier moment les plus tendres sentiments ; je la prie de veiller pour garantir mon fils des embûches qui environnent encore son enfance.

4° Je recommande à mon fils de ne jamais oublier

1. Collationné d'après l'original déposé aux Archives nationales. (Désiré Lacroix.)

qu'il est né prince français, et de ne jamais se prêter à être un instrument entre les mains de triumvirs qui oppriment les peuples de l'Europe. Il ne doit jamais combattre ni nuire en aucune manière à la France ; il doit adopter ma devise : *Tout pour le peuple français.*

5° Je meurs prématurément, assassiné par l'oligarchie anglaise et son sicaire ; le peuple anglais ne tardera pas à me venger.

6° Les deux issues si malheureuses des invasions de la France, lorsqu'elle avait encore tant de ressources, sont dues aux trahisons de Marmont, Augereau, Talleyrand et de Lafayette. Je leur pardonne ; puisse la postérité française leur pardonner comme moi !

7° Je remercie ma bonne et très excellente mère, le cardinal, mes frères Joseph, Lucien, Jérôme, Pauline, Caroline, Julie, Hortense, Catarine, Eugène, de l'intérêt qu'ils m'ont conservé ; je pardonne à Louis le libelle qu'il a publié en 1820 : il est plein d'assertions fausses et de pièces falsifiées.

8° Je désavoue le *Manuscrit de Sainte-Hélène* et autres ouvrages sous le titre de *Maximes, Sentences,* que l'on s'est plu à publier depuis six ans : ce ne sont pas là les règles qui ont dirigé ma vie.

J'ai fait arrêter et juger le duc d'Enghien, parce que cela était nécessaire à la sûreté, à l'intérêt et à l'honneur du peuple français, lorsque le comte d'Artois entretenait, de son aveu, soixante assassins à Paris. Dans une semblable circonstance, j'agirais encore de même (1).

II

1° Je lègue à mon fils les boîtes, Ordres, et autres objets tels qu'argenterie, lit de camp, armes, selles, éperons, vases de ma chapelle, livres, linge qui a servi à mon corps et à mon usage, conformément à l'état annexé, coté A. Je désire que ce faible legs lui soit cher, comme lui retraçant le souvenir d'un père dont l'univers l'entretiendra.

2° Je lègue à Lady Holland le camée antique que le pape Pie VI m'a donné à Tolentino.

3° Je lègue au comte Montholon 2 millions de francs, comme une preuve de ma satisfaction des soins filials qu'il m'a rendus depuis six ans, et pour l'indemniser des pertes que son séjour à Sainte-Hélène lui a occasionées.

4° Je lègue au comte Bertrand 500,000 francs

---

1. A ce paragraphe, relatif au duc d'Enghien, les *Récits de la Captivité* portent en note (t. II, p. 518) : « Ce passage fut écrit en interligne, après avoir entendu la lecture d'un article sur le duc d'Enghien, dans une revue anglaise, qui attaquait outrageusement les ducs de Vicence et de Rovigo. » Le général de Montholon revient sur ce fait ; on trouve dans les *Récits* (t. II, p. 538), à la date du 20 avril 1821, que la lecture d'un journal anglais avait réveillé chez l'Empereur une vive colère, dont Bertrand ne s'aperçut pas assez vite en traduisant et lisant tout à la fois l'article injurieux pour Caulaincourt et Savary ; lorsqu'il s'arrêta, l'Empereur l'obligea à continuer ; puis l'interrompant tout à coup : C'est indigne ! s'écria-t-il. Il me fit appeler, m'ordonna de lui apporter son testament, l'ouvrit et écrivit en interligne, sans nous dire un mot : « J'ai fait arrêter et juger le duc d'Enghien parce que cela était nécessaire à la sûreté, à l'intérêt, à l'honneur du peuple français, lorsque le comte d'Artois entretenait, de son aveu, soixante assassins dans Paris. Dans une semblable circonstance, j'agirais encore de même. »

Dans le procès-verbal de la réception du testament dressé le 26 mars 1853, on lit cette constatation faite par le président du tribunal de première instance de la Seine : « Les sixième, septième, huitième et neuvième lignes de la seconde page paraissent avoir été écrites après coup. » Ces lignes 6, 7, 8 et 9 contiennent précisément le passage relatif au duc d'Enghien.

5° Je lègue à Marchand, mon premier valet de chambre, 400,000 francs. Les services qu'il m'a rendus sont ceux d'un ami. Je désire qu'il épouse une veuve, sœur, ou fille d'un officier ou soldat de ma vieille Garde.

Je lègue :

6° A Saint-Denis, 100,000 francs ;

7° A Noverraz, 100,000 francs ;

8° A Pierron, 100,000 francs ;

9° A Archambault, 50,000 francs ;

10° A Coursot, 25,000 francs ;

11° A Chandellier, 25,000 francs ;

12° A l'abbé Vignali, 100,000 francs. Je désire qu'il bâtisse sa maison près de Ponte-Nuovo di Rostino ;

13° Au comte Las Cases, 100,000 francs ;

14° Au comte de Lavallette, 100,000 francs ;

15° Au chirurgien en chef Larrey, 100,000 francs.

C'est l'homme le plus vertueux que j'aie connu ;

16° Au général Brayer, 100,000 francs ;

17° Au général Lefebvre-Desnoëttes, 100,000 francs ;

18° Au général Drouot, 100,000 francs ;

19° Au général Cambronne, 100,000 francs ;

20° Aux enfants du général Mouton-Duvernet, 100,000 francs ;

21° Aux enfants du brave Labédoyère, 100,000 francs ;

22° Aux enfants du général Girard, tué à Ligny, 100,000 francs ;

23° Aux enfants du général Chartrand, 100,000 francs ;

24° Aux enfants du vertueux général Travot, 100,000 francs ;

25° Au général Lallemand, l'aîné, 100,000 francs ;

26° Au comte Réal, 100,000 francs ;

27° A Costa, de Bastelica, en Corse (1), 100,000 francs ;

28° Au général Clausel, 100,000 francs ;

29° Au baron de Meneval, 100,000 francs ;

30° A Arnault, auteur de *Marius*, 100,000 francs;

31° Au colonel Marbot, 100,000 francs. Je l'engage à continuer à écrire pour la défense de la gloire des armées françaises et à en confondre les calomniateurs et les apostats ;

32° Au baron Bignon, 100,000 francs. Je l'engage à écrire l'histoire de la diplomatie française de 1792 à 1815 ;

33° A Poggi, de Talavo, 100,000 francs ;

34° Au chirurgien Emery, 100,000 francs ;

35° Ces sommes seront prises sur les 6 millions que j'ai placés en partant de Paris en 1815, et sur les intérêts à raison de cinq pour cent depuis juillet 1815. Les comptes en seront arrêtés avec le banquier par les comtes Montholon, Bertrand et Marchand.

36° Tout ce que ce placement produira au delà de la somme de 5,600,000 de francs, dont il a été disposé ci-dessus, sera distribué en gratifications

---

1. Costa, avait protégé, en 1793, la signora Létizia et ses plus jeunes enfants, dans leur expulsion d'Ajaccio, par des partisans de Paoli et de l'Angleterre, contre ceux des Bonaparte et de la République française.

aux blessés de Waterloo, et aux officiers et soldats du bataillon de l'île d'Elbe, sur un état arrêté par Montholon, Bertrand, Drouot, Cambronne et le chirurgien Larrey.

37° Ces legs, en cas de mort, seront payés aux enfants, et, au défaut de ceux-ci, rentreront à la masse.

III

1° Mon domaine privé étant ma propriété, dont aucune loi française ne m'a privé, que je sache, le compte en sera demandé au comte de La Bouillerie, qui en est le trésorier ; il doit se monter à plus de 200 millions de francs ; savoir : 1° le portefeuille contenant les économies que j'ai, pendant quatorze ans, faites sur ma liste civile, lesquelles se sont élevées à plus de 12 millions par an, si j'ai bonne mémoire ; 2° le produit de ce portefeuille ; 3° les meubles de mes palais, tels qu'ils étaient en 1814, les palais de Rome, Florence, Turin y compris : tous ces meubles ont été achetés des deniers des revenus de la liste civile ; 4° la liquidation de mes maisons du royaume d'Italie, tels qu'argent, argenterie, bijoux, meubles, écuries ; les comptes en seront donnés par le prince Eugène et l'intendant de la Couronne Campagnoni.

NAPOLÉON.

2° Je lègue mon domaine privé :

Moitié aux officiers et soldats qui restent de l'armée française, qui ont combattu depuis 1793 à 1815 pour la gloire et l'indépendance de la nation ; la répartition en sera faite au prorata des appointements d'activité ;

Moitié aux villes et campagnes d'Alsace, de Lorraine, de Franche-Comté, de Bourgogne, de l'île de France, de Champagne, Forez, Dauphiné, qui auraient souffert par l'une ou l'autre invasion. Il sera de cette somme prélevé un million pour la ville de Brienne, et un million pour celle de Méry.

J'institue les comtes Montholon, Bertrand et Marchand mes exécuteurs testamentaires.

Ce présent testament, tout écrit de ma propre main, est signé et scellé de mes armes.

NAPOLÉON.

(*Sceau.*)

ÉTAT A JOINT A MON TESTAMENT.

Longwood, île de Sainte-Hélène, ce 5 avril 1821

I

Les vases sacrés qui ont servi à ma chapelle à Longwood : je charge l'abbé Vignali de les garder et de les remettre à mon fils quand il aura seize ans.

II

Mes armes, savoir : mon épée, celle que je portais à Austerlitz, le sabre de Sobieski, mon poignard ; mon glaive, mon couteau de chasse, mes deux paires de pistolets de Versailles.

Mon nécessaire d'or, celui qui m'a servi le matin

d'Ulm, d'Austerlitz, d'Iéna, d'Eylau, de Friedland, de l'île de Lobau, de la Moskowa et de Montmirail; sous ce point de vue, je désire qu'il soit précieux à mon fils; le comte Bertrand en est dépositaire depuis 1814. Je charge le comte Bertrand de soigner et conserver ces objets, et de les remettre à mon fils quand il aura seize ans.

III

Trois petites caisses d'acajou, contenant, la première, trente-trois tabatières ou bonbonnières; la deuxième, douze boîtes aux armes impériales, deux petites lunettes et quatre boîtes trouvées sur la table de Louis XVIII, aux Tuileries, le 20 mars 1815; la troisième, trois tabatières ornées de médailles d'argent, à l'usage de l'empereur, et divers effets de toilette, conformément aux états numérotés I, II, III.

Mes lits de camp, dont j'ai fait usage dans toutes mes campagnes.

Ma lunette de guerre.

Mon nécessaire de toilette, un de chacun de mes uniformes, une douzaine de chemises, et un objet complet de chacun de mes habillements, et généralement de tout ce qui sert à ma toilette.

Mon lavabo.

Une petite pendule qui est dans ma chambre à coucher de Longwood.

Mes deux montres et la chaîne de cheveux de l'impératrice.

Je charge Marchand, mon premier valet de chambre, de garder ces objets, et de les remettre à mon fils lorsqu'il aura seize ans.

IV.

Mon médailler; mon argenterie et ma porcelaine de Sèvres dont j'ai fait usage à Sainte-Hélène (états B et C); je charge le comte Montholon de garder ces objets, et de les remettre à mon fils quand il aura seize ans.

V.

Mes trois selles et brides, mes éperons qui m'ont servi à Sainte-Hélène; mes fusils de chasse au nombre de cinq; je charge mon chasseur Noverraz de garder ces objets, et de les remettre à mon fils quand il aura seize ans.

VI.

1° Quatre cents volumes choisis dans ma bibliothèque, parmi ceux qui ont le plus servi à mon usage.

2° Je charge Saint-Denis de les garder, et de les remettre à mon fils quand il aura seize ans.

NAPOLÉON.

ÉTAT (A).

1° Il ne sera vendu aucun des effets qui m'ont servi; le surplus (1) sera partagé entre mes exécuteurs testamentaires et mes frères.

---

1. Ainsi, sur l'original; le *surplus*, c'est-à-dire les effets dont il n'est pas disposé ci-après.

2° Marchand conservera mes cheveux, et en fera faire un bracelet avec un petit cadenas en or, pour être envoyé à l'impératrice Marie-Louise, à ma mère et à chacun de mes frères, sœurs, neveux, nièces, au cardinal, et un plus considérable pour mon fils.

3° Marchand enverra une de mes paires de boucles à souliers, en or, au prince Joseph.

4° Une petite paire de boucles, en or, à jarretières, au prince Lucien.

5° Une boucle de col, en or, au prince Jérôme.

ÉTAT A.

Inventaire de mes effets que Marchand gardera pour remettre à mon fils.

1° Mon nécessaire d'argent, celui qui est sur ma table, garni de tous ses ustensiles, rasoirs, etc.

2° Mon réveille-matin; c'est le réveille-matin de Frédéric II que j'ai pris à Potsdam (dans la boîte n° III).

3° Mes deux montres, avec la chaîne des cheveux de l'impératrice, et une chaîne de mes cheveux pour l'autre montre. Marchand la fera faire à Paris.

4° Mes deux sceaux (un de France, enfermé dans la boîte n° III).

5° La petite pendule dorée qui est actuellement dans ma chambre à coucher.

6° Mon lavabo, son pot à eau et son pied.

7° Mes tables de nuit, celles qui me servaient en France, et mon bidet de vermeil.

8° Mes deux lits de fer, mes matelas et mes couvertures, s'ils se peuvent conserver.

9° Mes trois flacons d'argent où l'on mettait mon eau-de-vie que portaient mes chasseurs en campagne.

10° Ma lunette de France.

11° Mes éperons (deux paires).

12° Trois boîtes d'acajou, n° I, II, III, renfermant mes tabatières et autres objets.

Linge de toilette.

6 chemises,
6 mouchoirs,
6 cravates,
6 serviettes,
6 paires de bas de soie,
4 cols noirs,
6 paires de chaussettes,
2 paires de draps de batiste,
2 taies d'oreillers,
2 robes de chambre,
2 pantalons de nuit,
1 paire de bretelles,
4 culottes-vestes de casimir blanc,
6 madras,
6 gilets de flanelle,
4 caleçons,
6 paires de guêtres,
1 petite boîte pleine de mon tabac,

1 boucle de col, en or,
1 paire de boucles à jarretières, en or,
1 paire de boucles en or à souliers. (Ces trois objets renfermés dans la petite boîte n° III).

Habillement.

1 uniforme chasseur,
1 *dito* grenadier,
1 *dito* garde nationale,
2 chapeaux,
1 capote grise et verte,
1 manteau bleu (celui que j'avais à Marengo),
1 zibeline (petite veste),
2 paires de souliers,
2 paires de bottes,
1 paire de pantoufles,
6 ceinturons

NAPOLÉON.

ÉTAT B.

Inventaire des effets que j'ai laissés chez M. le comte de Turenne.

1 sabre de Sobieski. (C'est par erreur qu'il est porté sur l'état A; c'est le sabre que l'empereur portait à Aboukir qui est entre les mains de M. le comte Bertrand).
1 grand collier de la Légion d'honneur,
1 épée en vermeil,
1 glaive de consul,
1 épée en fer,

1 ceinturon de velours,
1 collier de la Toison d'Or,
1 petit nécessaire en acier,
1 veilleuse en argent,
1 poignée de sabre antique,
1 chapeau à la Henri IV et ma toque, les dentelles de l'Empereur,
1 petit médailler,
2 tapis turcs,
2 manteaux de velours cramoisi brodés, avec vestes et culottes.

Je donne à mon fils :
Le sabre de Sobieski,
Le collier de la Légion d'honneur,
L'épée en vermeil,
Le glaive de consul,
L'épée en fer,
Le collier de la Toison d'Or,
Le chapeau à la Henri IV et la toque,
Le nécessaire d'or pour les dents, resté chez le dentiste.

Je donne à l'impératrice Marie-Louise, mes dentelles ;

A Madame, la veilleuse en argent ;

Au cardinal, le petit nécessaire en acier ;

Au prince Eugène, le bougeoir en vermeil ;

A la princesse Pauline, le petit médailler ;

A la reine de Naples, un petit tapis turc ;

A la reine Hortense, un petit tapis turc ;

Au prince Jérôme, la poigné du sabre antique ;

Au prince Joseph, un manteau brodé, veste et culotte ;

Au prince Lucien, un manteau brodé, veste et culotte.

NAPOLÉON.

Ceci est mon testament écrit tout entier de ma propre main.
NAPOLÉON.

CODICILLES.

Avril, le 16, 1821. Longwood.

Ceci est un codicille de mon testament.

1° Je désire que mes cendres reposent sur les bords de la Seine, au milieu de ce peuple français que j'ai tant aimé.

2° Je lègue aux comtes Bertrand, Montholon et à Marchand, l'argent, bijoux, argenterie, porcelaine, meubles, livres, armes, etc., et généralement tout ce qui m'appartient dans l'île de Sainte-Hélène.

Ce codicille, tout entier écrit de ma main, est signé et scellé de mes armes.

Ce 24 avril 1821, Longwood.

Ceci est mon codicille ou acte de ma dernière volonté.

Sur les fonds remis en or à l'impératrice Marie-Louise, ma très chère et bien aimée épouse, à

Orléans, en 1814, elle reste me devoir 2 millions, dont je dispose par le présent codicille, afin de récompenser mes plus fidèles serviteurs que je recommande du reste à la protection de ma chère Marie-Louise.

1° Je recommande à l'impératrice de faire restituer au comte Bertrand les 30,000 francs de rente qu'il possède dans le duché de Parme, et sur le Mont Napoléon de Milan, ainsi que les arrérages échus.

2° Je lui fais la même recommandation pour le duc d'Istrie, la fille de Duroc, et autres de mes serviteurs qui me sont restés fidèles et qui me sont toujours chers ; elle les connaît.

3° Je lègue sur les 2 millions ci-dessus mentionnés, 300,000 francs au comte Bertrand, sur lesquels il versera 100,000 francs dans la caisse du trésorier, pour être employés, selon mes dispositions, à des legs de conscience.

4° Je lègue 200,000 francs au comte Montholon, sur lesquels il versera 100,000 francs dans la caisse du trésorier, pour le même usage que ci-dessus.

5° *Idem*, 200,000 francs au comte Las Cases, sur lesquels il versera 100,000 francs dans la caisse du trésorier, pour le même usage que ci-dessus.

6° *Idem*, à Marchand 100,000 francs, sur lesquels il versera 50,000 francs dans la caisse, pour le même usage que ci-dessus.

7° Au maire d'Ajaccio, au commencement de la Révolution, Jean-Jérôme Levie, ou à sa veuve, enfants ou petits-enfants, 100,000 francs.

8° A la fille de Duroc, 100,000 francs.

9° Au fils de Bessières, duc d'Istrie, 100,000 francs.

10° Au général Drouot, 100,000 francs.

11° Au comte Lavallette, 100,000 francs.

12° *Idem*, 100,000 francs, savoir :

25,000 francs à Pierron, mon maître d'hôtel ;

25,000 francs à Noverraz, mon chasseur ;

25,000 francs à Saint-Denis, le garde de mes livres ;

25,000 francs à Santini, mon ancien huissier.

13° *Idem* 100,000 francs, savoir :

40,000 francs à Planat, officier d'ordonnance ;

20,000 francs à Hébert, dernièrement concierge à Rambouillet, et qui était de ma chambre en Égypte ;

20,000 francs à Lavigne, qui était dernièrement concierge d'une de mes écuries, et qui était mon piqueur en Égypte ;

40,000 francs à Jannet-Dervieux, qui était piqueur des écuries, et me servait en Égypte.

14° 200,000 francs seront distribués en aumônes aux habitants de Brienne-le-Château qui ont le plus souffert.

15° Les 300,000 francs restant seront distribués aux officiers et soldats du bataillon de ma Garde de l'île d'Elbe, actuellement vivants, ou à leurs veuves et enfants, au prorata des appointements, et selon l'état qui sera arrêté par mes exécuteurs testamentaires; les amputés ou blessés grièvement auront le double. L'état en sera arrêté par Larrey et Emery.

Ce codicille est écrit tout de ma propre main, signé et scellé de mes armes.

NAPOLÉON.

Ce 24 avril 1821. Longwood.

Ceci est mon codicille ou acte de ma dernière volonté.

Sur la liquidation de ma liste civile d'Italie, telle qu'argent, bijoux, argenterie, linge, meubles, écurie, dont le vice-roi est dépositaire, et qui m'appartiennent, je dispose de 2 millions que je lègue à mes plus fidèles serviteurs. J'espère que, sans s'autoriser d'aucune raison, mon fils Eugène Napoléon les acquittera fidèlement ; il ne peut oublier les 40 millions que je lui ai donnés, soit en Italie, soit par le partage de la successsion de sa mère.

1° Sur ces 2 millions, je lègue au comte Bertrand 300,000 francs, dont il versera 100,000 francs dans la caisse du trésorier pour être employés, selon mes dispositions, à l'acquit de legs de conscience ;

2° Au comte Montholon, 200,000 francs, dont il versera 100,000 francs à la caisse, pour le même usage que ci-dessus ;

3° Au comte Las Cases, 200,000 francs, dont il versera 100,000 francs dans la caisse, pour le même usage que ci-dessus ;

4° A Marchand, 100,000 francs, dont il versera 50,000 francs à la caisse, pour le même usage que ci-dessus

5° Au comte Lavallette, 100,000 francs ;

6° Au général Hogendorp, Hollandais, mon aide de camp, réfugié au Brésil, 100,000 francs ;

7° A mon aide de camp Corbineau, 50,000 francs;

8° A mon aide de camp Caffarelli, 50,000 francs :

9° A mon aide de camp Dejean, 50,000 francs ;

10° A Percy, chirurgien en chef à Waterloo, 50,000 francs ;

11° 50,000 francs, savoir :

10,000 francs à Pierron, mon maître d'hôtel ; 10,000 francs à Saint-Denis, mon premier chasseur ; 10,000 francs à Noverraz ; 10,000 francs à Coursot, mon maître d'office ; 10,000 francs à Archambault, mon piqueur ;

12° Au baron Meinneval, 50,000 francs ;

13° Au duc d'Istrie, fils de Bessières, 50,000 francs ;

14° A la fille de Duroc, 50,000 francs ;

15° Aux enfants de Labédoyère, 50,000 francs ;

16° Aux enfants de Mouton-Duvernet, 50,000 francs;

17° Aux enfants du brave et vertueux général Travot, 50,000 francs ;

18° Aux enfants de Chartrand, 50,000 francs ;

19° Au général Cambronne, 50,000 francs ;

20° Au général Lefèvre-Desnoëttes, 50,000 francs ;

21° Pour être répartis entre les proscrits qui errent en pays étrangers, Français, ou Italiens, ou

Belges, ou Hollandais, ou Espagnols, ou des départements du Rhin, sur ordonnances de mes exécuteurs testamentaires, 100,000 francs ;

22° Pour être répartis entre les amputés ou blessés grièvement de Ligny, Waterloo, encore vivants, sur des états dressés par mes exécuteurs testamentaires, auxquels seront adjoints Cambronne, Larrey, Percy et Emery (il sera donné double à la Garde, quadruple à ceux de l'île d'Elbe), 100,000 francs.

Ce codicille est écrit entièrement de ma propre main, signé et scellé de mes armes.

NAPOLÉON.

Sur l'enveloppe de ce codicille on lit :

Ceci est mon codicille ou acte de ma dernière volonté, dont je recommande l'exacte exécution à mon fils Eugène Napoléon. Il est écrit tout entier de ma propre main.

NAPOLÉON.

Ce 24 avril 1821, Longwood.

Ceci est un troisième codicille à mon testament du 15 avril.

1° Parmi les diamants de la Couronne qui furent remis en 1814, il s'en trouve pour 5 à 600,000 francs qui n'en étaient pas, et faisaient partie de mon avoir particulier ; on les fera rentrer pour acquitter mes legs.

2° J'avais chez le banquier Torlonia, de Rome,

2 à 300,000 francs en lettres de change, produits de mes revenus de l'île d'Elbe ; depuis 1815, le sieur Peyrusse, quoiqu'il ne fût plus mon trésorier, et n'eût pas de caractère, a tiré à lui cette somme ; on la lui fera restituer.

3° Je lègue au duc d'Istrie 300,000 francs, dont seulement 100,000 francs reversibles à la veuve, si le duc était mort lors de l'exécution du legs ; je désire, si cela n'a aucun inconvénient, que le duc épouse la fille de Duroc.

4° Je lègue à la duchesse de Frioul, fille de Duroc, 200,000 francs ; si elle était morte avant l'exécution du legs, il ne sera rien donné à la mère.

5° Je lègue au général Rigaud, celui qui a été proscrit, 100,000 francs.

6° Je lègue à Boinod, commissaire ordonnateur, 100,000 francs.

7° Je lègue aux enfants du général Letort, tué dans la campagne de 1815 (1), 100,000 francs.

8° Ces 800,000 francs de legs seront comme s'ils étaient portés à la suite de l'article 35 de mon testament, ce qui porterait à 6,400,000 francs la somme des legs dont je dispose par mon testament, sans comprendre les donations faites par mon second codicille.

Ceci est écrit de ma propre main, signé et scellé de mes armes.

NAPOLÉON.

(1) Blessé mortellement au combat de Gilly, sur le plateau de Fleurus le 15 juin 1815 ; mort deux jours après.

Sur l'enveloppe, on lit :

Ceci est mon troisième codicille à mon testament, tout entier écrit de ma main, signé et scellé de mes armes; il sera ouvert le même jour, et immédiatement après l'ouverture de mon testament.

NAPOLÉON.

Ce 26 avril, 1821, Longwood.

Ceci est un quatrième codicille à mon testament.

Par les dispositions que nous avons faites précédemment, nous n'avons pas rempli toutes nos obligations, ce qui nous a décidé à faire ce quatrième codicille.

1° Nous léguons aux fils ou petits-fils du baron du Theil, lieutenant général d'artillerie, ancien seigneur de Saint-André, qui a commandé l'école d'Auxonne avant la Révolution, la somme de 100,000 francs, comme souvenir de reconnaissance pour les soins que ce brave général a pris de nous, lorsque nous étions comme lieutenant et capitaine sous ses ordres.

2° *Idem*, aux fils ou petits-fils du général Dugommier, qui a commandé en chef l'armée de Toulon, la somme de 100,000 francs ; nous avons, sous ses ordres, dirigé ce siège, et commandé l'artillerie ; c'est un témoignage de souvenir pour les marques d'estime, d'affection et d'amitié que nous a données ce brave et intrépide général.

3° *Idem*. Nous léguons 100,000 francs aux fils ou petits-fils du député à la Convention, Gasparin, représentant du peuple à l'armée de Toulon, pour avoir protégé et sanctionné de son autorité, le plan que nous avons donné, qui a valu la prise de cette ville, et qui était contraire à celui envoyé par le Comité de salut public. Gasparin nous a mis par sa protection à l'abri des persécutions de l'ignorance des états-majors qui commandaient l'armée avant l'arrivée de mon ami Dugommier.

4° *Idem*. Nous léguons 100,000 francs à la veuve, fils ou petits-fils de notre aide de camp Muiron, tué à nos côtés à Arcole, nous couvrant de son corps.

5° *Idem*, 10,000 francs au sous-officier Cantillon, qui a essuyé un procès comme prévenu d'avoir voulu assassiner lord Wellington, ce dont il a été déclaré innocent. Cantillon avait autant de droit d'assassiner cet oligarque, que celui-ci de m'envoyer pour périr sur le rocher de Sainte-Hélène. Wellington, qui a proposé cet attentat, cherchait à le justifier sur l'intérêt de la Grande-Bretagne. Cantillon, si vraiment il eût assassiné le lord, se serait couvert, et aurait été justifié par les mêmes motifs, l'intérêt de la France, de se défaire d'un général qui d'ailleurs avait violé la capitulation de Paris, et par là s'était rendu responsable du sang des martyrs Ney, Labédoyère, etc., etc., et du crime d'avoir dépouillé les Musées, contre le texte des traités.

6° Ces 410,000 francs seront ajoutés aux 6,400,000 francs dont nous avons disposé, et porteront nos legs à 6,810,000 francs : ces 410,000 francs doivent être considérés comme faisant partie de notre testament, article 35, et suivre en tout le même sort que les autres legs.

7° Les 9,000 livres sterling que nous avons données au comte et à la comtesse Montholon, doivent, si elles ont été soldées, être déduites, et portées en compte sur les legs que nous lui faisons par nos testaments ; si elles n'ont pas été acquittées, nos billets seront annulés.

8° Moyennant le legs fait par notre testament au comte Montholon, la pension de 20,000 francs accordée à sa femme est annulée ; le comte Montholon est chargé de la lui payer.

9° L'administration d'une pareille succession, jusqu'à son entière liquidation, exigeant des frais de bureau, de courses, de missions, de consultations, de plaidoiries, nous entendons que nos exécuteurs testamentaires retiendront 3 pour 100 sur tous les legs, soit sur les 6,810,000 francs, soit sur les 200 millions de francs du domaine privé.

10° Les sommes provenant de ces retenues seront déposées dans les mains d'un trésorier, et dépensées sur mandat de nos exécuteurs testamentaires.

11° Si les sommes provenant desdites retenues n'étaient pas suffisantes pour pourvoir aux frais, il y sera pourvu aux dépens des trois exécuteurs testamentaires et du trésorier, chacun dans la proportion du legs que nous leur avons fait par notre testament et codicilles.

12° Si les sommes provenant des susdites retenues sont au-dessus des besoins, le restant sera partagé entre nos trois exécuteurs testamentaires et le trésorier, dans le rapport de leurs legs respectifs.

13° Nous nommons trésorier le comte Las Cases, et à défaut, son fils, et à son défaut, le général Drouot.

Ce présent codicille est entièrement écrit de notre main, signé et scellé de nos armes.

NAPOLÉON.

Première lettre. — A M. Laffite.

Monsieur Laffite, je vous ai remis en 1815, au moment de mon départ de Paris, une somme de près de 6 millions, dont vous m'avez donné un double reçu. J'ai annulé un des reçus, et je charge le comte de Montholon de vous présenter l'autre reçu, pour que vous ayez à lui remettre, après ma mort, ladite somme, avec les intérêts, à raison de 5 pour 100, à dater du 1er juillet 1815, en défalquant les paiements dont vous avez été chargé en vertu d'ordres de moi.

Je désire que la liquidation de votre compte soit arrêtée d'accord entre vous, le comte Montholon, le comte Bertrand et le sieur Marchand, et, cette liquidation réglée, je vous donne, par la présente, décharge entière et absolue de ladite somme.

Je vous ai également remis une boîte contenant mon médailler ; je vous prie de le remettre au comte Montholon.

Cette lettre n'étant à autre fin, je prie Dieu, Monsieur Laffitte, qu'il vous ait en sa sainte et digne garde.

NAPOLÉON.

Longwood, île de Sainte-Hélène, ce 25 avril 1821.

Au baron de la Bouillerie,
Ancien trésorier du domaine privé, à Paris.

Monsieur le baron de la Bouillerie, trésorier de mon domaine privé, je vous prie d'en remettre le compte et le montant, après ma mort, au comte Montholon, que j'ai chargé de l'exécution de mon testament.

Cette lettre n'étant à autre fin, je prie Dieu, Monsieur le baron la Bouillerie, qu'il vous ait en sa sainte et digne garde. NAPOLÉON.

Avril, ce 16, 1821, Longwood.

Ceci est un second codicille à mon testament.

Par mon premier codicille de ce jour, j'ai fait donation de tout ce qui m'appartient dans l'île Sainte-Hélène aux comtes Bertrand, Montholon et Marchand. C'est une forme pour mettre hors de cause les Anglais.

Ma volonté est qu'il soit disposé de mes effets de la façon suivante :

1° On trouvera 300,000 francs en or et argent, desquels seront distraits 30,000 francs pour payer les réserves de mes domestiques.

Le restant sera distribué :

50,000 francs, à Bertrand ;
50,000 francs, à Montholon ;
50,000 francs, à Marchand ;
15,000 francs, à Saint-Denis ;
15,000 francs, à Noverraz ;
15,000 francs, à Vignali ;
10,000 francs, à Archambault ;

10,000 francs, à Coursot;

5,000 francs, à Chandellier;

Le restant sera donné en gratifications aux médecins anglais, domestiques chinois et au chantre de la paroisse.

2° Je lègue à Marchand mon collier de diamants.

3° Je lègue à mon fils tous les effets qui ont été à mon usage, conformément à l'état A ci-joint.

4° Tout le reste de mes effets sera partagé entre Bertrand et Montholon, Marchand, défendant qu'il ne soit rien vendu de qui a servi à mon corps.

5° Je lègue à Madame, ma très bonne et chère mère, les bustes, cadres, petits tableaux qui sont dans mes chambres, et les seize aigles d'argent, qu'elle distribuera entre mes frères, sœurs, neveux. (Je charge Coursot de lui porter ces objets à Rome); ainsi que les chaînes et colliers de la Chine, que Marchand lui remettra pour Pauline.

6° Toutes les donations contenues dans ce codicille sont indépendantes de celles faites par mon testament.

7° L'ouverture de mon testament sera faite en Europe, en présence des personnes qui ont signé sur l'enveloppe.

8° J'institue mes exécuteurs testamentaires, les comtes Montholon, Bertrand et Marchand.

Ce codicille, tout écrit de ma propre main, est signé et scellé de mes armes. NAPOLÉON.

Sur l'enveloppe on lit :

Ceci est un second codicille tout écrit de ma main. NAPOLÉON.

INSTRUCTION

POUR MES EXÉCUTEURS TESTAMENTAIRES.

Ce 26 avril 1821, Longwood.

1° J'entends que mes legs soient payés dans leur intégralité.

2° Les 5,280,000 francs que j'ai placés chez le banquier Laffitte devront avoir produit, au 1ᵉʳ janvier 1822, les intérêts étant comptés à 5 pour 100, ainsi que je lui ai dit, environ 7 millions de francs. En cas de difficultés, il faut compter de clerc à maître, puisque des forces majeures m'ont empêché d'écrire et de disposer de mes fonds.

Je n'entends aucune modification là-dessus.

3° Je n'ai connaissance que le banquier Laffitte ait payé pour mon compte que : 1° 20,000 francs au général Lallemand aîné; 2° 3,000 francs à Gilis, mon valet de chambre; 3° 100,000 francs au comte Las Cases; 4° 72,000 francs à Balcombe, sur une lettre de crédit du comte Bertrand; 5° une autorisation envoyée par le canal du prince Eugène, de fournir 12,000 francs par mois, depuis 1817, à Londres, pour mes besoins : cette somme n'a pas été fournie, si ce n'est une partie chez MM. Parker, ce qui me rend redevable de sommes considérables au comte Bertrand, sommes dont il doit tout d'abord être remboursé. D'où il résulte que le règlement de ce compte doit porter les fonds que j'ai placés chez M. Laffitte à la somme de 6,200,000 francs, capital et intérêts, ou environ disponibles au 1ᵉʳ janvier 1822.

4° La question de mon domaine privé est une question majeure; elle sera susceptible de beaucoup de débats; mais la restitution de l'argent de Peyrusse, qui a été versé à la Couronne, à ce que je crois; mais la liquidation de ma liste civile d'Italie, dont il doit me revenir plusieurs millions; mais la rentrée des meubles existants à la Couronne et qui m'appartenaient avant l'institution de la liste civile, du temps du Consulat et même lorsque j'étais général (dans le premier cas sont tous les meubles de Saint-Cloud, une partie de ceux des Tuileries; dans le deuxième cas sont une grande partie des meubles de Rambouillet); mais les présents reçus évidemment soit des souverains, soit de la Ville de Paris, tels que les beaux meubles de malachite de Russie, les lustres, les cristaux, etc.; mais le service d'or de la Ville de Paris, sont une question particulière. Ces divers objets doivent avoir une valeur de plusieurs millions.

5° Quant à tous les meubles de la Couronne qui m'appartiennent comme ayant été achetés des deniers des revenus de la liste civile, on s'opposera que, par un sénatus-consulte, les héritiers de l'Empereur ne pouvaient en hériter que lorsque la valeur dépassait 30 millions : mais cela était pour l'avenir; c'était une règle de famille, et l'on ne pourrait sans injustice ne pas considérer ces meubles comme ma propriété.

6° Laeken a été acheté des deniers du domaine extraordinaire; mais les meubles ont été payés par les deniers du domaine privé : cela forme un article de 800,000 francs, qui doivent être réclamés au roi des Pays-Bas.

7° Lorsque le roi de Sardaigne et le grand-duc de Toscane furent chassés de leurs États en 1799, ils emportèrent leur argenterie, leurs bijoux et autres divers objets précieux ; on leur conserva même leurs domaines particuliers : de quel droit ces souverains prétendraient-ils garder mon argenterie et les meubles que j'ai envoyés de Paris et qui ont été achetés des deniers de ma liste civile ?

8° Le pape a emporté de Rome son argenterie et ses objets précieux : l'argenterie et les meubles que j'ai envoyés à Rome, et qui ont été payés des deniers de ma liste civile, m'appartiennent de droit.

9° J'avais à l'île d'Elbe une petite métairie appelée *Saint-Martin*, estimée 200,000 francs, avec voitures, meubles, etc. Cela avait été acheté des deniers de la princesse Pauline ; si on le lui a remis, je suis satisfait, mais si on ne l'a pas fait, mes exécuteurs testamentaires doivent en poursuivre la remise, qui sera donnée à la princesse Pauline si elle vit, et qui rentrera à la masse de ma succession si elle ne vit plus alors.

10° J'avais à Venise 5 millions de vif-argent, qui ont été, je crois, en grande partie dérobés aux Autrichiens ; les réclamer et en poursuivre la remise.

11° Il court des bruits sur un testament du patriarche de Venise : il faut les approfondir.

12° J'avais laissé à Malmaison, indépendamment de tous mes livres, 2 millions en or, bijoux, dans une cachette ; donation spéciale n'en a jamais été faite à l'Impératrice Joséphine ; je désire que cette somme ne soit réclamée qu'autant que cela sera nécessaire pour compléter mon legs.

13° J'ai donné à l'Impératrice Marie-Louise 2 millions en or, à Orléans, qu'elle me doit : mais je désire que cette somme ne soit réclamée qu'autant que cela sera nécessaire pour compléter mes legs.

14° J'ai chez Denon et d'Albe une grande quantité de plans qui m'appartiennent, puisque j'ai payé pendant plusieurs années 10 à 20,000 francs par mois pour la levée et la confection de ces plans et dessins : s'en faire rendre compte et faire faire remise pour mon fils.

15° Je désire que mes exécuteurs testamentaires fassent une réunion de gravures, tableaux, livres, médailles, qui puissent donner à mon fils des idées justes et détruire les idées fausses que la politique étrangère aurait pu vouloir lui inculquer, afin qu'il soit dans le cas de voir les choses comme elles ont été. En imprimant mes campagnes d'Italie et d'Egypte, et ceux de mes manuscrits qu'on imprimera, on les dédiera à mon fils, ainsi que les lettres des souverains, si on les trouve ; on doit pouvoir se les procurer aux Archives, ce qui ne doit pas être difficile, puisque la vanité nationale y gagnerait beaucoup.

16° Si on peut se procurer une collection de mes quartiers généraux qui était à Fontainebleau, ainsi que les vues de mes Palais de France et d'Italie, on en fera une collection pour mon fils.

17° Constant m'a beaucoup volé à Fontainebleau ; je crois que de lui et de Roustan on peut tirer beaucoup de choses précieuses pour mon fils et qui pour eux n'ont que des valeurs métalliques.

18° Il y avait dans mes petits appartements, au comble des Tuileries, un grand nombre de chaises faites par Joséphine et Marie-Louise, qui peuvent être agréables à mon fils.

19° Quand mes exécuteurs testamentaires pourront voir mon fils, ils redresseront ses idées, avec force, sur les faits et les choses, et le remettront en droit chemin.

20° Quand ils pourront voir l'Impératrice (je désire que ce soit isolément et aussitôt que la prudence le permettra), ils feront de même.

21° Sans désirer que ma mère, si elle n'est pas morte, fasse par son testament, des avantages à mon fils, que je suppose plus riche que ses autres enfants, je désire cependant qu'elle le distingue par quelques legs précieux, tels que portrait de ma mère, de mon père ou quelques bijoux qu'il puisse dire tenir de ses grands parents.

22° Aussitôt que mon fils sera en âge de raison, ma mère, mes frères, mes sœurs, doivent lui écrire et se lier avec lui, quelque obstacle qui y mette la Maison d'Autriche, alors impuissante, puisque mon fils aura sa propre connaissance.

23° Je verrais avec plaisir ceux de mes officiers ou domestiques qui pourraient s'attacher au service de mon fils, soit les enfants de Bertrand, soit ceux de Montholon, soit...

24° Engager mon fils à reprendre son nom de

Napoléon aussitôt qu'il sera en âge de raison et pourra le faire convenablement.

25° On doit trouver chez Denon, d'Albe, Pain, Meneval, Bourrienne, beaucoup de choses d'un grand intérêt pour mon fils.

26° En faisant imprimer mes mémoires d'Italie, se servir d'Albe pour les plans. J'ai fait relever tous les champs de bataille, il paraît même qu'il les a imprimés ; on pourra se procurer au dépôt de la guerre des plans que j'avais faits de plusieurs batailles ; je soupçonne que Jomini en a eu connaissance.

27° Mes exécuteurs testamentaires doivent écrire au roi d'Angleterre en passant en Angleterre et insister pour que mes cendres soient transportées en France ; ils doivent écrire de même au gouvernement en France.

28° Si Las Cases remplit les fonctions de trésorier, et que mes exécuteurs testamentaires jugent nécessaire d'avoir un secrétaire, et que cela convienne à Drouot, ils pourraient le nommer.

29° J'ai une petite cousine à Ajaccio, qui a, je crois, 300,000 francs en terres et s'appelle Pallavicini : si elle n'était pas mariée et qu'elle convînt à Drouot, sa mère, sachant que cela était mon désir, la lui donnerait sans difficulté.

30° Je désire qu'il soit manifesté à ma famille que je désire que mes neveux et nièces se marient entre eux ou dans les Etats Romains, ou dans la République Suisse, ou dans les États-Unis d'Amérique. Je blâme le mariage avec un Suédois, et, à moins d'un retour de fortune en France, je désire que le moins possible mon sang soit à la Cour des rois.

31° On peut trouver chez Appiani, peintre à Milan, beaucoup de choses importantes pour mon fils; mon souvenir sera la gloire de sa vie; lui réunir, lui acquérir ou lui faciliter l'acquisition de tout ce qui peut lui faire un entourage en ce sens.

32° S'il y avait un retour de fortune et que mon fils remontât sur le trône, il est du devoir de mes exécuteurs testamentaires de lui mettre sous les yeux tout ce que je dois à mes vieux officiers et soldats et à mes fidèles serviteurs.

33° Entretenir par lettres et lorsqu'on pourra la voir, l'impératrice Marie-Louise de la constance, de l'estime et des sentiments que j'ai eus pour elle, et lui recommander toujours mon fils, qui n'a de ressource que de son côté.

34° Si le député Ramolino est à Paris, on pourra se servir de lui et le consulter sur l'état de ma famille et la manière de correspondre avec elle.

35° Je désire que mes exécuteurs testamentaires se procurent les dessins les plus ressemblants de moi sous divers costumes et les envoient à mon fils aussitôt qu'ils le pourront.

36° Ma nourrice à Ajaccio a des enfants et petits-enfants que le grand sort que je lui ai fait l'a mise à même de bien élever; ils ne seraient pas suspects à l'autorité autrichienne : tâcher d'en mettre au service de mon fils. Je la suppose morte. D'ailleurs je la crois fort riche; si cependant, par un caprice du sort, tout ce que j'ai fait pour elle n'avait pas bien tourné, mes exécuteurs testamentaires ne la laisseraient pas dans la misère.

37° Je ne serais pas fâché que le petit Léon (1) entrât dans la magistrature, si cela était son goût. Je désire qu'Alexandre Walewski (2) soit attiré au service de France dans l'armée. NAPOLÉON.

Ceci est une instruction pour Montholon, Bertrand et Marchand, mes exécuteurs testamentaires.
NAPOLÉON.
Le 27 avril.

1. Une demoiselle Louise-Catherine-Éléonore Dénuelle de La Plaigne, née en 1787, entra en 1804, dans le pensionnat de Mme Campan, elle avait dix-sept ans. L'année suivante, le 15 janvier 1805, elle épousa François Revel, capitaine au 15e régiment de dragons; ce Revel était un escroc, il fut condamné et mis en prison. Alors Éléonore qui avait eu pour amie de pension Caroline Bonaparte, devenue l'épouse de Murat, sollicita sa protection; Caroline y répondit chaleureusement; elle s'attacha Éléonore comme lectrice, et c'est chez sa sœur que Napoléon la rencontra vers la fin du mois de janvier 1806. Peu de temps après, le 26 avril 1806, le divorce fut prononcé entre Éléonore et Revel, son mari; le 13 décembre de la même année, Éléonore accouche d'un enfant du sexe masculin qui fut déclaré sous le nom de *Léon*, « fils de demoiselle Éléonore Dénuelle, rentière, âgée de vingt ans, et de père absent. » Mais, dans l'entourage de l'Empereur, dans sa famille, il n'y eut aucun doute sur la paternité, tant était frappante la ressemblance de l'enfant avec Napoléon. Le petit Léon fut confié à la nourrice du fils de Murat; il eut un conseil de famille; l'Empereur lui constitua une fortune indépendante et lui attribua, jusqu'en 1815, des dons importants en argent. Le comte Léon, comme on l'appelait, aurait pu avoir une existence assez opulente et certes, les emplois, les honneurs, ne lui auraient pas fait défaut; mais c'était pour ainsi dire un déséquilibré, perdant son argent au jeu ou dans de sottes entreprises, il fut publiciste, commandant de la garde nationale de Saint-Denis, Napoléon III lui fit donner des sommes d'argent assez rondelettes mais tout s'engloutissait sans profit. Enfin le comte Léon mourut à Pontoise en 1881.

2. Le comte Alexandre-Florian-Joseph Colonna Walewski, né au château de Walewice (Pologne), le 4 mai 1810, fut en réalité le fils de Napoléon et d'une dame polonaise, la comtesse Walewska. Venu en France, il servit successivement avec le grade de capitaine dans la légion étrangère (août 1833), dans le 2e chasseurs d'Afrique et dans le 4e hussards après avoir été naturalisé Français le 3 décembre 1833. Après avoir rempli à cette époque une mission confidentielle près d'Ab-del-Kader et les fonctions de directeur des affaires arabes à Oran, il quitta le service en 1838, et se fit connaître à la fois comme publiciste et comme auteur dramatique. Plus tard, lorsque le prince Louis Napoléon arriva à la présidence, le comte Walewski fut nommé ministre plénipotentiaire à Florence, puis à Naples; après le 2 Décembre il partit comme ambassadeur à Londres et obtint du gouvernement de la reine la reconnaissance immédiate de l'Empire français. A partir de cette époque, la fortune politique du comte Walewski ne fit que s'accroître, il devint ministre des Affaires étrangères en 1855, ministre d'État en 1860, membre du Conseil privé, sénateur, député et président du Corps législatif. Le comte Walewski est mort le 27 octobre 1868.

LETTRES DIVERSES

LETTRES DIVERSES

*Le comte Montholon à S. A. la princesse
Pauline Borghèse.*

Longwood, Sainte-Hélène, le 17 mars 1821.

Madame,

Napoléon me charge de rendre compte à Votre Altesse de l'état déplorable de sa santé. La maladie de foie dont il est attaqué depuis plusieurs années, laquelle est endémique et mortelle à Sainte-Hélène, a fait d'effrayants progrès depuis six mois. Le soulagement qu'il avait éprouvé par le traitement du docteur Antomarchi n'a point eu de durée ; plusieurs rechutes ont eu lieu depuis le milieu de l'année dernière, et chaque jour le malade décline davantage. Sa faiblesse est extrême, il peut à peine supporter la fatigue de sa voiture pendant une demi-heure, les chevaux allant le pas ; il ne peut marcher dans sa chambre sans appui. A l'affection de foie se joint une autre maladie, également endémique dans cette île. Les intestins sont dangereusement attaqués ; les fonctions digestives ont suspendu leur cours, et l'estomac rejette tout ce qu'il reçoit. Depuis longtemps l'empereur ne peut manger ni pain, ni viande, ni végétaux ; il n'est soutenu que par quelques gelées. *Le comte Bertrand a écrit à lord Liverpool, au mois de septembre dernier, pour demander que Napoléon soit transporté dans un autre climat,* et pour lui faire connaître l'extrême nécessité de lui envoyer des eaux minérales.

J'ai confié à M. Buonavita une copie de cette lettre. *Le gouverneur sir Hudson Lowe a refusé de permettre qu'elle fût envoyée au gouvernement,* sous le vain prétexte que je donnais à Napoléon le titre d'empereur. M. Buonavita part aujourd'hui pour Rome. Il a éprouvé les plus cruels effets du climat de Sainte-Hélène : une année de séjour ici lui coûtera dix années de sa vie. La lettre que le docteur Antommarchi lui a remise de la part de S. E. le cardinal Fesch, donnera à Votre Altesse de nouveaux détails sur la maladie de l'empereur. Les *Journaux de Londres* publient continuellement des lettres datées de Sainte-Hélène (1), dont le but est évidemment d'en imposer à toute l'Europe. Napoléon compte sur Votre Altesse pour faire connaître sa véritable situation à quelque autorité anglaise. *Il meurt sans secours sur un rocher affreux, son agonie est épouvantable.*

Daignez recevoir, Madame, etc.

Signé : le comte MONTHOLON.

---

(1) Tandis que Napoléon était dans un état déplorable, on publiait, dans les journaux ministériels, des lettres soi-disant venues de Sainte-Hélène, qui le représentaient comme jouissant d'une parfaite santé, et d'autres qui disaient qu'il avait l'habitude d'aller, dans l'île, à la chasse des chats sauvages. Je ne chercherai pas à prouver si ces lettres étaient écrites de Sainte-Hélène ou forgées à Londres.

Lettre de la princesse Pauline Borghèse à lord Liverpool.

Rome, le 11 juillet 1821.

MYLORD,

L'abbé Buonavita, arrivé de l'île Sainte-Hélène, qu'il a quittée le 17 mars dernier, nous a apporté les nouvelles les plus alarmantes de la santé de mon frère. Je vous envoie ci-inclus copie des lettres qui vous donneront les détails de ses souffrances physiques. La maladie dont il est attaqué est mortelle à Sainte-Hélène. Au nom de tous les membres de sa famille, je réclame du gouvernement anglais qu'il soit changé de climat. Si la demande ci-jointe m'était refusée, ce serait pour lui une sentence de mort, et je prie qu'il me soit permis de partir pour Sainte-Hélène, pour aller rejoindre l'empereur, et recevoir son dernier soupir.

Ayez, s'il vous plaît, mylord, la bonté de solliciter cette autorisation de votre gouvernement, afin que je puisse partir le plus tôt possible. L'état de ma santé ne me permettant pas de voyager par terre, mes intentions sont de m'embarquer à Civita-Vecchia, pour me rendre de là en Angleterre, et y profiter du premier vaisseau qui fera voile pour Sainte-Hélène ; mais je désire qu'il me soit permis d'aller à Londres, pour me procurer tout ce qui me sera nécessaire pour un si long voyage.

Si votre gouvernement persiste à laisser périr Napoléon sur le rocher de Sainte-Hélène, j'espère que Votre Seigneurie, afin d'aplanir toutes les difficultés qui pourraient retarder mon départ, étendra sa sollicitude jusqu'à vouloir bien s'interposer pour que la Cour de Rome ne mette pas obstacle à mon voyage. Je sais que les moments de la vie de Napoléon sont comptés, et je me reprocherais éternellement de n'avoir employé par tous les moyens qui pourraient être en mon pouvoir d'adoucir ses dernières heures, et de lui prouver tout mon dévouement. S'il se trouvait quelque vaisseau anglais dans le port de Livourne au moment de mon départ, je demande comme une faveur qu'il soit permis à l'un d'eux de me prendre à Civita-Vecchia, et de me transporter en Angleterre.

Je vous prie, mylord, de vouloir bien communiquer ma lettre et les copie ci-incluses à lady Holland, qui a toujours donné les preuves du plus grand intérêt à Napoléon, de lui assurer mes sentiments d'amitié, et de recevoir pour vous-même ceux de ma considération.

Signé : la princesse Pauline Borghèse.

Lettre de Madame Mère au général comte Bertrand.

Rome, ce 15 août 1821.

Monsieur le Comte,

Vous trouverez, ci-joint, une requête pour le ministre britannique. D'après l'entière confiance que j'ai en vous, je me décide à attendre votre opinion, avant de présenter cette requête. La seule objection qui puisse vous empêcher de la présenter à milord Castlereagh, serait la certitude que la volonté positive de mon fils a été d'être inhumé à Sainte-Hélène ; personne, mieux que vous, ne peut savoir la vérité. Ainsi, monsieur le comte, si telle a été la volonté dernière de l'Empereur, écrivez-le-moi et suspendez jusqu'à ma réponse, la présentation de ma requête.

Dans le cas, au contraire, où l'Empereur n'eût pas exprimé la volonté absolue d'être inhumé à Sainte-Hélène, ou bien dans le cas où il n'ait exprimé cette volonté que pour empêcher ses restes d'être profanés à Westminster, mon désir est que vous ne perdiez pas un moment pour présenter ma requête à lord Castlereagh, après en avoir gardé une copie.

Si le Gouvernement britannique consent à ma demande, j'expédierai de suite à Londres, quelqu'un de sûr, chargé de ma proposition, pour remplir et m'amener ces restes, précieux objets de mon éternelle douleur.

Si le Gouvernement britannique repousse ma demande, je porterai mes plaintes au Parlement britannique contre une barbarie aussi atroce ; et, en attendant, je vous prie, aussitôt après le refus du ministre, de faire imprimer dans tous les journaux anglais la copie de ma requête, avec le refus des ministres, et l'annonce que je vais réclamer auprès du Parlement, et appeler de leur refus à l'opinion de la nation anglaise et à celle de tous les peuples et de la postérité.

Recevez, etc.

Madame.

Requête de Madame Mère à Son Excellence lord Castlereagh, marquis de Londonderry, ministre des Affaires Étrangères de la Grande-Bretagne.

Rome, le 15 août 1821.

Milord,

La mère de Napoléon vient réclamer de ses ennemis les cendres de son fils.

Elle vous prie de vouloir bien présenter sa réclamation au Cabinet de Sa Majesté Britannique et à Sa Majesté elle-même.

Précipitée du faîte des grandeurs humaines au dernier degré de l'infortune, je ne chercherai pas à attendrir le Ministère britannique par la peinture des souffrances de sa grande victime qui mieux que le gouverneur de Sainte-Hélène et les ministres dont il a exécuté les ordres, ont été à même de connaître toutes les souffrances de l'Empereur !

Il ne reste donc rien à dire à une mère sur la vie et la mort de son fils ! L'histoire inflexible s'est assise sur son cercueil, et les vivants et les morts, les peuples et les rois sont également soumis à son inévitable jugement.

Même dans les temps les plus reculés, chez les

nations les plus barbares, la haine ne s'étendait pas au delà du tombeau : La Sainte-Alliance, de nos jours, pourrait-elle offrir au monde un spectacle nouveau dans son inflexibilité? Et le Gouvernement anglais voudrait-il continuer à étendre son bras de fer sur les cendres de son ennemi immolé?

Je demande les restes de mon fils ; personne n'y a plus de droit qu'une mère. Sous quel prétexte pourrait-on retenir ses restes immortels? La raison d'État et tout ce qu'on appelle politique n'ont point de prise sur des restes inanimés.

D'ailleurs, quel serait en les retenant le but du Gouvernement anglais? Si c'était pour outrager les cendres du héros, un tel dessein ferait frémir d'horreur quiconque conserve encore dans son âme quelque chose d'humain. Si c'était pour expier par des hommages tardifs le supplice du rocher dont la mémoire durera autant que l'Angleterre, je m'élève de toutes mes forces, avec toute ma famille, contre une semblable profanation. De tels hommages seraient à mes yeux le comble de l'outrage. Mon fils n'a plus besoin d'honneurs : son nom suffit à sa gloire ; mais j'ai besoin d'embrasser inanimés ses restes. C'est loin des clameurs et du bruit que mes mains lui ont préparé, dans une humble chapelle, une tombe! Au nom de la justice et de l'humanité, je vous conjure de ne pas repousser ma prière. Pour obtenir les restes de mon fils, je puis supplier le Ministère, je puis supplier Sa Majesté Britannique ; j'ai donné Napoléon à la France et au monde : Au nom de Dieu, au nom de toutes les mères, je viens vous supplier, milord, qu'on ne me refuse pas les restes de mon fils.

Recevez, milord, les assurances de ma considération.

Madame Mère.

Lettre du docteur Antommarchi à S. M. Louis-Philippe, roi des Français.

Sire,

Lorsque j'ai eu l'honneur de présenter à Votre Majesté l'offre de mes services pour aller recueillir la dépouille mortelle de l'Empereur Napoléon, déposée à Sainte-Hélène, je me flattai que les nombreuses pétitions dont les deux Chambres avaient renvoyé l'examen à vos ministres pourraient avoir quelques droits à leur attention, et qu'ils s'occuperaient de l'objet de ces demandes. Jusqu'à présent ils ont gardé un profond silence; il ne paraît pas qu'aucune décision ait été prise, et l'Angleterre s'étonne de posséder encore ces cendres françaises.

Permettez-moi, Sire, de faire observer à Votre Majesté que cette restitution si ardemment désirée, proclamerait la bonne harmonie qui règne entre les deux Cabinets, et l'heureuse sympathie qui unit les deux peuples en imposerait aux éternels ennemis du repos de l'Europe, les forcerait à renoncer à leurs projets désastreux et amènerait le rétablissement de la paix et de la tranquillité après lesquelles la France soupire depuis si longtemps.

Je suis avec respect, Sire, de Votre Majesté le très humble et très obéissant serviteur.

F. ANTOMMARCHI,
*médecin de l'Empereur Napoléon
à Sainte-Hélène.*

Paris, le 16 juin 1834.

LE
RETOUR DES CENDRES

LE
RETOUR DES CENDRES [1]

Napoléon avait dit dans son testament : « Je dé-
« sire que mes cendres reposent sur les bords de
« la Seine, au milieu de ce peuple français que
« j'ai tant aimé. » Mais l'épouvante des rois sur-
vivait même à la mort, et n'osait affronter les
souvenirs du cercueil. C'eût été d'ailleurs pour
Louis XVIII une trop courageuse abnégation que
d'assister aux hommages adressés par tout un peuple au héros du 20 mars. Aussi tant que dura la
Restauration, aucune voix ne s'éleva pour demander
l'accomplissement du vœu testamentaire de Napoléon.

Mais à peine la Révolution eût-elle renversé le
trône édifié par les puissances étrangères, que de
toutes parts on réclama du gouvernement nouveau
la restitution à la France des cendres de l'empereur. C'était, aux yeux de tous, comme le gage et
le complément de la victoire nationale ; cependant
les Chambres redoutaient tout bruit, même celui de

[1] D'après le *Journal écrit à bord de la « Belle-Poule »*, par M. Emmanuel de Las Cases, et la *Relation du retour des Cendres*, de M. l'abbé
Coquereau.

l'enthousiasme, et ajournaient sans cesse la satisfaction des espérances populaires.

C'est cet ajournement qui fit dire à Victor Hugo, dans son ode à la colonne :

> Vous n'avez pas voulu consoler cette veuve
> Vénérable aux partis !
> Tout en partageant l'empire d'Alexandre
> Vous avez peur d'une ombre, et peur d'un peu de cendre.
> Ah ! vous êtes petits !

Enfin, après dix années d'hésitation, le ministère suprême étant aux mains d'un homme que ses antécédents et ses travaux littéraires plaçaient au-dessus des préjugés et des rancunes des régimes passés, le Cabinet des Tuilerie résolut de contenter le vœu national. M. Thiers s'adressa au gouvernement anglais qui consentit facilement à rendre sa proie, n'ayant plus aucun intérêt à la garder, et se donnant à bon marché une apparence de générosité et de condescendance. En effet, après une communication verbale de M. Thiers à lord Granville, l'ambassadeur français à Londres, M. Guizot, écrivit en ces termes dans les premiers jours de mai 1840 :

Au vicomte Palmerston.

Le soussigné, ambassadeur extraordinaire et plénipotentiaire de S. M. le roi des Français, conformément aux instructions qu'il a reçues de son gouvernement, a l'honneur d'informer S. E. le

Ministre des Affaires Étrangères de S.M. la reine des Royaumes Unis de la Grande-Bretagne et d'Irlande que le roi a fortement à cœur le désir que les restes de Napoléon puissent reposer en France, dans cette terre qu'il a défendue et illustrée, et qui garde avec respect les dépouilles mortelles de tant de milliers de ses compagnons d'armes, chefs et soldats, dévoués avec lui au service de leur patrie. Le soussigné est convaincu que le gouvernement de S. M. Britannique ne verra dans ce désir de S. M. le roi des Français qu'un sentiment juste et pieux, et s'empressera de donner les ordres nécessaires pour que les restes de Napoléon soient transportés de Sainte-Hélène en France. Le soussigné a l'honneur d'offrir à Son Excellence l'assurance de sa plus haute considération.

Signé: Guizot.

Le vicomte Palmerston à M. Guizot.

Foreign-Office, 3 mai 1840.

Le soussigné, principal secrétaire d'État de Sa Majesté pour les Affaires Étrangères, a l'honneur d'accuser réception de la note, en date de ce jour, qu'il a reçue de M. Guizot, ambassadeur extraordinaire et plénipotentiaire de Sa Majesté le roi des Français, et qui exprime le désir du gouvernement français que les restes mortels de Napoléon puissent être rapportés en France. Le soussigné ne peut mieux répondre à la note de M. Guizot qu'en transmettant à Son Excellence copie d'une dépêche que le soussigné a adressée hier à l'ambassadeur de sa souveraine à Paris, répondant à une communication verbale qui avait été faite à lord Granville par M. Thiers, Président du Conseil, sur le sujet dont traite la note de M. Guizot. Le soussigné a l'honneur de renouveler à M. Guizot l'assurance de sa plus haute considération.

Signé : Palmerston.

Lettre du vicomte Palmerston au comte Granville.

Foreign-Office, 9 mai 1840.

Mylord, le gouvernement de Sa Majesté ayant pris en considération la demande faite par le gouvernement français, à l'effet de rapporter de Sainte-Hélène en France les restes mortels de Napoléon, vous pouvez assurer M. Thiers que le gouvernement de Sa Majesté accédera avec grand plaisir à cette demande. Le gouvernement de Sa Majesté désire que la France regarde la promptitude avec laquelle nous donnons cette réponse comme un témoignage du désir du gouvernement de Sa Majesté Britannique d'éteindre jusqu'aux derniers restes de ces animosités nationales qui, pendant la vie de l'Empereur, maintinrent en armes les deux nations; et le gouvernement de Sa Majesté Britanniques a la conviction que si quelques traces de ces sentiments hostiles existaient encore, ils seraient enfermés dans la tombe qui va recevoir les restes mortels de Napoléon. Le gouvernement de Sa Majesté et le gouvernement français prendront ensemble les mesures nécessaires pour la translation des cendres.

Je suis, etc.

Signé : PALMERSTON

Lettre du comte Granville au vicomte Palmerston.

Paris, 4 mai 1840.

Mylord, plusieurs pétitions ont été présentées dernièrement aux Chambres, à l'effet de demander que le gouvernement français prît des mesures pour obtenir du gouvernement anglais la permission de transporter les restes mortels de feu l'Empereur Napoléon, de Sainte-Hélène en France. Ces pétitions furent favorablement accueillies par les Chambres qui les renvoyèrent au Président du Conseil et aux autres ministres. Le Conseil ayant délibéré sur la question, et le roi ayant donné son approbation à la délibération prise au sujet de ces pétitions, hier, M. Thiers m'adressa officiellement la requête du gouvernement français, demandant que le gouvernement de S. M. la Reine permît de transporter le corps du feu Empereur à Paris, faisant observer que rien ne pouvait mieux cimenter l'union des deux nations, et faire naître des sentiments plus amis de la part de la France vis-à-vis de l'Angleterre que l'acquiescement du gouvernement britannique à cette demande

J'ai l'honneur, etc.

Signé : Granville.

Le gouvernement, une fois assuré du consentement du Cabinet anglais, se hâta, de son côté, de communiquer aux Chambres le projet éminemment national qu'il avait conçu. Le 12 mai, M. de Rémusat, ministre de l'Intérieur, monta à la tribune et présenta ainsi le projet de sa loi :

Messieurs, le roi a ordonné à Son Altesse royale monseigneur le prince de Joinville de se rendre avec sa frégate, à l'île Sainte-Hélène, pour y recueillir les restes mortels de l'Empereur Napoléon. (*Explosion d'applaudissements dans toutes les parties de l'Assemblée*).

Nous venons vous demander les moyens de les recevoir dignement sur la terre de France, et d'élever à Napoléon son dernier tombeau (*Bruyantes acclamations*). Le gouvernement, jaloux d'accomplir un devoir national (*Voix nombreuses* : Oui ! Oui !) s'est adressé à l'Angleterre. Il lui a redemandé le précieux dépôt que la fortune avait remis dans ses mains. A peine exprimée, la pensée de la France a été accueillie. Voici les paroles de notre magnanime alliée :

« Le gouvernement de Sa Majesté Britannique
« espère que la promptitude de la réponse sera
« considérée en France comme une preuve de son
« désir d'effacer jusqu'à la dernière trace de ces

« animosités nationales qui, pendant la vie de l'Em-
« pereur, armèrent l'une contre l'autre la France
« et l'Angleterre. Le gouvernement de Sa Majesté
« Britannique aime à croire que si pareils senti-
« ments existent encore quelque part, ils seront
« ensevelis dans la tombe où les restes de Napoléon
« vont être déposés ». (*Profonde sensation. Bravo!
Bravo!*).

L'Angleterre a raison, Messieurs ; cette noble
restitution resserrera encore les liens qui nous
unissent ; elle achève de faire disparaître les traces
douloureuses du passé. Le temps est venu où les
deux nations ne doivent plus se souvenir que de
leur gloire.

La frégate chargée des restes mortels de Napoléon se présentera à l'embouchure de la Seine ; un
autre bâtiment les rapportera jusqu'à Paris ; ils
seront déposés aux Invalides. Une cérémonie solennelle, une grande pompe religieuse et militaire
inaugurera le tombeau qui doit les garder à jamais.

Il importe en effet, Messieurs, à la majesté d'un
tel souvenir, que cette sépulture auguste ne demeure pas sur une place publique, au milieu d'une
foule bruyante et distraite. Il convient qu'elle soit
placée dans un lieu silencieux et sacré, où puissent
la visiter avec recueillement tous ceux qui respec-
tent la gloire et le génie, la grandeur et l'infortune.
(*Vive et religieuse émotion*).

Il fut Empereur et Roi; il fut le souverain légitime de notre pays (*Marques éclatantes d'assenti-*

ment). A ce titre il pourrait être inhumé à Saint-Denis ; mais il ne faut pas à Napoléon la sépulture ordinaire des rois ; il faut qu'il règne et commande encore dans l'enceinte où vont se reposer les soldats de la patrie et où iront toujours s'inspirer ceux qui seront appelés à la défendre. Son épée sera exposée sur sa tombe.

L'art élèvera sous le Dôme, au milieu du temple consacré par la religion au Dieu des armées, un tombeau digne, s'il se peut, du nom qui doit y être gravé. Ce monument doit avoir une beauté simple, des formes grandes, et cet aspect de solidité inébranlable qui semble braver l'action du temps. Il faudrait à Napoléon un monument durable comme sa mémoire. (*Très bien, très bien*).

Le crédit que nous venons demander aux Chambres a pour objet la translation aux Invalides, la cérémonie funéraire, la construction du tombeau. Nous ne doutons pas, Messieurs, que la Chambre ne s'associe avec une émotion patriotique à la pensée royale que nous venons d'exprimer devant elle (*Oui ! oui ! bravo !*)

Désormais la France, et la France seule, possédera tout ce qui reste de Napoléon. Son tombeau, comme sa renommée, n'appartiendra qu'à son pays. La monarchie de 1830 est en effet l'unique et légitime héritière de tous les souvenirs dont la France s'enorgueillit. Il lui appartenait sans doute, à cette monarchie qui, la première, a rallié toutes les forces et concilié tous les vœux de la Révolution française, d'élever et d'honorer la statue et la tombe d'un héros populaire; car il y a une chose, une seule, qui ne redoute pas la comparaison avec la gloire, c'est la liberté! (*Bravo! Bravo! manifestation prolongée d'enthousiasme.*)

Projet de Loi.

Louis-Philippe, roi des Français,

A tous présents et à venir, salut :

Nous avons ordonné et ordonnons que le projet de loi dont la teneur suit, sera présenté à la Chambre des Députés, par notre ministre Secrétaire-d'Etat de l'Intérieur, que nous chargeons d'en exposer les motifs et d'en soutenir la discussion.

Article I. — Il est ouvert au ministre de l'Intérieur, sur l'exercice de 1840, un crédit de 1 million pour la translation des restes mortels de l'Empereur Napoléon à l'église des Invalides et pour la construction de son tombeau.

L'expédition partit de Toulon le 7 juillet 1840. A bord de *la Belle-Poule* étaient embarqués avec le prince de Joinville, commandant, le capitaine de vaisseau Hernoux, son aide de camp, et l'enseigne M. Touchard, son officier d'ordonnance; venaient ensuite M. de Rohan-Chabot, commissaire du roi; M. Emmanuel de Las Cases, membre de la Chambre des Députés; les généraux Bertrand et Gourgaud; le docteur Guillard; l'abbé Coquereau, aumônier; Saint-Denis et Noverraz, anciens valets de chambre de l'Empereur; Pierron, son officier de bouche, et le piqueur Archambault.

Ces personnages formaient la mission de Sainte-Hélène, avec le fidèle Marchand, que Napoléon avait traité en ami autant qu'en serviteur, et qui passa à bord de *la Favorite*, commandée par le capitaine Guyet.

Le général Bertrand voulut aussi associer à ce pieux voyage, son jeune fils, Arthur, né à Sainte-Hélène, celui-là même que sa mère avait présenté à l'Empereur comme « le premier Français qui fût entré à Longwood sans la permission du gouverneur. »

La flottille passa devant Gibraltar le 15 juillet, et mouilla le lendemain à Cadix. Le 24 juillet elle s'arrêtait à Madère, et le 29 elle célébrait dans l'île de Ténériffe l'anniversaire de la Révolution de 1830. On parle français dans cette île, et l'on y cultive même la poésie dans cette langue. Un jeune homme présenta quelques vers écrits en français sur la Révolution.

Le 7 octobre, à midi, le commandant nous dit : « Messieurs, si, comme on l'affirme, Sainte-Hélène se voit de loin, nous ne tarderons pas à l'apercevoir, car nous n'en sommes plus qu'à 72 milles (24 lieues). A trois heures précises, je causais sur le gaillard d'arrière, lorsque le matelot qui veille sur la vergue de misaine annonça la terre. On en était à 55 milles (17 lieues). Nous nous rendîmes immédiatement sur l'avant et nous la vîmes très distinctement.

« Chacun était monté successivement sur le pont et considérait cette terre qui ressemblait encore à un brouillard. A sept heures moins un quart du soir, la nuit nous la déroba. Nous en étions alors à 28 milles (plus de 9 lieues). Nous continuâmes à en approcher.

« Le jeudi 8, vers quatre heures du matin, le commandant était sur le pont. On avait couru des bords toute la nuit, et on ne se mit en route qu'à huit heures. La frégate s'avançait, ayant devant elle, sur la gauche l'*Ile Georges* et l'île dite *Piliers d'Hercule*. On examinait avec attention ces rochers de Sainte-Hélène, à la teinte noire, où ne se découvrait pas la plus légère trace de végétation. Cette côte élevée et coupée à pic donnait à l'île l'apparence d'une vaste tour sortie du sein de l'Océan.

« Le bâtiment avançait avec bonne brise, on passa devant la pointe du Télégraphe et Prosperous-Bay. Entre le pic de Diane et Barn's Point, nous vîmes les arbres à gomme qui se trouvent sur la lisière du plateau de Longwood.

« Presque toutes les personnes qui étaient sur la dunette remarquèrent en même temps que l'arête de Barn's Point dessinait un profil dans lequel on croyait découvrir une ressemblance avec celui de Napoléon. Nous apprîmes depuis que cette circonstance était très connue dans l'île.

« Il était dix heures trois quarts. Nous commençâmes à doubler Barn's Point et à en voir sortir, pour ainsi dire, la pointe dite Sugar-Loaf. En ce moment le plateau de Longwood s'était déployé. Nous reconnaissions les arbres à gomme et la maison; nous distinguâmes des signaux que l'on y faisait; on annonçait sans doute notre passage. Aucun de nous ne se rappelait qu'il y eût là un poste de signaux; nous sûmes, en effet, qu'il avait été établi depuis notre départ.

« Il était onze heures. Nous filions six nœuds. Sugar-Loaf semblait se dérouler et nous montrer ses batteries formidables. Les personnes qui avaient déjà été à Sainte-Hélène affirmaient que le mouillage était derrière et qu'on n'allait pas tarder à le voir. Chacun se demandait; y trouverons-nous des nouvelles de France! Tous les yeux étaient fixés sur le même point. Un beaupré paraît, puis successivement trois mâts, puis un deux mâts, puis... Français! s'écrie-t-on avec joie, faites le signal pour demander son numéro ».

... Ce navire était le brick l'*Oreste*, venant de France. Il y avait encore deux autres bâtiments; un marchand hollandais, arrivant de Batavia, et un brick anglais, *le Dolphin*.

« Nous approchions lentement du mouillage. Au moment où nous nous étions trouvés complètement sous la terre, nous avions un calme plat; tout à coup le vent vient du nord, ce qui, joint au courant, fit qu'en un instant nous fûmes à 2,000 milles au large. Il était onze heures et demie. Le commandant voulait venir mouiller juste devant la ville et près d'elle; c'était en effet la place de la frégate. Mais, se trouvant tout à fait sous le vent de l'île, il avait à manœuvrer au milieu des folles brises. Des officiers anglais, qui venaient de monter à bord, nous disaient qu'ils connaissaient la rade, que l'entreprise était chose fort difficile et d'une réussite douteuse.

« Cependant, à trois heures et demie, l'ancre tombait au mouillage désigné. Ces officiers disaient hautement qu'il était impossible de manœuvrer avec plus d'adresse et de précision. Ils étaient montés à bord, la frégate étant sans voiles. C'était M. le lieutenant Midlemore, fils de S. Exc. le major général Midlemore, C. B., gouverneur de Sainte-Hélène. Il était envoyé par son père malade présenter ses respects au prince commandant. Avec lui se trouvaient M. A. Alexander, capitaine commandant le génie civil et militaire; le lieutenant général Barnes, major de place; M. E. Gulliver Esq., R. N., commandant du port; M. S. Salomon, agent consulaire de France et plusieurs autres fonctionnaires.

« La corvette *la Favorite* ne tarda pas à venir mouiller auprès de nous. On échangea des saluts avec la ville et le brick anglais *le Dolphin*; le brick *l'Oreste* salua la frégate par bordée, avec son équipage sur les vergues. M. le capitaine de corvette Doret, qui la commandait, était venu à bord. Il avait quitté Cherbourg le 20 juillet. Il apportait des lettres à quelques personnes. Cet officier sollicita du commandant l'autorisation d'assister à la cérémonie de l'exhumation de l'empereur et l'obtint aussitôt : c'est une justice qui lui était due.

« En 1815, M. Doret, n'étant encore qu'enseigne de vaisseau, avait été présenté par le comte Bertrand à l'empereur alors à l'île d'Aix. Plusieurs jeunes officiers s'étaient réunis pour offrir à Napoléon de le transporter aux États-Unis, à travers la croisière anglaise. Deux chasse-marée, du port de 12 tonneaux, avaient été armés dans ce but. M. Genty, lieutenant de vaisseau, commandait l'un, M. Doret commandait l'autre. Quelques-uns des officiers de l'empereur furent embarqués, entre autres MM. Planat et de Résigny, officiers d'ordonnance, et les chasse-marée se rendirent à la pointe d'Aiguillon. Ce projet n'eut pas d'autre suite. Après le départ de l'empereur, ces officiers de marine furent dénoncés comme « ayant déserté les drapeaux pour favoriser l'évasion de l'Usurpateur, et rayés des contrôles de la marine. M. Doret était rentré au service en 1830.

« Quoique la rade de Sainte-Hélène soit tout à fait ce que l'on appelle foraine, cependant, à cause des vents alizés, le mouillage est regardé comme très sûr. Le fond décroît avec une grande rapidité à mesure que l'on s'éloigne de la côte ; il décroît plus vite devant Lemon's Vallez, à l'orient ; moins vite devant Banks's Battery, à l'est. Vis-à-vis de James-Town, on trouve 50 brasses à trois quarts de mille, et à un peu plus d'un mille on sonde à 120 brasses sans toucher le fond.

« Après dîner, à 6 heures, M*** et moi nous descendîmes à terre. Je remis le pied sur cette terre d'exil au même endroit où autrefois, en débarquant, un accident avait failli me faire perdre la vie (1). Je m'arrêtai. Je contemplais lentement tous

---

1. En débarquant à Sainte-Hélène, le remous étant extrêmement fort, mon pied glissa sur le bord du canot, et je faillis me noyer (*Las Cases*).

les objets qui m'environnaient, pouvant à peine en croire mes yeux, éprouvant ce que l'on éprouve au réveil d'un songe. Je revis ces remparts, ces batteries, ce corps de garde, ce pont-levis, cette porte de ville, tout ce que j'avais vu il y avait vingt-cinq ans et à peu près jour pour jour !... alors suivant Napoléon que des ennemis sans cœur, encore sous l'impression de la terreur qu'il avait portée dans leur âme, et jouissant de leur vengeance, condamnaient à la prison ou plutôt au supplice ; aujourd'hui venant recevoir d'une nation amie, et placer à l'ombre du drapeau tricolore, la cendre du premier des Français, peut-être du premier des hommes. Tout ce que je voyais avait porté dans mon cœur une profonde émotion.

« Mes souvenirs étaient aussi vifs, aussi présents que si la captivité n'avait cessé que la veille. La vue, le voisinage, le contact de Sainte-Hélène semblaient les avoir ranimés, leur avoir donné une nouvelle vie.

« J'avais devant les yeux, tels qu'ils m'étaient apparus autrefois, ces rochers noirs et à pic, qui alors allaient nous retenir dans leur enceinte ; ces canons, qui jadis devaient assurer notre éternelle captivité ; ces regards presque hostiles des soldats, où on lisait un vague étonnement ; cette porte étroite à pont-levis sur laquelle il ne manquait que l'inscription ; *Au delà plus d'espérance !* ... Hélas ! en quittant la vie le grand Empereur n'avait pas même eu le sort commun aux plus humbles mortels ! l'espérance ne l'avait point accompagné jusqu'au tombeau ! Involontairement mes yeux se remplirent de larmes !...

« Je désignais à M*** les localités. Je lui expliquais ce qui y était arrivé. Je lui montrais la maison où Napoléon avait passé une seule nuit (1); car, débarqué le 17 octobre 1815, à la chute du jour, le lendemain avant l'aurore, il avait quitté la ville pour n'y jamais revenir ; sa cendre seule devait la traverser.

« Je lui indiquais les maisons où nous avions été accueillis avec bienveillance et hospitalité. Nous montâmes pendant quelque temps le chemin qui conduit dans l'intérieur de l'île et du haut duquel on voit se dessiner la ville. Mais la nuit était devenue très sombre, nous ne distinguions plus rien ; nous dûmes revenir.

« Le lendemain (vendredi 9 octobre), j'étais impatient de revoir au grand jour et avec calme tout ce que j'avais à peine entrevu avec tant d'émotion la veille, à la nuit tombante. Je m'efforçais de mettre de côté tout souvenir et de maîtriser cette singulière disposition de l'homme, qui veut toujours vivre ou dans le passé ou dans l'avenir, comme si le moment présent n'existait pas. Je me trouvais au milieu d'une nation amie, parmi des personnes qui nous témoignaient, à nous Français, la bienveillance la plus marquée. Je résolus de jeter un voile sur le passé, de ne plus voir

---

1. L'Empereur avait mouillé en rade de Saint-Valérie le 15 octobre 1815, à midi. Il avait débarqué le 17, à 6 heures et demie du soir. Le 18, à 5 heures du matin, il avait quitté la ville.

que la situation présente, et d'aller tranquillement reconnaître et étudier les localités. . . . . .

« Le matin, je rencontrai le lieutenant-colonel Hodson et M. Darling. Ils venaient nous voir. Je les reconnus aussitôt; tous deux autrefois s'étaient montrés très bienveillants pour les Français. L'Empereur, lorsqu'il habitait Briars, avait eu un soir fantaisie de descendre dans une maison qu'il voyait au fond de la vallée; c'était celle de M. Hodson, alors major du régiment de Sainte-Hélène. Il y fut reçu avec la politesse la plus empressée; mais le gouverneur anglais fut ou feignit d'être très alarmé et prit des mesures pour que de semblables visites ne se renouvelassent plus. Je retrouvais cet excellent homme devenu lieutenant-colonel et membre du Conseil législatif de l'île.

« A onze heures, le prince de Joinville descendit à terre avec sa suite. Le lieutenant-colonel d'artillerie Trelawney lui présenta les diverses autorités civiles et militaires; ensuite l'on partit pour Plantation House, habitation du gouverneur, où l'on arriva au bout d'une heure. Le prince en repartit bientôt pressé qu'il était d'arriver au tombeau de Napoléon. L'impatience du prince était bien légitime. Il sentait qu'il était là le représentant de la France, le mandataire de la Révolution, venant chercher tardivement tout ce qui pouvait rester encore du plus grand de ses enfants; venant réparer tout ce qu'il y avait désormais de réparable dans la vengeance inouïe des monarques européens, dans le crime ineffaçable de l'aristocratie anglaise.

« A deux heures vingt minutes, dit M. Emmanuel de Las Cases, nous entrions dans l'enceinte... La tombe s'offrait à nos yeux... Là, sans doute, n'était plus que poussière celui dont la gloire et la puissance avaient étonné le monde ! Le prince de Joinville s'était découvert. M. l'abbé Coquereau, agenouillé à l'écart, à gauche de la porte d'entrée, au pied du cyprès, récitait une prière. C'était peut-être le premier prêtre catholique qui de ce lieu élevait son âme vers le ciel, depuis que Napoléon avait été rendu à la terre... On voyait étendu à terre le tronc d'un des saules pleureurs qui existaient lors de l'inhumation ; l'autre ombrageait encore le tombeau. Nous étions silencieux.... Chacun livré tout entier à ses réflexions... Nous contemplions de près ces dalles noires..., rien n'y était écrit... et nous ne pouvions en détacher nos regards... Le prince fit lentement le tour de la tombe ; il revint cueillir quelques feuilles de plantes bulbeuses que l'on avait fait pousser du côté où reposait la tête. Après avoir ordonné qu'on lui préparât des boutures du saule, il appela M. le commandant Hernoux, son aide de camp, et lui dit de donner au vieux soldat gardien du tombeau tout ce qu'il pourrait réunir d'argent. Ce fut une grosse poignée de Napoléons, et nous partîmes.

« En quittant les lieux qui renfermaient les cendres de Napoléon au lieu de suivre le chemin qui ramène à la ville, le prince prit à gauche. Évidemment il voulait aussi voir Longwood, cette demeure ou plutôt cet autre tombeau de Napoléon, où sous la geôle d'Hudson Lowe, il avait mis cinq ans et demi à mourir.

« Il y avait près de deux milles à parcourir. A mi-chemin, nous passâmes devant Hut's-Gate, toute petite maison de trois ou quatre petites chambres. Autrefois le général Bertrand y avait demeuré pendant plusieurs mois avec sa famille, en attendant qu'on lui préparât une habitation auprès de Longwood. Je cheminais avec le commandant Hernoux et lui détaillais tout ce que me retraçaient mes souvenirs. Je lui montrais le précipice qui se trouvait à notre gauche, et que nous étions obligés de contourner. C'est un immense évasement ce *Ruprt's-Valley* qui a plus de mille pieds de profondeur et près d'un quart de lieue de diamètre ; on n'y voit presque aucune végétation..... La forme de ce gouffre, qui est un peu circulaire et en entonnoir, lui a fait donner le nom de « Bol de Punch du Diable » (*Devil's Punch Bowl*).

« Nous arrivions à Longwood. On comprend de quelles émotions devaient être saisis les anciens habitants en approchant de cette prison. Là, ils avaient vu souffrir, vu mourir ce qu'ils avaient le plus aimé, le plus admiré, le plus vénéré, celui qui fut pour eux, de son vivant, l'objet d'un véritable culte, et dont le souvenir, vingt ans après sa mort, remplissait encore leur existence.

« Les deux baraques qui en forment l'entrée étaient encore dans le même délabrement qu'autrefois et leur vue, dit M. de Las Cases, me rappelait le jour où l'empereur fut conduit à Longwood par l'amiral sir G. Cockburn. En cet endroit était alors un poste de soldats anglais.....

« Entre les baraques et la maison de Longwood est un espace d'environ sept à huit cents pas, autrefois plantés d'arbres à gomme. Je remarquai que tous ceux qui étaient à gauche de la route étaient disparus et se trouvaient remplacés par quelques pins et des défrichements. Les fossés, qui anciennement marquaient les limites, avaient été comblés et remplacés par d'autres.

« Le prince commandant mit pied à terre pour examiner. Le général Bertrand et les autres compagnons d'exil lui donnaient des explications et répondaient à ses questions. L'extérieur de l'habitation avait subi de grands changements, et quels changements!... On voyait partout des étables et des hangards à bestiaux!... Les officiers anglais qui nous accompagnaient en éprouvaient visiblement de l'embarras, et même plus que de l'embarras.

« Le prince monta quelques marches qui conduisent à la première salle qu'avait habité Napoléon. Il y entra en se découvrant, ce que firent aussi alors les Anglais qui étaient présents. A la vue de ce lieu, nous restâmes saisis d'un triste étonnement, et un profond silence s'établit. Cette salle ne tombait pas tout à fait en ruine, mais il n'y avait que les quatre murs, et tout y attestait l'abandon. Ce qui frappait, ce n'était pas la destruction, effet du temps; c'était partout l'empreinte du délaissement le plus complet!...

« Mais quand nous entrâmes dans la chambre suivante, celle où Napoléon avait rendu le dernier soupir, celle qui eût dû, par une telle mort, se trouver comme empreinte d'un caractère religieux et sacré ; grand Dieu ! quelle flétrissure et quelle dégradation !...

« C'était là que j'avais si souvent vu l'empereur plein de vie, s'entretenant familièrement, discutant de sujets scientifiques et littéraires, ou racontant, avec une gaieté si enjouée et un esprit si fin, des anecdotes de son temps, ou développant avec feu ses hautes conceptions politiques ; c'était là qu'il avait lutté contre la mort, que s'était passé son agonie, qu'avait reposé sa tête expirante, c'était là que le sacrifice avait été consommé !

« Il était couché là..... la tête tournée de ce côté..... disaient tour à tour le général Bertrand et M. Marchand..... Aujourd'hui, c'est à peine si l'on reconnaît qu'il y a eu là une chambre habitée !..... Un sale moulin à blé occupe les deux tiers de la pièce, le plafond a été détruit pour lui faire place ; le plancher est à moitié pourri ; les murs nus laissent voir la boue et les cailloux dont ils sont construits ; plus de portes, mais seulement un lambeau de porte ; les fenêtres en partie brisées ; ce qui en reste n'offre plus que des morceaux de vitres cassées... La douleur et l'indignation me saisirent. Les officiers anglais évitèrent de suivre le prince qui s'étant retourné pour les questionner, s'aperçut qu'ils avaient disparu. Ces braves rougissaient sans doute pour leur gouvernement ; ils rougissaient de

sa négligence calculée, de son affectation insolente, de son cynisme persévérant ; car si toutes les nations de la terre, même celles des trois royaumes, saluaient avec enthousiasme le nom de Napoléon ; si elles entouraient d'unanimes acclamations l'apothéose du héros de la France, les superbes oligarques de Londres, dont la haine n'avait pu être assouvie par le rapide succès de la mission qu'ils confièrent à Hudson Lowe, n'en persistaient pas moins à outrager ce que l'univers entier admirait et respectait. L'immolation accomplie, ils avaient gardé toute leur fureur, toute leur injustice envers leur victime. Ne pouvant plus s'attaquer à la personne du grand homme, ils s'en étaient pris à son ombre, à son souvenir, à tout ce qui se rapportait à lui, jusqu'aux êtres inanimés sur lesquels s'était exhalé son dernier souffle, et qui pouvaient servir d'écho à ses dernières paroles. Grossiers profanateurs du culte du génie, ils avaient laissé envahir par la boue et la vermine les lieux que sa captivité avaient illustrés, que son heure suprême avaient sanctifiés, et dans lesquels le petit-fils de Henri IV, le petit-neveu de Louis XIV n'osait entrer sans se découvrir. O aristocratie anglaise, tu as beau faire ! tu n'obtiendras pas qu'on oublie qu'entre ce plancher qui croule, ce plafond qui pourrit, ces murs qui se délabrent et se couvrent d'ordures, la voix qui aura le plus de retentissement dans les siècles à venir, prononça un jour ces impérissables parole :
« Vous m'avez assassiné longuement, en détail, avec préméditation, et l'infâme Hudson a été l'exé-

cuteur des hautes œuvres de vos ministres... Vous finirez comme la superbe république de Venise, et moi, mourant sur cet affreux rocher, privé des miens et manquant de tout, je lègue l'opprobre et l'horreur de ma mort à la Maison régnante de l'Angleterre. »

« Oui le hideux et repoussant tableau de Longwood me poursuivait ; je le voyais encore, il était là, devant mes yeux.... Rien ne put dissiper la profonde mélancolie qui s'était emparée de moi. »

« Le lendemain, samedi, j'allai revoir avec un vrai plaisir beaucoup de personnes que j'avais connues anciennement, et pour plusieurs desquelles je conservais de l'amitié.

« J'étais très frappé et les autres compagnons éprouvaient la même impression, du peu de changement que nous trouvions, soit dans les situations des personnes, soit dans celles des choses. Les Français étaient reçus avec la bienveillance la plus affectueuse et une hospitalité empressée. Bien que le gouverneur fût très malade, il avait néanmoins invité à dîner le prince de Joinville et quelques-uns de nous. Nous nous y rendîmes et nous reçûmes du général Middlemore et de sa famille, l'accueil le plus aimable.

« Le 12, plusieurs d'entre nous devaient dîner chez MM. les officiers du 91ᵉ régiment. MM. les officiers de l'artillerie et du génie s'y trouvaient. L'honorable lieutenant-colonel Trelawney et le capitaine Blackwell présidaient l'assemblée, suivant l'usage anglais. Nous avions trouvé chez ces officiers des manières amicales et prévenantes, un accueil plein de bienveillance et nous y étions extrêmement sensibles. Autrefois, nous avions été reçus de même par les états-majors des 53º et 66º regiments. Ces braves officiers, qui avaient longtemps fait la guerre, qui, au milieu de ses vicissitudes, avaient appris à connaître la fortune et ses caprices, nous témoignèrent toujours des égards qui les honoraient eux-mêmes ; toujours ils surent allier à la rigueur que leur prescrivaient leurs ordres, les sentiments que leur inspiraient le malheur. Le seul Hudson Lowe, entouré de ses affidés, fit alors un bien étrange contraste ! Il est repoussé et renié par sa nation ; justice lui est rendue. Après dîner, divers toasts furent portés. Un de nous, avec une véritable cordialité, proposa celui-ci : « A l'union indissoluble de nos deux pays », et sa voix fut couverte d'applaudissements.

« Le mardi 13, au matin, je quittai la ville au lever de l'aurore. La cérémonie de l'exhumation était fixée au lendemain soir, et nous devions lever l'ancre immédiatement après Nous ne faisions littéralement que passer à Sainte-Hélène. Pendant ces courts moments, la vue de Longwood était un besoin pour moi. Je ne saurais rendre ce que ce lieu me faisait éprouver. J'y sentais en même temps et ce que j'y avait été autrefois et ce que j'y étais maintenant ; les mauvais traitements d'alors, les égards et la bienveillance d'aujourd'hui, l'impression passée et la liberté présente. Le mélange de ces diverses sensations faisait naître dans mon âme un sentiment de mélancolie qui n'était pas sans charme. Aujourd'hui je voulais encore visiter avec détail cette habitation que j'allai quitter pour toujours.

« Longwood est le seul plateau qu'il y ait dans l'île. Il peut avoir une petite demi-lieue de long et pas tout à fait un quart de lieue dans sa grande largeur. Il est à près de 5 milles de distance de la ville et s'élève à 1585 pieds (français) au-dessus du niveau de la mer. Autrefois, il était planté d'arbres à gomme, arbustes de 8 à 10 pieds de haut, dont le feuillage ressemble beaucoup à des bourgeons épanouis. Cette espèce de feuillage n'existe qu'aux extrémités des branches et par conséquent ne donne point d'ombre. C'est de cette plantation que vient le nom de Longwood (long bois). Je n'hésite pas à affirmer que c'est la partie la plus insalubre de l'île, et on le comprendra facilement.

« Sainte-Hélène est située dans la région des vents dits généraux. Ces vents provenant de la même cause que les vents alizés ont la même régularité. Ils soufflent sans interruption pendant toute l'année, le plus souvent avec violence, et toujours du même point de l'horizon. Les parties de l'île qui sont abritées par les montagnes jouissent d'une température égale, généralement sèche, souvent très chaude et pourtant très salubre. Le séjour en est bon et même agréable. Mais celles qui sont exposées au vent en subissent tous les inconvénients sans répit ni relâche. En voyant Longwood, par exemple, on est immédiatement frappé de l'inclinaison des arbres, tous penchés du même côté. C'est le témoignage le plus expressif de l'effet des vents généraux. Une grande moitié de l'année, ces vents portent avec eux une pluie plus ou moins fine, qui fouette fortement au visage et qui dure quelquefois quatre, cinq, six jours de suite sans interruption. Si la pluie ne fouette pas, on est au moins au milieu des nuages et c'est une situation fort singulière que je n'ai jamais observée en Europe. Les officiers de nos bâtiments de guerre qui ont parcouru tant de localités, en étaient étonnés et ne connaissaient rien de semblable. On voit de gros nuages, avec leurs formes bien déterminées, raser la terre, et pour ainsi dire y rouler. Tout à coup, ils cachent les objets auprès desquels on se trouve, la personne avec laquelle on cause, ils vous enveloppent comme un épais brouillard; assez souvent on a en même temps et la pluie et cette espèce de nuages. Plus d'une fois, l'état de l'atmosphère de Longwood m'a rappelé Ossian et ses fantastiques conceptions. C'était sur des nuages semblables que devaient s'asseoir et voyager le vieux Fingal et l'âme de ses héros...

« Lorsque le soleil brille, la température devient souvent extrêmement chaude; le vent alors est desséchant. L'évaporation de la peau se fait si rapidement que les membres et les cheveux en sont arides et raides au toucher. La poitrine se resserre et respire moins librement. On souffre. Le crépuscule est de très courte durée. On sait que c'est un effet commun à toutes les régions de la zone torride. Dès que le soleil a disparu, la chaleur du sol est promptement enlevée par les vents alizés, et dans l'espace de trois quarts d'heure ou d'une heure, à une forte chaleur tropicale succèdent l'atmosphère de la mer et son humidité pénétrante; le thermomètre (centigr.) baisse alors presque subitement de 20 et même 25 degrés. Voilà Longwood..... la prison de Napoléon.....

« Cette localité avait-elle été choisie ou plutôt ce séjour avait-il été conservé à dessein? Moi, témoin oculaire des passions de 1815 et de leur violence, qu'on désavouerait aujourd'hui, moi, qui ai su tout ce qu'avaient d'acerbe, de haineux et d'inattendu les mesures prises contre l'Empereur, qui ai connu les injures calculées dont il a été l'objet, qui ai ressenti sur ma personne les effets destructifs de ce climat, qui ai vu son action presque immédiatement sur la constitution robuste de Napoléon et sur plusieurs de ses serviteurs, en âme et conscience, je crois pouvoir dire oui. Toutefois des Anglais, dont j'honore et respecte le caractère, ont vivement repoussé un pareil doute, disant qu'on ne devait pas même le former. Je désire qu'ils aient raison. L'histoire prononcera.

« Vers la fin de 1819, Napoléon s'était beaucoup occupé de fortifications, et avait fait, plusieurs fois, travailler ses fidèles serviteurs à figurer sur le terrain les moyens de défense qu'il méditait. Cela donna l'idée de faire un petit jardin sous les fenêtres de l'Empereur. Lorsqu'il fut terminé, l'Empereur crut voir en cela un moyen d'exercice et d'occupation, et il traça le jardin qui fait pendant au premier, ainsi que les deux jardins latéraux. Il y travailla lui-même. Ces jardins étaient soignés par ses gens ; quelquefois il y déjeûnait. Après sa mort, Longwood fut loué pour devenir une ferme. Excepté un débris de fontaine et un pêcher, il ne reste plus vestige des jardins. Sur l'emplacement de l'un d'eux, se trouve le manége qui fait tourner le moulin à blé construit dans l'ancien salon.

« Les environs sont complètement changés. A l'entour, on a établi des hangars et des parcs à bestiaux. La salle dans laquelle on entre d'abord, après avoir monté quelques marches, est entièrement nue et dégradée, pas l'apparence d'un meuble ; on voit la place de la petite glace qui, anciennement, ornait la cheminée ; tout y porte l'empreinte de l'abandon et du délaissement le plus complet. Sur les parois de cette pièce, ainsi que sur celles des autres, sont tracés une multitude de noms et d'inscriptions. De là, on passe dans l'ancien salon où l'Empereur est mort ; son lit de camp en fer était entre les deux croisées, le côté gauche touchant le mur, la tête tournée du côté de la salle à manger, vis-à-vis, et de manière à pouvoir être vus du lit, avaient été placés un buste et un portrait du roi de Rome. Aujourd'hui, un sale moulin remplit presque la pièce ; je le regardais comme une violation coupable du respect dû aux morts !

« Delà, on va dans la salle à manger ; c'est une chambre presque obscure dont il ne reste que les murs ; ils sont en état de dégradation. Plus de porte ; le plancher en partie pourri. Au plafond est pratiqué un trou par lequel on jette le blé dans une coulisse, qui le fait glisser jusqu'au milieu de la pièce voisine, celle où Napoléon est mort. De cette salle à manger, à gauche, on entre dans la bibliothèque, à droite, dans l'appartement de l'Empereur. La bibliothèque est comme les autres pièces, on n'en a conservé que les murs. La porte qui conduit à l'appartement de l'Empereur a été murée ; il faut maintenant sortir par la cour pour entrer dans son ancien emplacement.

« Pendant la vie de Napoléon, cet appartement consistait en une petite antichambre, une petite salle de bain, chacune de sept pieds de largeur ; en un cabinet de travail de quatorze pieds de long sur douze de large, et une chambre à coucher de douze pieds sur douze. Aujourd'hui les murs qui séparaient intérieurement ces quatre petites pièces ont été détruits ; l'ancienne porte et les anciennes fenêtres bouchées ; une porte nouvelle et deux lucarnes étaient ouvertes. Ce lieu, où pendant cinq ans et demi avait vécu Napoléon, où ce beau génie avait jeté ses dernières lueurs, où il avait dicté ces pages immortelles comme les actions qu'elles consacrent, où il avait supporté avec tant de grandeur les coups du sort, où il avait traîné sa longue agonie...; ce lieu qui avait entendu les seuls regrets qu'il a proférés... pour sa femme et pour son fils... ce lieu qui avait vu une si grande existence lutter pendant si longtemps contre la destruction, puis s'affaiblir de jour en jour sous les progrès du mal... enfin, s'éteindre... ce lieu, dis-je, est devenu... une écurie!!... Les expressions manquent pour rendre l'indignation et le dégoût...

« Tout ce qui existait du temps de l'Empereur a si complètement disparu, qu'il est impossible de ne pas voir qu'on l'a fait à dessein ; mais si on voulait anéantir des témoins muets, et pourtant trop éloquents encore d'actes barbares, il fallait jeter bas ces murs et non se borner à les salir..... Puis-je, après cela, parler des anciens logements des compagnons d'exil, de celui de mon père.... Tous existaient encore, mais avaient subi un sort à peu près semblable. Que de souvenirs réveillait en moi cette triste habitation! que de sensations elle me faisait éprouver! que de sentiments revenaient s'agiter au fond de mon âme et dans mon cœur! Je croyais revoir ces lieux où l'Empereur causait avec tant d'enjouement et une si aimable familiarité, les endroits où il s'asseyait le plus habituellement, la place où il jouait ordinairement aux échecs, la fenêtre par laquelle il regardait, les allées où je l'avais vu se promener (car je ne m'étais jamais promené à pied avec lui), celles où je l'avais si souvent accompagné à cheval. Quoique tout fût bouleversé, cinq ou six arbres, des environs de la maison, avaient été épargnés; un, surtout, qui autrefois faisait un coin d'allée. Mon père, dans son *Mémorial*, raconte que quelques minutes avant d'être arraché de Longwood, il était auprès de l'Empereur avec les autres compagnons d'exil. L'Empereur venait de recevoir des oranges, envoyées par lady Malcom : il les aimait; il en avait très rarement, et il eût été si facile de lui en faire avoir toujours! Appuyé sur un arbre, il les préparait gaiement On parlait de la France : « Cette France, vous la reverrez, vous, mes chers amis, dit-il en souriant, mais moi..... » C'est cet arbre sur lequel il était alors appuyé qui existait encore! Je le reconnaissais....,. Tout, jusqu'au moindre détail, était pour moi un objet d'émotion. J'avais passé une partie de mes premières années à Longwood dans l'atmosphère de ce grand homme, l'aimant avec toute la ferveur de la jeunesse, l'adorant, lui étant parfois utile, recevant quelquefois des marques affectueuses de sa bonté, sentant le haut prix de la position qu'il me permettait d'occuper auprès de lui malgré mon âge, le contemplant dans les détails de sa vie privée, dépouillé de tout prestige, seul, isolé, déchu et toujours grand..... Cette époque, à elle seule, est toute ma vie; après elle, il n'est plus rien pour moi : ce que j'ai vu de grand a fait que je suis resté sans illusion pour tout le reste.

. . . .

« Si, à Sainte-Hélène, aigri par une position qu'on s'étudiait à rendre odieuse, son caractère fût devenu difficile, mille motifs ne devaient-ils pas le rendre excusable ; mais, il était sans doute le plus facile à vivre, celui dont l'humeur était le plus égale. Je me suis souvent dit qu'un étranger qui se serait subitement trouvé au milieu des Français de Longwood, sans les connaître, n'aurait pas pu découvrir que Napoléon était le seul pour qui il n'existait pas d'espérance, le seul qui habitât déjà son tombeau.

« Pendant tout le temps que j'ai passé auprès de lui, jamais il ne m'a donné le plus léger motif pour me plaindre; au contraire, j'ai eu constamment et sans cesse de nouveaux sujets de l'aimer. Au moment même où j'écris, le souvenir des marques de sa bienveillance remplit mon âme d'émotion. D'abord je ne voyais en lui que le grave homme; mais bientôt je l'ai aimé comme on aime le père le plus tendre. C'est le sentiment que j'éprouvais pour lui, lorsque j'en fus séparé.

« Le mercredi 14 fut pour ainsi dire le dernier jour que je passais à Sainte-Hélène. La journée du lendemain devait être consacrée à la cérémonie, et le jour suivant la frégate faisait voile. Dans la journée, je me rendis à Longwood et au tombeau. J'adressai à ces lieux sacrés pour moi, des adieux éternels.

« Le 14, à la nuit, était l'époque fixée pour les travaux de l'exhumation des cendres de Napoléon. On supposait qu'ils seraient longs et difficiles. On les commençait la nuit, afin de pouvoir, dans la journée du lendemain, remettre le cercueil entre les mains de S. A. R. le prince de Joinville. Le moment du départ était arrivé; plusieurs de nos compagnons nous avaient déjà devancés. A dix heures et demie du soir, nous quittâmes la ville, MM. l'abbé Coquereau, le docteur Guillard, Charner, Guyet, Doret, Marchand, Arthur Bertrand, de Chabot et moi; nous gravissions lentement les montagnes; arrivés sur les hauteurs de *Rupert's Valley*, le froid devint assez vif. De temps en temps nous avions à souffrir les effets d'une petite pluie très fine, ou plutôt d'un brouillard extrêmement intense ; la lune se levait voilée ; d'épais nuages glissaient avec rapidité devant elle, tantôt la cachaient, tantôt la laissaient reparaître. La na're semblait vouloir répandre autour de nous une teinte de religion et de mystère bien en harmonie avec le pieux devoir que nous allions accomplir dans cette triste localité. Bientôt, dans le lointain, au fond de la vallée, à travers l'épaisseur de l'atmosphère, nous crûmes distinguer de la lumière : c'étaient les fanaux qui allaient éclairer les travailleurs. Nous quittâmes alors le grand chemin pour prendre la route qui descend le long des flancs de la montagne. Des postes militaires, commandés par M. le lieutenant Barney, avaient été placés de distance en distance dès le coucher du soleil ; nous les traversâmes. A minuit précis nous arrivions au tombeau.

« Les commissaires des deux nations introduisirent dans l'enceinte les diverses personnes qui devaient être témoins de ce qui allait se passer.

« M. le comte Philippe de Rohan-Chabot, commissaire du roi des Français, pour présider, au nom de la France, à l'exhumation et à la translation des restes mortels de l'Empereur Napoléon, enseveli dans l'île de Sainte-Hélène, et à leur remise par l'Angleterre à la France, conformément à la décision des deux gouvernements, introduisit du côté de la France :

« M. Le baron de Las Cases, le baron Gourgaud, lieutenant-général, aide de camp du roi ; M. Marchand, l'un des exécuteurs testamentaires de l'Empereur; M. le comte Bertrand, lieutenant-général, accompagné de M. Arthur Bertrand, son fils; M. l'abbé Coquereau, aumônier de la frégate *la Belle-Poule*, et deux enfants de chœurs; MM. Saint-Denis, Noverraz, Archambault, Pierron, anciens serviteurs de l'Empereur; M. Guyet, capitaine de corvette, commandant *la Favorite*; M. le capitaine de corvette Charner, commandant en second de *la Belle-Poule*; M. Doret, capitaine de corvette, commandant le brick *l'Oreste*; M. le docteur Guillard, chirurgien major de la frégate *la Belle-Poule*, suivi du sieur Leroux, ouvrier plombier.

« M. le capitaine Alexander, officier envoyé par le gouverneur de Sainte-Hélène, introduisit du côté de l'Angleterre : le grand juge W. Wilde, membre du Conseil, le lieutenant-colonel H. Trelawney, commandant l'artillerie, le colonel Hodson, M. Seale, esquire, secrétaire colonial du gouvernement de Sainte-Hélène et lieutenant-colonel de la milice; M. Littlehales, lieutenant de la marine royale, commandant la goélette de S. M. B. *Dolphin*, représentant la marine; M. Darling, qui avait surveillé les travaux de la sépulture de l'Empereur.

« Les personnes destinées à diriger et à exécuter les travaux ont été ensuite admises.

« Les travaux commencèrent à minuit un quart. On enleva soigneusement les plantes bulbeuses et les géraniums qui se trouvaient à la tête et aux pieds de la tombe; le prince de Joinville les avait demandés. On ébranla et fit tomber successivement la grille latérale de l'ouest et les deux grilles qui se trouvaient aux extrémités. Le plus profond silence régnait ; on n'entendait de temps en temps que la voix du capitaine Alexander donnant brièvement ses ordres. Les mouvements des hommes, travaillant avec activité à la lueur des fanaux, dans le brouillard, se mouvant au milieu des cyprès et des saules, leur donnaient l'apparence d'ombres qui s'agitaient ; le bruit des marteaux retentissant sur les grilles de fer ; les cris fréquemment répétés des nombreuses sentinelles placées dans les montagnes environnantes, tout répandait sur cette scène une teinte lugubre.

Les grilles enlevées, M. le comte de Chabot prit la mesure extérieure du tombeau. On procéda alors à la disjonction des pierres qui le bordaient ; elles étaient fortement unies ensemble par des crampons ; on les défit avec effort ; on enleva ensuite celle des trois dalles noires qui se trouvait aux pieds, puis celle qui se trouvait à la tête, puis celle du milieu ; ces pierres ôtées, on vit la terre végétale. Elle était séparée de sa surface inférieure des dalles noires par un espace d'environ un pied et demi qui restait vide. On remarquait sur ce sol une grande fissure, et au milieu un affaissement assez considérable, ce qui donna lieu de supposer que l'on trouverait le cercueil écrasé et détruit. Cette terre était humide ; on en retira jusqu'à la profondeur d'environ cinq pieds. On remarqua que l'humidité n'augmentait pas.

« Le travail continuait toujours dans le même

silence. Les hommes se relevaient à de courts intervalles, en sorte que l'activité était extrême. La terre ôtée, on arriva sur un lit de matière très dure; on pensa d'abord que c'était la dalle que l'on savait recouvrir le tombeau. Les Français, qui autrefois assistèrent à l'inhumation de Napoléon, avaient bien vu sceller cette dalle, mais ils n'avaient rien vu de plus; ils ignoraient ce qui s'était passé après. Il existait dans l'île plusieurs personnes témoins de ces derniers travaux, qui même y avaient participé; elles étaient présentes, appelées par le capitaine Alexander. Mais dix-neuf ans et demi s'étaient écoulés et leurs souvenirs se trouvaient évidemment altérés, car elles étaient toutes d'opinions différentes.

« M. de Chabot avait entre les mains un extrait d'un rapport de l'ancien gouverneur Hudson Lowe sur l'inhumation de l'Empereur. Cette pièce disait : « que par dessus la dalle qui couvrait le cercueil, on avait établi deux couches de maçonnerie fortement cimentées et même fortifiées par des crampons. MM. les commissaires descendirent pour s'assurer si la maçonnerie rencontrée par les ouvriers était bien celle qu'indiquait le rapport. C'était elle; ils la trouvèrent parfaitement intacte, sans la plus légère altération.

« En ce moment, M. l'abbé Coquereau alla puiser de l'eau à la source et se rendit dans une des deux tentes voisines pour préparer l'eau bénite et ce qui était relatif aux cérémonies du culte.

« Cependant les ouvriers continuaient toujours en

silence ; ils reconnaissaient d'assez longs fragments de dalles joints entre eux par des barres de fer, et de forts morceaux de baralte liés par du ciment romain. Le ciment était devenu très dur ; il fallut enlever cette maçonnerie avec la pioche et le ciseau : ce fut un travail considérable qui demanda des heures. Plusieurs fois, le ciseau ayant attaqué des fragments de pierre blanche, on crut être arrivé sur la dalle ; on mesura, on était à 2 mètres 5 centimètres de profondeur.

« On n'avançait plus que très lentement ; d'après le texte du rapport de Hudson Lowe, le capitaine Alexander pensait que l'on pouvait supposer aux couches de maçonnerie une épaisseur considérable ; peut-être quatre pieds. Il aurait fallu employer au moins toute la journée pour la détruire. A 5 h. 10 minutes du matin, le capitaine Alexander fit commencer un fossé latéral à la tombe avec l'intention de creuser jusqu'au niveau du cercueil, qu'il retirerait ensuite par le côté, en perçant la muraille du caveau.

« On travaillait toujours dans un profond silence ; le temps était mauvais ; on était au milieu des nuages et souvent mouillé par une pluie fine et pénétrante que chassait un vent assez vif. Les ouvriers attaquaient toujours avec vigueur la maçonnerie en ciment romain. A 8 heures, on découvrit une fente... A travers on aperçut le cercueil... Bientôt une autre fente le laissa mieux distinguer encore. Le capitaine Alexander, mû probablement par un sentiment religieux que nous avions vu paraître en lui, les fit couvrir avec des pierres. On s'occupa alors de dresser une chèvre, et chacun de nous, Anglais et Français, alla revêtir son grand uniforme. A 9 heures, on établit autour du tombeau une haie de soldats de milice et de soldats du 91°. La pluie était devenue très forte. On acheva de dégager au ciseau le ciment qui scellait la grande dalle, et on fit les travaux nécessaires pour y ajuster des crampons. Les personnes qui ne devaient pas assister à l'exhumation, même les ouvriers qui n'étaient pas absolument nécessaires, furent éloignés et durent se tenir en dehors de la haie des soldats. M. l'abbé Coquereau s'approcha, se plaça sur le bord de la tombe, du côté où reposait la tête; deux enfants de chœur portaient devant lui la croix et l'eau bénite. A 9 h. et demie, la dalle fut enlevée; d'un mouvement spontané et unanime, tous les assistants se découvrirent... On voyait un cercueil en acajou, isolé de toutes parts, excepté inférieurement. Il reposait sur une autre dalle que portaient huit montants en pierre. Le bois était humide, mais dans un état de conservation parfait. La planche inférieure, qui autrefois avait été extérieurement recouverte de velours, était la seule qui commençât à être un peu altérée. On apercevait encore la blancheur des têtes de vis qui avaient été argentées. On voyait encore à côté du cercueil les sangles et cordages qui avaient servi à le descendre.

« Après que M. le docteur Guillard eût purifié la tombe au moyen d'aspersion de chlorure, M. l'abbé

Coquereau récita le *De Profundis*. MM. de Chabot et Alexander descendirent dans le caveau; ils prirent les mesures du cercueil qui se trouvèrent être les suivantes : 1 mètre 91 centimètres de long sur 65 centimètres dans sa plus grande largeur; puis on procéda à l'extraction du cercueil.

« A 10 h. 25 minutes, le corps de Napoléon, rendu à la lumière, se trouva au milieu des vivants. Depuis dix-neuf ans et demi il dormait du sommeil de la mort, dans la nuit du tombeau!..... Le cercueil avait imprimé sa forme au fond du caveau, on la voyait très nettement marquée. Il fut retiré avec des crochets et des bricoles, et déposé à terre; puis, le capitaine Alexander commanda douze hommes du 91ᵉ régiment, sans capote et tête découverte. Ils le transportèrent dans la tente la plus voisine, où M. l'abbé Coquereau, qui l'avait précédé en habit de chœur, termina les prières.

« En cet instant arriva M. Touchard, officier d'ordonnance du prince de Joinville. Dans sa sollicitude, le prince l'envoyait pour savoir à quel point en étaient les travaux. Cet officier s'était croisé avec une lettre de M. de Chabot, écrite au moment où le cercueil avait été découvert.

« On commença alors l'ouverture des anciens cercueils. Le premier, celui qui enveloppait tous les autres, était en acajou, épais de deux centimètres. On scia les deux côtés pour pouvoir faire glisser par la tête le cercueil qui était dedans. Retiré de son enveloppe, ce cercueil en plomb fut placé à midi un quart dans le sarcophage d'ébène apporté de Paris. Puis on attendit le major général Middlemore, gouverneur de l'île ; il était fort souffrant depuis plusieurs jours ; le mauvais état de sa santé lui avait rendu impossible d'assister aux travaux de la nuit. Il arriva à une heure moins un quart, accompagné de son état-major, le lieutenant Barnes, major de place, et le lieutenant Middlemore, son aide de camp et secrétaire militaire. En leur présence on procéda avec recueillement à l'ouverture du second cercueil en plomb. Dedans se trouvait un troisième cercueil en acajou, en parfait état de conservation. Il était si peu altéré, malgré le temps, que l'on put retirer plusieurs des vis qui le fermaient, en les dévissant sans effort. Celui-ci ouvert, on en vit un quatrième en fer-blanc, bien conservé : on savait que c'était le dernier. Le corps de l'Empereur y avait été déposé, revêtu de son uniforme complet de colonel des chasseurs de la Garde, si connu en France. Sa barbe avait été rasée, son chapeau placé près des genoux, et les deux vases qui, d'après le procès-verbal, contenaient le cœur et l'estomac, mis un peu au-dessus des pieds, entre les jambes. Les parois intérieures de ce cercueil avaient été entièrement garnies, selon la coutume des Indes, d'une épaisse soie ouatée.

« Nous allions enfin reconnaître, dit M. Arthur Bertrand, ce qui, depuis trois mois, était l'objet de nos conversations, de notre sollicitude. Ne trouverions-nous, comme il était présumable, que des restes méconnaissables de celui que nous devions rapporter à la France ? Le recueillement était général, l'anxiété vive ; nous respirions à peine. Mon cœur semblait vouloir se briser et battait avec force ».

« Lorsque la feuille supérieure de fer-blanc fut enlevée, on ne vit alors qu'une masse de matière blanchâtre, sans forme, et au bout, appuyés sur les talons, les pieds des bottes paraissaient blanc mat ; la couture s'était ouverte et avait laissé sortir l'extrémité des pieds ; on en voyait distinctement plusieurs doigts ; ils étaient pareillement d'un blanc mat. On reconnut bientôt que cette apparence de masse informe venait de ce que le taffetas ouaté, attaché aux parois intérieures lors de l'inhumation, s'était détaché. Les parties latérales se trouvaient affaissées et le peu qui en restait adhérent aux parois, présentait l'aspect de végétations blanches, floconneuses et frangées. La couche supérieure était tombée sur le corps. Le docteur Guillard l'enleva avec un soin religieux, en commençant par découvrir les pieds, et successivement jusqu'à la tête.

« Napoléon nous apparaît comme s'il vivait encore. La main droite était serrée contre le corps, une main vivante, blanche ; elle n'était pas blanc mat comme les pieds, elle n'avait pas perdu la forme jolie qu'elle avait pendant la vie. Le docteur la toucha ; elle était souple et céda sous son doigt. Le bas du visage avait conservé toute sa régularité. Le haut, particulièrement la place des pommettes, était tuméfié et élargi, le nez seulement présentait de l'altération. Le docteur palpa le visage, il le trouva dur, ce qui lui fit dire qu'il était momifié. La bouche avait conservé sa forme, les lèvres étaient entr'ouvertes ; entre elles paraissaient trois des dents supérieures d'une grande blancheur. La barbe un peu repoussée (une demi-ligne environ) donnait une teinte bleuâtre prononcée. La tête était très grosse : on voyait parfaitement sa forme, et elle semblait très légèrement enduite d'une substance blanchâtre. Le front apparaissait large et élevé. Les sourcils n'étaient pas entièrement tombés. Les paupières étaient fermées : une partie des cils y tenait encore.....

« C'était bien Napoléon !... Napoléon privé de vie, mais non détruit !..... On eût presque dit qu'il était encore à ce dernier jour de sa carrière de travaux et de périls..... au premier jour de l'éternité !...

« A la vue de cette œuvre de mort, si voisine des apparences de la vie, malgré tant de temps écoulé, nous avions tous été soudainement saisis de sensations impossibles à rendre. Les sentiments produits étaient d'autant plus vifs, que le fait qui les causait était plus inattendu. « Qu'eût éprouvé mon père avec sa chaleur de cœur, disait M. Emmanuel de Las Cases, s'il eût assisté à ce spectacle ; la force lui aurait manqué pour supporter une pareille épreuve, il aurait succombé. Le général Bertrand regardait avec l'attitude de quelqu'un qui va se précipiter. Plusieurs sanglotaient d'une manière convulsive. D'autres restaient mornes, les yeux tout humides ; le jeune comte de Chabot avait le visage tout inondé de larmes.

« ... Pour moi, qui souvent avais cherché à imaginer, à me représenter Napoléon, mourant, tout ce qui m'entourait, tout ce que je voyais, me paraissait les formes matérielles d'un rêve céleste !...

« L'examen du docteur Guillard ne dura que deux minutes ; il fut suffisant pour constater un état de conservation plus parfait qu'on n'était fondé à s'attendre d'après les circonstances connues de l'autopsie et de l'inhumation. « Ce n'est point ici, dit le docteur dans son rapport, d'examiner les causes nombreuses qui ont pu arrêter à ce point la décomposition des tissus, mais nul doute que l'extrême solidité de la maçonnerie du tombeau, et les soins apportés à la confection et à la soudure des cercueils métalliques, n'aient contribué puissamment à produire ce résultat ; quoi qu'il en soit, j'ai dû redouter pour ces restes le contact de l'air atmosphérique ; et convaincu que le meilleur moyen d'en assurer la conservation était de les soustraire à son action destructive, je me suis rendu avec empressement aux invitations de M. le commissaire du roi, qui demandait que l'on fermât les cercueils. Le docteur remit en place le satin ouaté après l'avoir légèrement enduit de créosote, et le cercueil fut clos. Il était une heure. On ne put resouder le fer-blanc, les ouvriers affirmaient qu'il était trop oxydé, que cela demanderait un travail de plusieurs heures et le temps ne le permettait pas. Mais on revissa le cercueil en acajou, M. le docteur Guillard fit resouder devant lui avec le plus grand soin l'ancien cercueil en plomb. On le plaça très bien assujetti dans le nouveau cercueil en plomb qui fut fermé d'une immense plaque sur laquelle on lisait, écrit en lettres d'or :

NAPOLÉON
EMPEREUR ET ROI
MORT A SAINTE-HÉLÈNE
LE V MAI
MDCCCXXI

« Cette plaque fut soudée toujours avec les mêmes précautions. Le tout se trouva enfermé dans le sarcophage en ébène venu de France, dont la clef fut remise à M. le comte de Chabot. Sur le couvercle de ce sarcophage était incrusté transversalement en lettres d'or :

NAPOLÉON.

« La cérémonie de l'exhumation était terminée ; l'autorité anglaise avait rempli sa tâche. Le capitaine Alexander, en sa qualité d'officier député par le général gouverneur de l'île, lut alors, et remit à M. le comte de Chabot, une déclaration d'où il résultait : qu'il était dûment constaté que les restes mortels de feu l'Empereur Napoléon avaient été déposés et renfermés avec soin dans le présent sarcophage, que lesdits restes mortels allaient être dirigés, sous les ordres personnels de Son Excellence le major-général Middlemore, gouverneur de l'île, vers le lieu d'embarquement, où il seraient remis à la disposition du gouvernement français.

« M. le comte de Chabot, en sa qualité de commissaire nommé par Sa Majesté le roi des Français, accepta le cercueil contenant les restes mortels de l'Empereur Napoléon, et déclara qu'il était prêt, ainsi que les personnes qui composaient la mission française, à l'accompagner jusqu'au quai de James Town, où Son Altesse Royale, le prince de Joinville, commandant supérieur de l'expédition, devait se trouver pour le recevoir au nom de la France.

« C'est vers ce moment qu'arriva le major général Churchill, avec deux officiers, probablement ses aides de camp. Il était en grand deuil, découvert malgré la pluie, et montrant un recueillement touchant. Les formalités terminées, il fallut transporter le cercueil sur une espèce de char funèbre que le gouvernement de l'île avait fait préparer. Sa pesanteur était extrême : on l'évaluait à plus de 2 milliers (2,400 livres, poids réel). 43 hommes parvinrent avec peine à le placer. Il fut recouvert du manteau impérial que présenta le commissaire du roi des Français, et à 3 h. 35 on se mit en mouvement sous le commandement de Son Excellence, le gouverneur de Sainte-Hélène. Le capitaine Alexander continuait à tout surveiller avec ce soin, cette précision, cette activité calme et ce sentiment des convenances qu'il avait montrés pendant toute la nuit précédente. Il y avait environ 4 milles à faire pour se rendre à la ville ; il fallut gravir la pente rapide d'environ 900,000 pas, ouverte sur le flanc de la montagne et qui va joindre la grande route ; on le fit à force de bras plutôt qu'à l'aide des chevaux. Les troupes nous attendaient sur la hauteur :

de là le cortège s'avança dans l'ordre qu'il devait conserver :

« 220 miliciens, appelés volontaires, ouvraient la marche sous les ordres du lieutenant-colonel Seale. Après eux venaient 140 soldats du 91ᵉ régiment, sous les ordres du capitaine Blackwell ; c'était réellement tout ce dont on avait pu disposer ; puis la musique des volontaires ; ensuite M. l'abbé Coquereau, précédé de deux enfants de chœur, l'un portant la croix, l'autre l'eau bénite. Venait alors le char funèbre, traîné par quatre chevaux ; la configuration des routes eût rendu dangereux d'en avoir un plus grand nombre ; ils étaient entièrement caparaçonnés de drap noir et chacun tenu à la main par un homme en grand deuil. Le cercueil avait été couvert d'une espèce de baldaquin sur lequel s'étendait le manteau impérial apporté de France. C'était un immense carré de velours violet, traversé par une large croix tissue en argent et parsemé d'abeilles d'or. Ce fond était entouré d'une large bordure de broderie d'or, où l'on voyait des N et l'aigle impériale surmontée de la couronne, le tout s'encadrait dans une magnifique hermine.

« La population intérieure de l'île nous avait escortés ou suivis depuis Alarm House. Les divers chemins qui serpentent sur les deux montagnes presque à pic qui forment James Valley en étaient couverts ; on les voyait disparaître et reparaître avec rapidité dans les sinuosités de la montagne, suivant les mouvements du cortège. A la porte de la ville commençait une haie de soldats du 91ᵉ régiment, l'arme placée comme celle des miliciens. Elle s'étendait jusqu'au débarcadère. C'est là que le commandant de la frégate *la Belle-Poule*, le prince de Joinville, remplissant la noble mission que lui avait confiée son père, attendait sous le pavillon national la dépouille mortelle du héros; c'était dans ses mains, déjà éprouvées, que l'Angleterre devait remettre à la France, ces saintes et nationales reliques.

« Le prince venait de débarquer à la tête des états-majors réunis de sa frégate, de la corvette *la Favorite* et du brick *l'Oreste*. Ces états-majors s'étaient formés en double haie. Dès que le char apparut, chacun se découvrit et les hommes de tous les canots mâtèrent les avirons. En même temps, dans le lointain on vit les trois bâtiments de guerre français hisser leurs couleurs, redresser leurs vergues, qui depuis 8 heures du matin étaient en panteune, et se pavoiser comme par enchantement. La musique fit entendre des marches funèbres.

« Arrivé au débarcadère à 5 h. 1/2, le cortège s'arrêta. L'abbé Coquereau vint se placer sur les devants et présenta de l'eau bénite au prince royal; puis le major-général Middlemore, gouverneur de l'île, qui malgré son état de souffrance avait absolument voulu suivre à pied le char funèbre, s'avança vers le prince et lui dit qu'il avait été chargé par son gouvernement de lui remettre les cendres de l'empereur Napoléon, qu'il avait pris toutes les mesures nécessaires à cet effet et qu'il espérait que Son Altesse Royale partirait satisfait.

Le prince de Joinville répondit qu'il recevait au nom de la France les restes mortels de l'Empereur Napoléon; qu'il était très satisfait des mesures qui avaient été prises et qu'il en remerciait les autorités anglaises.

« Ces formalités remplies, et tout étant prêt pour le transport dans la chaloupe, on découvrit le cercueil. Le prince, immobile, le regarda fixement. Une profonde émotion se peignit sur son visage et dans toute sa personne. On y voyait des sensations diverses : la douleur, la fierté. Il semblait dire en même temps : voilà donc ce qui reste de tant de grandeurs!... Je vais donc enfin remettre à la France les cendres de Napoléon.

« Cependant la chaloupe a reçu le cercueil. Elle s'est enfoncée sous son noble poids. Les cendres de Napoléon sont entre nos mains, en France, au milieu des Français!... Le prince commande en personne ; près de lui, à sa droite, est le comte de Chabot, commissaire du roi ; à sa gauche, le commandant Hernoux, son aide de camp ; le maître d'équipage Le Magent tient la barre, le commandant Guyet est sur l'avant. L'abbé Coquereau et ses compagnons d'exil ont repris leur place.

« Le soleil descendait alors sous l'horizon ; ses derniers rayons éclairèrent la sortie de Napoléon de la terre d'exil et sa rentrée au milieu des enfants de la France. Dès que la chaloupe portant le cercueil s'éloigna du rivage, une triple salve d'artillerie, partie des forts et des navires, annonça au loin que l'illustre proscrit, réintégré dans ses droits vingt ans après sa mort, reprenait le chemin de la patrie en EMPEREUR et sous la protection du noble drapeau qu'il avait planté tant de fois de ses mains victorieuses sur les tours et sur les remparts de toutes les capitales du continent européen.

« Deux canots de *la Favorite* marchent de front, précèdant la chaloupe. Deux canots de *la Belle-Poule* sont à chacun de ses flancs. Deux canots de *l'Oreste* la suivent, tous les hommes tête nue et crêpe au bras. Leur attitude, leur front levé montre combien ils sont glorieux et fiers du devoir qu'ils remplissent. La musique est dans le lointain faisant entendre des sons funèbres. La chaloupe s'avance avec une lenteur majestueuse. Un profond silence, témoignagne de respect, ne cesse de régner. A la voix, ou plutôt au geste du prince, on entend de loin en loin un seul bruit d'avirons, qui communiquent un faible mouvement à ce nouveau cortège.

« Le 15 octobre 1815, un amiral anglais était venu, au nom de l'aristocratie britannique et de la Sainte Alliance, enterrer vivant à Sainte-Hélène le représentant de la démocratie française. Il fallait ce gage aux vainqueurs de Waterloo, aux signataires du traité de Vienne; l'exil et la mort de l'*Usurpateur* pouvaient seuls donner de la sécurité aux *princes légitimes*. Eh bien, la garantie tant désirée par les rois a été complète. Le climat et Hudson Lowe y ont pourvu, la mort a suivi de près l'exil du héros... Qu'est-il arrivé cependant ? Avec toutes ces précautions odieuses, ses rigueurs inouïes, ses combinaisons insultantes et cruelles, l'aristocratie européenne s'est-elle délivrée à jamais des alarmes que lui causait, en la personne de Napoléon, le voisinage de la Révolution française ? Écoutez la réponse de l'histoire dans ce simple rapprochement. « Nous sommes au 15 octobre 1840, en face de Sainte-Hélène, avec la dépouille mortelle de celui dont l'existence avait été considérée comme le seul obstacle au triomphe définitif de la contre-révolution, et nous voyons un général anglais, organe des successeurs de Pitt et de Castlereagh, rivaliser de zèle, d'admiration et de respect avec un prince de la famille des Bourbons, pour faire rendre les honneurs souverains à l'élu du peuple, au proscrit de 1815, à l'ennemi des Bourbons et des Anglais ! »

« Évidemment il y a quelque chose de plus que le prestige du génie et de la gloire, quelque chose de plus que la justice prématurée de la postérité, dans un changement de cette nature ; c'est là que se révèle surtout la puissance du principe qui s'était incarné dans Napoléon, principe qui triompha avant lui, qui multiplia ses triomphes avec lui, et qui avait remporté après lui une éclatante victoire, car c'était bien la Révolution qui ramenait en France son illustre représentant ; la Révolution, dont la réapparition miraculeuse avait frappé la vieille Europe de stupeur, et qui venait présider triomphalement aux funérailles, à la réhabilitation solennelle, à l'apothéose du grand homme dans la tombe duquel les Cabinets européens s'étaient follement flattés de l'enfermer elle-même pour toujours. »

« L'Empereur a donc repris le chemin de la France, et c'est sous la bannière tricolore qu'il sera conduit à l'éternelle demeure qu'il réclame et fixa lui-même sur le sol de la patrie. »

« On arrive à bord de la frégate. Une partie de l'équipage était montée debout sur les vergues. Soixante hommes, commandés par le capitaine Penauros, étaient sous les armes à bâbord. Les trois états-majors formaient la haie, le sabre à la main. Lorsque le cercueil passa, on battit aux champs et la musique se fit entendre.

« C'était le peuple de France, représenté par une poignée de braves, qui saluait avec enthousiasme le retour du monarque de son choix sous le pavillon. Le canon et le tambour servaient ici d'écho à la tribune française ; ils répétaient les paroles du ministre qui attacha si honorablement son nom à la translation des cendres du héros. Ils disaient comme M. de Rémusat : « Napoléon fut empereur et roi, il fut le souverain légitime de son pays. »

« Une chapelle ornée de trophées avait été préparée sur le pont par les soins du prince de Joinville lui-même. Le cercueil y fut déposé 6 h. 38 minutes

« Il faisait presque nuit, on essaya inutilement d'allumer les nombreuses bougies préparées. Des fanaux furent rangés autour du catafalque. Chacun reprit sa place, et l'abbé Coquereau fit encore entendre de nouvelles prières. Après l'absoute, quatre sentinelles d'honneur furent placées autour du cercueil. Ces dispositions terminées, le prince dit : « Messieurs, tout est fini ; à demain. » Mais telle était l'impression produite sur les matelots, sur ces hommes habituellement si remuants et si distraits, que près de cinq minutes s'étaient déjà écoulées et tous étaient encore à leur place, immobiles et regardant !...

« Pendant la nuit, l'officier de quart avait conservé la grande tenue. La frégate était restée pavoisée et le corps avait été maintenu en chapelle ardente. L'abbé Coquereau ne l'avait pas quitté, quoique ce fût sa troisième nuit de veille. Le vendredi 16, à 10 heures, devait commencer une cérémonie religieuse.

« L'autel était dressé sur l'emplacement de la roue du gouvernail, appuyé au mât d'artimon, il était surmonté de pavillons français et d'un trophée d'armes. A droite et à gauche s'élevaient deux faisceaux de fusils, au-dessus desquels était attachée une couronne de chêne. Au devant étaient deux obusiers. Entre l'autel et le cabestan, s'étendait un immense drap noir, brodé d'argent, sur lequel reposait le cercueil, recouvert de son magnifique manteau et surmonté de la couronne impériale voilée de crêpe. Des cassolettes suspendues laissaient fumer l'encens.

« Des soixante hommes commandés par le capitaine Penanros, trente étaient à tribord sous ses ordres immédiats, et trente à bâbord sous les ordres de M. Jauge. Les compagnons d'exil de l'Empereur avaient repris leur place ; près d'eux étaient les fidèles serviteurs et les quatre plus anciens sous-officiers de la division ; au pied du cercueil se tenait le prince commandant, en grande tenue ; à sa droite, le commandant Hernoux, son aide de camp ; à sa gauche, le comte de Chabot, commissaire du roi ; derrière lui étaient les commandants Guyet et Doret et l'agent consulaire de France ; puis les états-majors, chacun à son rang ; puis les capitaines des navires marchands français et leurs passagers ; venaient enfin tous les matelots en tenue. *La Favorite* et *l'Oreste* avaient envoyé leurs maîtres et une députation de soixante hommes chacun. Il n'y avait aucun étranger. C'était une cérémonie toute nationale. La frégate avait conservé ses pavois ; au grand mât flottait le pavillon impérial.

« A dix heures, un coup de canon fut tiré ; les tambours roulèrent et la musique commença une marche funèbre. L'abbé Coquereau s'avança alors, précédé de la croix et des flambeaux jusqu'au pied de l'autel où il célébra la messe des morts. De minute en minute, *la Favorite* et *l'Oreste* se renvoyaient le feu de leurs batteries. A l'élévation, au moment où le prêtre, recueilli en lui-même, s'adresse seul à Dieu, la voix de l'officier traversa le silence, et les soldats présentèrent les armes, les tambours battirent aux champs ; mille hommes tombaient à genoux. Le ciel était magnifique ; la mer était calme, étincelante de ses riches couleurs, l'air parfumé d'encens. Les prières de l'absoute récitées, le prêtre répandit l'eau sainte ; le prince de Joinville l'imita et tous les assistants, selon leur rang, vinrent accomplir la même cérémonie. Le cercueil fut ensuite descendu dans l'entre-pont, où une chapelle ardente avait été préparée. Le pavillon de soie garni de crêpe noir flottait toujours en haut du grand mât. L'officier de service vint demander des ordres à ce sujet : « Qu'il y reste, répondit-il, jusqu'à ce que nous ayons perdu la terre de vue ; on doit bien cela à l'Empereur (1). »

« Le samedi 17, à 9 heures du matin, on apporta à bord la grande dalle de pierre blanche qui fermait immédiatement le cercueil de Napoléon et les trois dalles qui couvraient la tombe.

« Lorsque le procès-verbal fut arrêté dans la matinée du dimanche, immédiatement après le retour de M. de Chabot, tout fut en mouvement à bord ; les commandants Guyet et Doret vinrent prendre congé du prince. On entendit bientôt ce dernier prononçant ce commandement : « Chacun à son poste d'appareillage ! »

« La frégate quitta le mouillage à 8 heures du matin. Les trois bâtiments marchèrent quelque temps de conserve ; mais bientôt l'*Oreste* prit la route de la Plata. On s'éloigna de la terre vent arrière et poussé par des brises molles. Aussi l'île resta longtemps en vue. On remarqua encore les arêtes de Barnes'Point, dessinant, dans un profil colossal, les traits si connus de l'Empereur. Cette singularité frappa de nouveau tout l'équipage. La navigation se

---

1. Ce pavillon, qui figurait le pavillon impérial, avait été préparé par les mains des principales dames de l'île Sainte-Hélène. Le prince de Joinville avait demandé qu'il y eût au milieu un N couronné, brodé en or, mais on ne put trouver ce qui était nécessaire pour accomplir cette intention.

continua sans événement remarquable jusque sous l'Equateur. La prière des morts était récitée chaque matin. L'abbé Coquereau célébrait la messe toutes les fois que l'état de la mer le permettait. Les compagnons d'exil et les fidèles serviteurs portaient le deuil. Il ne cessa de régner à bord un sentiment parfait des plus hautes convenances. Ce sentiment n'était pas seulement inspiré par le devoir, mais par l'émotion qui gouvernait tous les cœurs.

« L'équipage ne reçut des nouvelles d'Europe que le 2 novembre ; ce fut *la Favorite* qui les lui communiqua. Ces nouvelles étaient tirées d'un journal hollandais à la date du 7 octobre ; on y parlait de tous les bruits de guerre qui agitaient la France; que faire alors, si l'Angleterre voulait reprendre une seconde fois son captif? « Il faudrait, disait le prince de Joinville, s'abîmer dans la mer, et partager en braves gens la dernière sépulture de l'Empereur. » A cette proposition de leur chef, nos marins répondirent par un *vivat !*... La *Favorite* se sépara de nouveau de *la Belle-Poule*. Des dispositions furent arrêtées par les officiers de l'équipage, et une raie blanche de batteries sut donner un nouvel aspect à la frégate. Les chambres des membres de la mission disparurent et furent remplacées par six canons de 30 ; les parcs furent garnis de boulets; les branle-bas de combat furent multipliés. Enfin, tout fut mis sur un pied qui rendait la surprise impossible. Braves gens, tous disposés à suivre dans les flots leur jeune commandant et leur vieil Empereur. Mais cette fois l'Hôtel des Invalides pouvait compter sur son hôte immortel. Les vents furent propices; la guerre s'arrêta, comme pour ne pas troubler ce grand voyage.

« Enfin, le dimanche 29 novembre, à six heures du soir, la frégate reconnut les feux du port et les lumières de la ville de Cherbourg. Le lundi, jour suivant, le bateau à vapeur *la Normandie* s'avança au devant de *la Belle-Poule* pour la remorquer; mais la frégate, secondée par une bonne brise, arriva sans secours en rade, et à cinq heures dix minutes, après quarante-deux jours de traversée, le navire funèbre entra dans le grand bassin du port, salué par toute l'artillerie des remparts à laquelle répondaient au loin, le fort Royal, le fort du Hommet et le fort de Querqueville.

« L'équipage passa plus d'une semaine dans Cherbourg, au milieu de l'attendrissement général. C'était à qui pourrait saluer le catafalque impérial; religieux empressement d'un peuple qui devait à l'Empereur un demi-siècle de glorieux souvenirs. Plus de cent mille âmes vinrent ainsi s'agenouiller auprès du cercueil. Les préparatifs de l'inhumation terminés à Paris, l'ordre vint de se mettre en route. Le départ fut fixé au 8 décembre.

« Le 7 au soir, un autel fut élevé au pied du mât d'artimon, le pont couvert de tentures funèbres; le cercueil y fut déposé le 8 au matin. La frégate se couvrit de ses pavois; une messe solonnelle précéda le transbordement. A neuf heures, les troupes se rangèrent en bataille dans le port, que remplissaient déjà les populations. Les autorités, le clergé, montèrent à bord. *La Normandie* présenta l'arrière à la coupée. Dix heures était l'heure indiquée pour la cérémonie ; mais la pluie rendit impossible le service religieux ; on sonna seulement l'absoute.

« Le cercueil de l'Empereur fut alors retiré de la chapelle ardente et descendu à bord de *la Normandie*. Au même moment, tous les forts et le stationnaire saluèrent d'une salve de MILLE coups de canon les glorieux restes. Le cercueil fut immédiatement replacé sous un catafalque élevé au milieu du gaillard d'arrière. Ce catafalque, qui se composait d'un dôme plat soutenu par douze colonnes, était tapissé de velours à franges d'argent, entouré de lampes funèbres. A la tête, une croix dorée ; aux pieds, une lampe dorée ; à l'arrière, un autel tendu de noir ; une aigle d'argent à chacun de ses angles.

« Lorsqu'au milieu d'un silence plein de respect et d'inquiétudes, le cercueil eut changé de navire, on partit pour la grande rade. Le tambour battit un roulement funèbre, la musique jouait des marches religieuses, les troupes présentaient les armes, le canon retentit, les drapeaux s'inclinèrent ; *la Normandie*, suivie de deux autres bâtiments à vapeur, défilait lentement couverte du pavillon impérial. Son commandement était remis à M. de Mortemart, capitaine de corvette. La foule était sur les quais, sur la plage, sur la digue, immobile, silencieuse.

« L'amiral Martineng, le préfet du département, le maire avaient improvisé une digne réception ; Cherbourg, qui devait tout à l'Empereur, avait voulu donner un éclatant souvenir à sa mémoire ; une couronne d'or, *votée par le Conseil municipal*, fut déposée sur le cercueil.

« Le prince de Joinville, la mission de Sainte-Hélène et les officiers de *la Belle-Poule* étaient à bord de *la Normandie*, ainsi que la musique et cent marins de la frégate. Deux cents autres montèrent sur *le Veloce* et cent sur *le Courrier*. La fumée tourbillonna, la mer écuma sous les roues, des points lumineux parurent, des tonnerres retentirent. La ville, le port, la rade, la digue, les forts, croisèrent leurs feux. Mille coups de canon annoncèrent que l'Empereur rentrait dans sa ville capitale à tout jamais.

« La flottille longea les côtes qui avaient reçu les adieux de Napoléon, lorsque captif et conduit à Sainte-Hélène sur le *Northumberland*, il salua pour la dernière fois, de la voix et du geste, la terre des braves, qui n'aurait pas cessé, disait-il, d'être la maîtresse du monde, s'il y avait eu quelques traîtres de moins. C'était partout la même affluence, les mêmes transports, le même enthousiasme sur les bords de la Manche comme sur les rives de la Seine. Napoléon, caché au milieu des eaux dans un caveau funèbre et ne formant plus qu'une froide relique rapidement transportée au dernier asile qui l'attendait aux Invalides, soulevait encore au loin le peuple des villes et des campagnes.

« *Le Courrier* et *le Veloce* étaient commandés, l'un par M. Gaubin, l'autre par M. Martineng, le neveu de l'amiral. La mer était bonne, la nuit calme et sereine; le convoi arriva le 8, à dix heures du soir en vue du Havre, par un beau clair de lune. Le lendemain, et à six heures du matin, *la Normandie* filait lentement le long des jetées. Le soleil rougissait de ses premiers feux un ciel magnifique, et, malgré l'heure matinale, autorités, clergé en habit de chœur, régiments de ligne, les gardes nationales de la ville et des environs, les populations en habit de fête se mirent en mouvement pour fêter le passage de l'ombre du héros. « Aucun évènement dans l'histoire, leur avait dit le préfet de la Seine-Inférieure dans une proclamation, ne se présente peut-être avec la grandeur qui accompagne la translation inespérée des restes mortels de l'Empereur Napoléon... Vous rendrez à ce grand homme les derniers honneurs avec le calme et la dignité qui conviennent à des populations qui ont tant de fois ressenti les effets de sa puissance protectrice et de sa bienveillance particulière ».

« Nous entrions en Seine; notre flottille allait parcourir des rives que l'Empereur avait choisies pour le lieu de sa demeure dernière. Dès ce moment commença une marche vraiment triomphale : le temps était froid ; décembre avec son givre glacial, son vent du nord qui dessèche et flétrit, faisait ressentir son action dans nos campagnes. Nous devions les trouver tristes et désolées, et cependant, jamais rives d'un fleuve ne furent plus brillantes de parure et d'animation.

« C'était une nature vivante, car des rives partaient

des voix, des cris, qu'elles se renvoyaient alternativement. Dans les villes tout était noble, réglé avec soin ; il y avait eu convocation : municipalités, armée, milice citoyenne, prêtres chantant les cantiques des morts ; les volées des cloches et du canon : tout était bien. Rien ne manquait sans doute à cette grande solennité.

« Mais combien plus touchants ce désordre sublime des campagnes, cette spontanéité du cœur qui révèle la sincérité de l'homme vrai, naïf, grand alors, admirable dans son expression ! Le paysan avait tiré de son bahut l'habit des fêtes chômées ; il avait décroché de la crémaillère, où elle était suspendue au-dessus de l'âtre, sa vieille carabine. Depuis le temps où elle avait envoyé la mort au soldat de Wellington, elle était demeurée oisive et sans voix ; mais ce jour, sur notre passage, elle éclatait et promettait encore au pays, entre les mains de ce soldat en sabots, qu'elle éclaterait plus fort au jour de l'attaque et de la défense.

« Puis c'était un pêle-mêle de femmes et d'enfants, de vieillards ; les femmes se signalent, en faisant tourner sur leurs mains rougies par le froid, les grains luisants de leurs chapelets ; les vieillards tombaient à deux genoux sur la terre glacée et priaient en se souvenant : ils avaient combattu sous lui. Les enfants restaient un moment ébahis, ouvrant leurs grands yeux, où l'âme, à cet âge, se peint encore ; puis, prenant leur course, ils remontaient avec nous la Seine : ils espéraient voir l'ombre du héros avec les merveilles duquel on avait bercé leur enfance ; puis c'étaient des cris, des acclamations, hommages derniers à la mémoire de l'Empereur ; de partout ne cessaient de partir des cris d'enthousiasme et des coups de feu en signe d'allégresse. Les mêmes démonstrations accueillirent et accompagnèrent le cercueil dans toute sa marche. A Quillebœuf, il trouva réunie la plus grande partie des gardes nationales de la Basse Normandie, qui lui rendirent les honneurs militaires.

« Le convoi s'arrêta le 9 au soir au Val-de-Lahaye. *La Normandie* ne pouvant remonter plus haut la Seine, un nouveau transbordement devenait nécessaire. Deux bateaux à vapeur attendaient : Pendant la nuit eut lieu le transbordement, sous la direction du prince de Joinville. *La Dorade* n° 3, après qu'on l'eut au préalable dépouillée de ses draperies et de ses guirlandes, devint le bateau catafalque. « Mais quelle sera sa décoration ? avait demandé l'administrateur chargé de ses détails. — Le bateau sera peint en noir, dit le prince ; à l'avant, reposera le cercueil couvert du poêle funèbre rapporté de Sainte-Hélène ; messieurs de la mission aux cornières ; l'encens fumera ; à la tête s'élèvera la croix ; le prêtre se tiendra devant l'autel ; mon état-major et moi derrière ; les matelots seront en armes, et le canon tiré à l'arrière annoncera le bateau portant les dépouilles mortelles de l'Empereur ».

« Le lendemain, dès cinq heures du matin, les rives étaient garnies de spectateurs empressés, attendant l'heure du départ. Bientôt un nuage de noire fumée nous enveloppe comme d'un crêpe ; le paysage semble se mouvoir ; nous approchions de Rouen. Depuis plusieurs jours cette grande et industrieuse cité, au sein de laquelle le nom de l'Empereur avait toujours été en vénération, s'était préparée à recevoir dignement les restes du grand homme qu'elle avait tant aimé pour ses bienfaits et tant admiré pour ses prodiges. Un arc de triomphe avait été dressé au milieu du fleuve, sous un des arceaux du pont suspendu. Sur les deux rives s'élevaient des pyramides portant les noms des principales victoires de l'empire.

Ce fut le 10, vers midi, que la flottille entra dans Rouen.

En tête, *la Parisienne*, ayant à son bord les inspecteurs de la navigation ;

Le *Lampa*, avec la musique du prince ;

La *Dorade* n° 3, portant le cercueil ;

Les trois bateaux appelés *Étoiles*, montés par les marins de *la Belle-Poule* et de *la Favorite*.

Les *Dorades* n°s 1 et 2 ;

Enfin, *le Montereau !*

« Le cortège s'arrêta entre les deux ponts ; jamais on ne vit spectacle plus imposant. Un peuple immense garnissait les deux bords de la Seine, et ne cessait de crier : *Vive l'Empereur !* Les quais chargés de trophées militaires, étincelants d'armes ; les escadrons dont les chevaux se cabrent ; les casques resplendissants sous un rayon de soleil ; ces panaches, ces plumes, ces drapeaux, qui se mêlent et s'agitent ; le pont couvert de soldats aux uniformes de l'Empire, glorieux débris de ces phalanges que l'Europe avait appelées la *Grande Armée*; ce vaste bassin sur lequel s'est disposée en ordre de bataille la flottille, et ces fanfares des musiques, et ces volées des cloches, du canon, qui retentissaient du haut de la colline ; et ces cent prêtres mêlant leurs blanches tuniques aux uniformes chamarrés d'or ; enfin, ce prince de l'Église, qui s'avance au bord du fleuve pour répandre la prière et donner la bénédiction des pontifes, pendant que cent voix font monter vers Dieu l'hymne funèbre, le *De profundis*, ce chant sublime des dernières douleurs, tout inspirait à l'âme une de ces émotions dont le souvenir ne se perd jamais.

Pendant la cérémonie religieuse, l'artillerie de la garde nationale, placée sur les hauteurs de Sainte-Catherine, et celle des navires en rade tirèrent de minute en minute des coups de canon auxquels *la Dorade* fut exacte à répondre. Après l'absoute, une salve de cent un coups de canon signale la fin de la cérémonie funèbre. « Désormais ce n'était plus la simple poussière d'un héros que l'on transportait pieusement dans sa tombe dernière, c'était un puissant monarque qui allait revoir sa capitale en triomphateur. Tous les signes de deuil avaient disparu, les cloches sonnaient à grande volée, les tambours battaient aux champs, les troupes présentaient les armes, et la musique jouait des airs de victoire. Napoléon passait alors sous l'arc de triomphe que lui avaient élevé les braves Rouennais, et les vétérans qui l'attendaient impatiemment, lui jetèrent du haut du pont des couronnes d'immortelles et des branches de laurier, tandis qu'une salve de cent et un coups de canon apprenait au loin que le convoi avait repris sa marche. »

« A Elbeuf l'enthousiasme est aussi grand. Là, de nombreux ouvriers, richesse de nos manufactures, les uns faisant de leur voix retentir le rivage ; les autres, chargés d'un ou de deux enfants, montrant du doigt le cercueil du héros, dont ils racontaient sans doute la vie à cette jeune génération, étonnée d'un semblable spectacle. Près de Pont-de-l'Arche, un épisode touchant s'offrit aux regards de la flottille. La famille d'un pêcheur s'était avancée jusque dans l'eau pour voir le cortège et le saluer de ses acclamations. Le père, ancien soldat de l'Empire, tenait sur ses épaules deux jeunes garçons ; la mère et une jeune fille, l'aînée de la famille, présentaient au passage un drapeau tricolore et l'inclinaient vers le bateau qui portait le cercueil de l'Empereur. Ce fut au milieu de pareils transports que la flottille traversa les Andelys, Vernon, Mantes ; dans tous les lieux que la flottille traversa, elle trouva les populations empressées d'accourir au devant du cercueil impérial. Parvenu le 12 au soir au pont de Poissy, elle attendit les nouveaux bateaux à vapeur qu'on devait envoyer de Paris à sa rencontre.

« Sur les deux rives se forment immédiatement des bivouacs ; des tentes s'élèvent, des feux s'allument. La garde nationale a demandé à faire, de concert avec les troupes de ligne, la veillée des armes. A la lueur des torches, les uniformes se dessinent, les sentinelles se relèvent et croisent leurs cris ; le tambour bat la diane. Il est nuit encore, et si l'Empereur s'éveille, il pourra croire qu'il a dormi dans son camp. »

« Le dimanche 13, l'abbé Coquereau célébra la messe à dix heures. Le prince de Joinville et son frère, le jeune duc d'Aumale, qui était venu joindre le cortège, étaient à la tête des états-majors. Autour de *la Dorade* s'étaient placés en ordre les deux bateaux dont les équipages garnissaient les ponts ; les troupes en bataille, le clergé de la ville, croix et bannières levées, s'échelonnaient sur les deux rives ; et malgré un vent violent du nord, la population de Poissy et des communes voisines, groupée sur les bords, se tenait recueillie et tête nue. Si le silence n'avait été rompu par le bruit du canon et les harmonies d'une musique funèbre, on eût pu entendre, au milieu de ces milliers d'hommes pressés, la voix grave de la prière. Du rivage, cette cérémonie apparaissait pleine de majesté et remplissait l'âme de religieuses émotions.

« Après l'absoute, on fit route pour Maisons, d'où le lendemain, dès le matin, on partait pour la dernière étape. A dix heures, en longeant la magnifique terrasse de Saint-Germain et le château, l'on vit le préfet, le maire, les généraux se tenant à la tête de nombreux régiments et de légions de la garde nationale ; les tambours battaient aux champs et sur toute la ligne les troupes présentaient les armes.

« Bientôt on fut à Saint-Denis. Le Chapitre royal attendait, et quand le cortège défila lentement devant la tente pavoisée où, revêtu de ses habits de chœur, monseigneur Rey, ancien évêque de Dijon et membre du Chapitre, chantait l'office des morts et prononçait les prières de l'absoute, Saint-Denis présenta le plus admirable coup d'œil. Plus l'on approchait, plus l'affluence était grande, car l'impatience était grande parmi les citoyens de toutes les classes; aussi les diverses routes qui conduisaient à Saint-Denis furent-elles bientôt encombrées. Tout Paris semblait s'être élancé au devant de celui qui l'avait fait si grand. Le bateau ne ralentissait pas sa marche; peu à peu le pont de Courbevoie montrait ses arches; les restes de Napoléon commencèrent à toucher la terre de la France. Le soleil se couchait dans un nuage de pourpre, et ses derniers rayons faisaient briller la statue de Notre-Dame-de-la-Garde, la patronne des marins, au pied de laquelle on s'était arrêté.

« On avait expédié de Paris trois nouveaux bateaux à vapeur au devant de la flottille impériale; le premier de ces bateaux portait la musique du gymnase militaire chargée d'exécuter des marches funèbres. Les deux autres remorquaient un bateau catafalque, chargée de décorations et de tentures. Sa marche était si lente qu'on le laissa devant Argenteuil, et le prince de Joinville, lorsque la flottille arriva à cette hauteur, ne changea rien à ses nobles et simples dispositions qu'il avait arrêtées. Le temple funèbre suivit le cortège.

« La flottille mouilla au-dessous de Courbevoie. Les feux de bivouacs établis sur les deux rives, l'immense affluence des spectateurs, de gardes nationales, de troupes de ligne, l'illumination du bateau catafalque et de tous les autres bateaux, les nombreuses embarcations qui venaient les visiter, donnèrent à cette soirée, à cette nuit, l'aspect le plus animé. Le prince de Joinville demeura à son bord. Les ducs d'Orléans, de Nemours et d'Aumale firent une religieuse station au pied du cercueil impérial. Deux grands dignitaires de l'Empire, le maréchal Soult et l'amiral Duperré, vinrent aussi s'incliner devant le grand capitaine à qui ils devaient leur illustration.

« Une foule d'admirateurs venait de tous côtés pour honorer les cendres du héros. Parmi eux figuraient de vieux soldats, nobles débris de la Grande Armée, qui n'avaient pas dû prévoir que la présence et le voisinage de ceux dont l'épée se brisa à côté de leur illustre chef à sa dernière bataille pourraient donner trop à rougir aux transfuges qui, à cette heure funeste, avaient confié leur célébrité naissante à la fortune de Wellington et de Blücher. Ces braves passèrent la nuit du 14 au 15 au pont de Neuilly par un froid de 8 degrés, et ils s'estimèrent heureux d'avoir pu, vingt-cinq ans après Waterloo, bivaquer encore avec Napoléon et participer aux témoignages tardifs de la reconnaissance nationale envers leur immortel général. Le 15, dès huit heures du matin, on vit accourir près du cercueil un vieillard en grand deuil, le crêpe au bras et à l'épée, et soutenu dans sa marche par deux personnes qui partageaient son émotion.

C'était l'homme qui avait prodigué pendant tant d'années les ressources et les consolations de son art aux défenseurs de la patrie, chirurgien en chef de la Garde impériale et de toutes les armées françaises sous le règne de Napoléon, le vertueux citoyen à la probité duquel l'exilé de Sainte-Hélène avait rendu un hommage si éclatant dans son testament; c'était le vénérable baron Larrey, appuyé sur son fils et sur un ancien chirurgien des armées, M. Tscharner, qui avait fait partie du bataillon sacré à la retraite de Moscou, et dont l'Empereur s'était fait accompagner jusqu'à Wilna. Avec ces appuis, le brave baron Larrey put suivre à pied depuis le débarcadère jusqu'aux Invalides les restes de celui qu'il avait tant aimé, et qui avait si bien apprécié son dévouement et son caractère. Puis MM. les généraux Bertrand et Gourgaud, M. Marchand et le baron de Las Cases, virent encore venir à eux, sur le pont du bateau funèbre, une députation polonaise. Le général Ribinski (dernier généralissime dans la guerre de 1831 pour l'indépendance de la Pologne), s'approcha des membres de la mission et leur adressa ces paroles : « Fidèles à l'honneur et au devoir, les Polonais, qui partagèrent la gloire et les revers des aigles françaises, viennent rendre un dernier hommage à l'Empereur ». Le généralissime était accompagné des généraux Dwerniki, Sierawski, Dembinski, Sharinski, Casimir Mycielski, Sznayde, Gavronski, Soltyk et d'un grand nombre d'officiers supérieurs polonais.

« Cependant tous les préparatifs de la grande cérémonie étaient achevés. Sur les berges de la Seine, immédiatement au-dessous du pont de Courbevoie, s'élevait un temple grec à jour, de quatorze mètres d'élévation, à quatre frontons ornés de guirlandes de chêne, d'écussons, d'aigles, etc. C'est là que l'Empereur devait reposer pour la première fois sur la terre de France.

« Au devant du temple s'étendait le débarcadère. Sur le pont de Neuilly s'élevait une colonne rostrale, octogone, surmontée d'un aigle d'or, et devant la colonne, une statue représentant Notre-Dame-de-Grâce, patronne des matelots. Autour de l'arc de triomphe de l'Étoile, ce monument de géant, placé là comme l'*Hosanna in excelsis* de la gloire impériale, *Te deum* éternel de nos grandes journées, douze mâts pavoisés portaient des boucliers, des trophées d'armes et des bannières tricolores. Sur ces bannières on lisait les noms des principales armées de la République et de l'Empire : *Armée de Hollande, de Sambre-et-Meuse, de Rhin-et-Moselle, des Côtes de l'Océan, de Catalogne, d'Aragon, d'Andalousie, d'Italie, de Rome, de Naples, Grande Armée, Armée de Réserve*. Sur le couronnement de l'arc, on avait représenté l'apothéose de Napoléon. L'Empereur, vêtu du grand costume de sacre, était debout devant son trône, entouré de figures allégoriques, du Génie, de Renommées à cheval.

« Le long de l'avenue des Champs-Elysées, de la barrière de l'Étoile à la place de la Concorde, s'élevaient des colonnes triomphales ornées de drapeaux, d'aigles et d'écussons. De nombreuses statues réprésentaient des victoires. On remarquait encore à chaque angle du pont de la Concorde une colonne triomphale cannelée, surmontée d'une aigle dorée. Sur le pont, huit statues. LA SAGESSE (par M. Ramus); LA FORCE (par M. Gourdel); LA JUSTICE (par M. Bion); LA GUERRE (par M. Calmels); L'AGRICULTURE (par M. Thérasse); L'ELOQUENCE (par M. Fauginet); LES BEAUX-ARTS (par M. Merlieux); LE COMMERCE (par M. Dantan jeune). Au devant du palais de la Chambre des députés, L'IMMORTALITÉ, statue colossale (par M. Cortot), Sur l'esplanade des Invalides, trente-deux statues des rois et des grands capitaines qui ont honoré la France : CLOVIS (par M. Bosio); CHARLES MARTEL (par M. Debay); PHILIPPE AUGUSTE (par M. Etex); CHARLES V (par M. Dantan ainé); JEANNE D'ARC (par M. Debay); LOUIS XII (par M. Lanneau); BAYARD (par M. Guillot); LOUIS XIV (par M. Robinet); TURENNE (par M. Toussaint); DUGUAY-TROUIN (par M. Bion); HOCHE (par M. Sarnet); LA TOUR D'AUVERGNE (par M. Cavelier); KELLERMANN (par M. Brun); NEY (par M. Garreau); JOURDAN (par M. Duseigneur); LOBAU (par M. Sehez); CHARLEMAGNE (par M. Maindron); HUGUES CAPET (par M. Etex); LOUIS IX (par Dantan ainé); CHARLES VII (par M. Bion); DU GUESCLIN (par M. Husson); FRANÇOIS Ier (par M. Lanneau); HENRI IV (par M. Auvray); CONDÉ (par M. Daumas); VAUBAN (par M. Callonet); MARCEAU (par M. Lévèque); DESAIX (par M. Jouffroy); KLÉBER (par M. Simard); LANnes (par M. Klagman); Massèna (par M. Brian); Mortier (par M. Millet); Macdonald (par M. Bosio). Entre les statues de l'esplanade, des trépieds portaient des flammes. Aux deux côtés de l'esplanade, à droite et à gauche, d'immenses estrades pouvaient contenir trente à quarante mille spectateurs, et s'avançaient jusqu'à la grille d'entrée des Invalides.

« Le 15 décembre, vers cinq heures du matin, on battait le rappel. Le canon des Invalides annonçait la solennité. Paris fut bientôt sur pied, débouchant de toutes les barrières, de toutes les issues, arrivait par l'avenue de Neuilly, par le bois de Boulogne; c'était une fête, c'était une affluence, c'était un enthousiasme dont l'histoire aura grand'peine à donner une idée. A neuf heures, le char impérial arriva au débarcadère de Courbevoie; il était traîné par seize chevaux noirs, ornés de panaches blancs et recouverts de carapaçons de drap d'or; chaque housse relevée par les armoiries impériales brodées en pierreries, et par des aigles, des N et des lauriers émaillés sur les fonds. Seize piqueurs, aux livrées impériales, conduisaient les quadriges; deux piqueurs à cheval les précédaient.

« Le socle, reposant sur quatre roues massives et dorées, était un carré long, avec une plate-forme demi circulaire sur le devant. Sur cette plate-forme un groupe de Génies supportait la couronne de Charlemagne; aux quatre angles, quatre autres Génies en bas-relief soutenaient d'une main des guirlandes, et de l'autre embouchaient la trompette de la Renommée.

« Au-dessus, des faisceaux; au milieu, des aigles, et le chiffre de l'Empereur parmi les couronnes. Ce socle et ces ornements étaient entièrement dorés au mat. Le piédestal était tendu d'étoffes or et violet, au chiffre et aux armes de l'Empereur, avec quatre faisceaux d'armes aux extrémités. De longues draperies violettes, rehaussées d'abeilles, d'N, d'aigles et de lauriers, le recouvraient depuis le sommet jusqu'à terre. Une large guirlande régnait sur toute la longueur du piédestal, que couronnait une galerie d'ornement, et quatre aigles. Quatorze statues dorées représentaient des Victoires, qui rapportaient triomphalement le cénotaphe sur un vaste bouclier d'or chargé de javelines. Le cénotaphe, reproduction fidèle du cercueil de Napoléon, était voilé d'un long crêpe violet, semé d'abeilles d'or. La couronne impériale, le sceptre et la main de justice en or rehaussé de pierreries, étaient déposés sur le cercueil. A l'arrière du char, un trophée de drapeaux, de palmes et de lauriers rappelait les victoires du plus grand capitaine des temps modernes. La hauteur totale était de 10 mètres; la largeur : 4 m. 80; la longueur : 10 mètres; le poids : 13,000 kilogrammes.

« A peine le char funèbre, ou pour mieux dire ce char de triomphe, eut-il été poussé jusqu'au rivage, que *la Dorade* n° 3 vint s'amarrer au quai. Les marins de *la Belle-Poule*, soulevant le corps au bruit du canon, au cri de *Vive l'Empereur!* le transportèrent à terre et placé dans le char funèbre sous l'arc de triomphe qu'on avait dressé en avant du débarcadère, un cri de *Vive l'Empereur!* se fit entendre à cet instant solennel : les restes du grand homme avaient touché le sol français. »

Parti de Courbevoie vers dix heures du matin, le char impérial arrive à onze heures et demie, à travers une foule immense et d'innombrables acclamations, sous l'arc de triomphe de l'Étoile. Une salve de vingt et un coups de canon annonça aussitôt aux Parisiens que la relique tant désirée reposait sous un des monuments élevés par le grand capitaine à la gloire de la France. Le cortège s'avança lentement par l'avenue des Champs-Elysées, dans l'ordre suivant :

La gendarmerie du département de la Seine, précédée de trompettes ;

La garde municipale à cheval (deux escadrons), avec l'étendard et les trompettes ;

Un escadron du 7e lanciers, le général Darriule, commandant la place de Paris, et son état-major, suivi des officiers en congé ;

Un bataillon du 66e de ligne, avec drapeau, sapeurs, tambours et musique.

La garde municipale à pied, avec drapeau et tambours ;

Les sapeurs-pompiers ;

Deux escadrons du 7e lanciers, deux escadrons du 5e cuirassiers, avec étendards et musique ;

Le lieutenant-général Pajol, commandant la division militaire, et son état-major ; deux cents officiers de toutes armes employés à Paris au ministère et au dépôt de la guerre ;

L'Ecole militaire de Saint-Cyr, son état-major en tête, le fusil sous le bras gauche ;

L'Ecole polytechnique, son état-major en tête ;

Un bataillon du 10ᵉ d'infanterie légère, avec sapeurs, tambours et musique ;

Deux batteries des 3ᵉ et 4ᵉ régiments d'artillerie ; un détachement du 1ᵉʳ bataillon de chasseurs à pied ;

Les sept compagnies du génie cantonnées dans le département de la Seine, formant un bataillon sous les ordres d'un chef de bataillon ;

Les quatre compagnies de sous-officiers vétérans, marchant sur un front de vingt-cinq hommes ; les hommes du premier rang étaient tous décorés ;

Deux escadrons du 5ᵉ de cuirassiers, le lieutenant-colonel en tête ;

Quatre escadrons de la garde nationale à cheval, avec étendard et musique ;

Le maréchal Gérard, commandant supérieur des gardes nationales ; le lieutenant-général Jacqueminot, suivis de tout l'état-major de la garde nationale ;

La 2ᵉ légion de la garde nationale de la banlieue, tambours et musique, le colonel en tête ;

La 1ʳᵉ légion de la garde nationale de Paris ; deux escadrons de la garde nationale à cheval ;

L'abbé Coquereau, dans un carrosse noir rehaussé de broderies d'argent ;

Les généraux et officiers du cadre de réserve ou de retraite, tous à cheval ;

Les officiers supérieurs de la marine royale ;

Quel ég avait il ?

Le corps de musique funèbre ;

Le cheval de bataille de l'Empereur, portant la selle et le harnachement qui servaient à Napoléon lorsqu'il était Premier Consul. Cette selle, conservée dans le garde-meuble de la Couronne, est en velours amaranthe brodé d'or ; la housse et les chaperons sont brodés avec la même richesse : on remarque les attributs du Commerce, des Arts, des Sciences, de la Guerre, brodés en soie de couleur dans la bordure. Le mors et les étriers sont en vermeil et ciselés ; l'œil des étriers est surmonté de deux aigles ajoutées sous l'Empire. Le cheval, couvert d'un crêpe violet semé d'abeilles d'or, était tenu en bride par un valet de pied à la livrée de l'Empereur ;

Un peloton de vingt-quatre sous-officiers décorés, pris dans la garde nationale à cheval, dans les corps de la cavalerie et de l'artillerie de ligne, ainsi que de la garde municipale, sous les ordres d'un capitaine de l'état-major général de la garde nationale ;

Un carrosse de deuil attelé de quatre chevaux et conduisant la mission de Sainte-Hélène ;

Un peloton de trente-quatre sous-officiers décorés, pris dans l'infanterie de la garde nationale, dans l'infanterie de ligne, dans la garde municipale à pied et dans les sapeurs-pompiers, sous les ordres d'un capitaine de l'état-major général de la garde nationale à pied ;

Quatre-vingt-sept sous-officiers à cheval, portant des drapeaux sur lesquels sont écrits les noms des quatre-vingt-six départements et de l'Algérie ; chaque lance de drapeaux surmontée d'une aigle aux ailes étendues ; ce détachement commandé par un chef d'escadron ;

Le prince de Joinville, à cheval, en grand uniforme de capitaine de vaisseau ; l'état-major du prince ;

Les quatre cents marins de la frégate *la Belle-Poule*, entourant le char funèbre et marchant sur deux files ;

Le char impérial : à droite et à gauche du char, le maréchal duc de Reggio, le maréchal Molitor, l'amiral Roussin et le général Bertrand, tenant les quatre coins du poêle impérial ;

Les anciens aides de camp et les officiers civils et militaires de la Maison de l'Empereur ;

Les préfets de la Seine et de police, les membres du Conseil général, les maires et adjoints de Paris et des communes rurales, au nombre de cent environ ;

Une députation d'anciens militaires de tous grades, ayant appartenu aux armées impériales, en grand uniforme des grenadiers et des chasseurs de la Vieille-Garde, des dragons de l'Impératrice, des hussards de la Mort, des Chamborant, des vélites, des guides, des lanciers rouges, etc.

Les légions de la garde nationale de Paris et de la banlieue, qui, après avoir formé la haie, se repliaient successivement à mesure que le cortège défilait.

La marche était fermée par un escadron du 1er de dragons, le lieutenant-colonel en tête ;

Le lieutenant-général Schneider, commandant la division hors de Paris, et son état-major ;

Le maréchal de camp Hecquet, commandant la 4° brigade d'infanterie hors Paris ;

Un bataillon du 35° de ligne, avec drapeau, sapeurs et musique, le colonel en tête ;

Les deux batteries d'artillerie établies à Neuilly ;

Un bataillon du 35° de ligne, le lieutenant-colonel en tête ;

Le maréchal de camp de Lawoëstine, commandant la brigade de cavalerie ;

Enfin, deux escadrons du 1er de dragons, avec étendard et musique, le colonel en tête.

Nulle part la marche de cet immense deuil n'a été ni retardée ni troublée. La garde nationale marchait en bon ordre et l'armée était bien représentée par tous les détachements de la garnison de Paris, distingués par leur belle tenue, la vivacité et l'ensemble de leurs mouvements. Le prince de Joinville se faisait remarquer par son air modeste, simple, militaire ; sa taille élevée le signalait à tous les regards. On savait avec quel dévouement il avait accompli sa mission maritime vers la terre d'exil de l'Empereur, et la détermination toute française qu'il avait montrée lorsqu'il avait appris en mer les graves évènements qui menaçaient la France. Tout le monde honorait cette pieuse sollicitude pour un dépôt sacré ; l'énergique contenance des quatre cents marins de *la Belle-Poule* charmait la foule.

Le char de l'illustre mort s'est arrêté sous l'Arc

de Triomphe de l'Étoile. De cette place souveraine, toute chargée de sa gloire, il dominait tout le cortège, serré en masses profondes dans les deux immenses avenues, qui aboutissent à cette hauteur ; là il était dominé lui-même par les souvenirs immortels des victoires gravées sous les voûtes du monument ; c'était une halte magnifique pour les restes du grand capitaine. Il semblait revivre sous les trophées de sa gloire impérissable ! A une heure et demie le cortège, débouchait sur la place de la Concorde aux cris de : *Vive l'Empereur* ! poussés par un million de voix ; et ces cris étaient répétés par toutes les légions de la garde nationale.

Le canon faisait retentir les voûtes de l'Hôtel des Invalides. Le char funèbre s'avançait au milieu de sa magnifique esplanade, entre deux rangs de statues qui semblaient attendre le héros dans une immobilité respectueuse, le long des immenses estrades toutes chargées de spectateurs, sous un ciel brillant de tout l'éclat d'un beau jour. A deux heures le char s'arrêtait devant la grille principale.

Aussitôt trente-six marins de *la Belle-Poule* prirent dans leurs bras le dépôt précieux qu'ils avaient ramené en France et le confièrent ensuite aux sous-officiers de la garde nationale et de l'armée qui devaient le porter à l'église, où l'Archevêque de Paris l'attendait, à la tête de son clergé. Le roi, les ministres, les maréchaux, amiraux, les grands corps de l'État, étaient placés sous le dôme ; les plus hauts dignitaires n'avaient pu parvenir que difficilement à travers la foule qui obstruait les

avenues. Quant aux ambassadeurs de la vieille Europe, ils s'étaient tenus à l'écart, comprenant sans doute qu'elle ne devait pas assister officiellement à cette fête de la nouvelle France, à cette réparation tardive de la convention du 2 août 1815. C'était bien déjà trop, en effet, que les rancunes des anciennes coalitions fussent encore représentées à cette cérémonie par quelques-uns de ses ordonnateurs.

Parmi les maréchaux, il en était un, doyen des soldats de France, qui depuis plusieurs jours ne cessait de demander à son médecin s'il vivrait au moins jusqu'au 15 décembre. C'était le vieux patriote qui combattait l'étranger aux portes de Paris, le 30 mars 1814, quand la trahison éclatait de toutes parts, et qui dix-huit mois après, aimait mieux se faire retirer son bâton de maréchal et se laisser incarcérer au château de Ham que de devenir l'instrument des vengeances royales contre l'un de ses plus illustres compagnons d'armes. Le ciel avait exaucé le dernier vœu du vénérable gouverneur des Invalides; le maréchal Moncey, bien qu'empêché de marcher par son grand âge et par les infirmités qu'il avait contractées à la guerre, était plein de vie le 15 décembre, et il s'était fait rouler, dans un fauteuil, jusqu'au pied de l'autel, pour se retrouver encore près de Napoléon, pour lui dire un éternel adieu, pour couvrir son cercueil de bénédictions et de larmes. Au premier coup de canon tiré pour signaler l'arrivée du convoi à la grille d'honneur, l'Archevêque de Paris et son clergé s'étaient rendus processionnellement sous le porche pour y recevoir le corps de l'Empereur. Ils revinrent bientôt dans le même ordre, suivis du cortège en tête duquel marchait le prince de Joinville. Les quatre coins du drap mortuaire étaient toujours portés par les maréchaux Oudinot et Molitor, l'amiral Roussin et le général Bertrand, qui n'avait pas cessé de fondre en larmes pendant toute la durée du convoi. Dès que le cercueil approcha du catafalque qu'on avait préparé au lieu même où devait s'élever le tombeau définitif de Napoléon, le roi descendit de son trône et alla au devant du cortège jusqu'à l'entrée du dôme. Là, le prince de Joinville lui dit : *Sire, je vous présente le corps de Napoléon que j'ai ramené en France conformément à vos ordres.* Le roi répondit : *Je le reçois au nom de la France.*

L'épée de l'Empereur était portée sur un coussin par le général Athalin ; le roi la prit des mains du maréchal Soult et la remit au général Bertrand en lui disant : *Général, je vous charge de placer la glorieuse épée de l'Empereur sur son cercueil.* Le général Bertrand ayant rempli cette dernière tâche, le roi retourna à sa place et le cercueil fut placé dans le catafalque. L'office divin commença alors. Après la messe, l'Archevêque vint jeter l'eau bénite sur le corps et présenta ensuite le goupillon au roi, qui remplit ce dernier devoir et se retira. Ce fut la fin de la cérémonie. La foule sortit de l'église, silencieuse et recueillie.

Huit jours durant, du 16 au 24 décembre, l'église des Invalides, éclairée identiquement comme le jour de la cérémonie, resta ouverte au public. L'affluence des visiteurs fut si grande, que plus de deux cent mille personnes se pressaient tous les jours aux abords de l'Hôtel ; la file des curieux s'étendait, d'un côté, jusque dans le Champ-de-Mars, de l'autre, sur la place de la Chambre des Députés. La plupart, après avoir passé la journée exposés au froid le plus vif, à la neige, au vent du nord, s'en retournaient sans avoir pu pénétrer ; mais tous étaient prêts encore à tenter fortune le lendemain. Ce n'était pas seulement les habitants de la capitale qu'attirait cet imposant spectacle, mais même ceux des villes les plus éloignées. Le huitième jour, quand le gouvernement ordonna la fermeture de l'église, l'empressement, loin d'avoir diminué, semblait s'accroître encore. Si l'exposition eût été prolongée, on serait accouru de toutes les contrées pour rendre aux restes de l'Empereur cet éclatant hommage. Cette imposante cérémonie funèbre surpasse tout ce qui a été fait dans des circonstances semblables ; elle n'a point été jugée au-dessous de la solennité qu'exigeait le grand nom de l'Empereur.

Le 6 février 1841, le cercueil de Napoléon, qui depuis la cérémonie funèbre du 15 décembre était déposé sous le catafalque impérial, fut transporté dans une chapelle ardente, disposée à droite de l'autel, dans l'un des petits dômes de l'église des Invalides. Ce cercueil resta ainsi jusqu'au 2 mai 1861, époque où eut lieu la translation du corps dans le tombeau actuel.

INDEX ALPHABÉTIQUE

DES NOMS CITÉS DANS LES DEUX VOLUMES

DES

Derniers Moments de Napoléon

A

Abrantès (duc d'). V. Junot.
Albani (Jean-François), cardinal italien, II, 32.
Aldini, I, 86, 158.
Alexandre (Empereur de Russie), II, 439.
Ali, surnom de Saint-Denis, valet de chambre de Napoléon, I, 87.
Almeras, adjudant-général à l'armée d'Egypte, I, 221.
Alvinzi, feld-maréchal autrichien, I, 178, 188, 257.
Amed (V. Djezzar).
Andréossi (général), I, 48.
Angleterre (le Prince régent), I, 66, 110.
Annibal, II, 83.
Appiani (Andréa), peintre italien, a fait les portraits de presque toute la famille Bonaparte; il est l'auteur des fresques du palais-royal de Milan qui sont autant de monuments à la gloire de Napoléon, II, 201.
Archambault, attaché au service de Napoléon à Sainte-Hélène, II, 171, 186.
Aréna, I, 168.
Arioste, I, 206.
Arnault, auteur de *Marius*, II, 173.
Arnott (médecin anglais à Sainte-Hélène), I, 111, II, 42, 52, 53, 55, 64, 67, 69, 76, 83, 84, 96, 106, 107, 116, 125, 127, 128.
Artois (comte d'), II, 170.
Augereau (maréchal), I, 171, 172, 173, 174, 177, 178, 181. II, 170.
Autriche (l'Empereur d'), I, 47, 294, 295, II, 84.

B

Bacciochi (prince Félix), époux d'Elisa Bonaparte, I, 318.
Bacler d'Albe, général, peintre et ingénieur géographe, directeur du cabinet topographique de Napoléon, II, 198, 200.
Balcombe, propriétaire de Briars, à Sainte-Hélène, II, 195.
Baraguey d'Hilliers (général), II, 27.
Barberi, ami de la famille Bonaparte, I, 147, 169, 170, 195, 196.
Barras, I, 185.
Barthélemy (François), ambassadeur en Suisse, I, 251.
Bathurst (Lord), ministre d'Angleterre, I, 4, 17, 27, 56, 72, 116, 233, 244.
Baxter, député anglais, inspecteur des hôpitaux, II, 41, 98.
Beaulieu (Jean-Pierre, baron de), général autrichien, commandant de l'armée autrichienne en 1796, I, 178, 253.
Beauvilliers (Antoine), célébrité culinaire, I, 80.
Beccalozi, I, 236.
Bellegarde (comte de), général autrichien, I, 260.
Belliard (général), I, 37, 264, 313.
Bernadotte (maréchal), I, 172, 178, 181, 186, 187, 260.
Berthier (maréchal), I, 118, 121, 140, 173, 223, 232.

II, 83.
Bertholet, II, 2.
Bertrand (général comte), I, 14, 16, 19, 20, 55, 57, 58, 59, 61, 67, 75, 79, 82, 94, 104, 108, 127, 244, 272, 290.
II, 52, 93, 105, 115, 128, 130, 144, 171, 173, 174, 175, 176, 183.
Bertrand (comtesse), I, 21, 89, 108, 127, 227.
II, 27, 35, 47, 111, 115, 129, 135.
Bertrand (Henri), fils du général, II, 128.
Bertrand (Napoléon), fils du général, II, 111, 128.
Bertrand (Arthur), fils du général Bertrand, I, 128, 136, 272, 273.
Bertrand (Hortense), fille du général Bertrand, I, 107, 272.
II, 28, 36, 111, 129.
Bessières (maréchal), duc d'Istrie, II, 83, 183, 184, 188.
Bignon (baron), II, 173.
Blancket, amiral anglais, I, 234.
Boinod, commissaire ordonnateur des guerres, II, 000.
Bomba (J.-B.), médecin italien, I, 13.
Bonaparte (Charles), père de Napoléon, mort le 24 février 1785, I, 192, 195, 197, 198, 273.
Bonaparte (Bonaventure), chanoine de Toscane, I, 118, 157.

Borghèse (princesse Pauline Bonaparte), v. Pauline.
Bourbon (le connétable de), I, 208.
Bourmont (comte de), I, 151.
Bourrienne, secrétaire de l'Empereur, II, 200.
Boyer (adjudant-général), armée d'Égypte, I, 222, 223.
Brayer (général), II, 171.
Brignolle (Mme de), dame d'honneur de Marie-Louise, I, 229.
Brucevich, I, 132.
Brune (maréchal), I, 186, 235, 236, 304.
Brunswick (duc de), tué à la bataille d'Iéna, I, 203.
Brunswick-Oels (duc de), fils du précédent, chef des associations secrètes et des insurrections de l'Allemagne. Un régiment de hussards portant son nom avait un uniforme noir avec des têtes de mort comme emblèmes. I, 203.
Buonavita (l'abbé), aumônier de Madame Mère, et chapelain de la princesse Pauline, accompagna le docteur Antommarchi à Sainte-Hélène, I, 6, 16, 17, 39, 57 à 59, 67, 90, 122. II, 28.
Burghersh (lord), ministre d'Angleterre à Florence, I, 4.
Burton, médecin anglais à Sainte-Hélène, II, 115, 126.

C

Caffarelli (général), II, 3, 48.
Cagliostro, II, 23, 186.
Cambronne (général), II, 171, 174, 186.
Campagnoni, intendant de la Couronne du royaume d'Italie, II, 174.
Campbell, capitaine anglais, I, 3, 16.
Canino (prince de). V. Lucien.
Cantillon, sous-officier prévenu d'avoir voulu assassiner Wellington ; l'Empereur lui lègue 10,000 francs. II, 190.
Caprara (cardinal), I, 158, II, 32.
Carnot, I, 185.
Caroline (princesse), sœur de Napoléon, épouse de Murat, II, 184.
Carterets (général hollandais), I, 203.
Castlereagh (lord), I, 48.
Caulaincourt (général Armand de), duc de Vicence, I, 151.
Cervoni (Jean-Baptiste), général français, I, 169.
César (Jules), I, 110, 206, II, 83.
Cesarotti, littérateur et poète italien, I, 300.
Chabran (général), I, 138, 249, 250.
Championnet (général), I, 310.
Chandellier, cuisinier attaché au service de la Maison de

Napoléon, I, 58, 94, II, 171, 194.
Charles (le prince), I, 259, II, 9.
Charles (prince), fils ainé de Lucien Bonaparte, I, 15.
Charlotte (princesse), fille de Joseph Napoléon, I, 95.
Chartrand (général), II, 173.
Choiseul (duc de), ministre de la Guerre, I, 194.
Cittadella, député de Liamone au Conseil des Anciens, I, 170, 195.
Clarke (général), duc de Feltre, I, 115, 158.
Clausel (général), I, 47, 264, II, 173.
Clausel (de Coussergues), membre du Corps législatif, I, 181.
Coffin, général anglais, II, 115, 129.
Colli, général en chef de l'armée du roi de Sardaigne, I, 253.
Colonna (chevalier), chambellan de Madame Mère, I, 1, 3, 66, 266, II, 28.
Condulmer (amiral), II, 27.
Constant, valet de chambre de Napoléon, II, 199.
Corbineau (Jean-Baptiste), général, aide de camp de l'Empereur, II, 186.
Cornwallis (lord), Représentant de l'Angleterre lors du traité d'Amiens, I, 48, II, 79, 80, 88.
Corvisart, médecin de Napoléon, I, 86, 153, 167, 202, 229, 396.
II, 23.
Costa, de Bastelica, ami de la famille Bonaparte, II, 173.
Coursot, attaché à la Maison de l'Empereur à Sainte-Hélène, I, 59, II, 59, 105, 171, 186.
Crokat, officier d'ordonnance d'Hudson Lowe, II, 125.
Curry (James), célèbre médecin anglais, I, 24, 26.
Cuvier, I, 48.

D

Dalton, (général), I, 232,
Damingue (dit *Hercule*), sous-lieutenant des guides, à Arcole, I, 143.
Daru, intendant général de la Grande Armée, ministre de l'administration de la guerre, I, 225, 291.
Daure, ordonnateur en chef de l'armée d'Egypte, I, 224.
Dejean (Pierre-François-Auguste), général, aide de camp de l'empereur, II, 186.
Denon (membre de l'Institut), II, 198, 200.
Desaix, I, 37, 140, 184, 186, 312, 313, II, 15, 83, 182.
Desgenettes, médecin en chef de l'Armée d'Egypte, I, 167.
Dessoles (général), II, 1.
Deveton (M.), notable de l'île Sainte-Hélène, I, 281.

INDEX ALPHABÉTIQUE

Djezzar-Pacha (dit Amed-pacha), gouverneur de Seideh, qui commandait à Saint-Jean-d'Acre, I, 221.
Dœrnberg, aide de camp de Jérôme Napoléon, devenu chef de partisans, I, 203.
Drouot (général), aide de camp de Napoléon, gouverneur de l'île d'Elbe, II, 171, 174, 184, 194.
Dubois (docteur), médecin-accoucheur de l'Impératrice Marie-Louise, II, 17.
Dugommier (général), II, 189.
Dugua (général), I, 220, II, 48.
Duroc (général), duc de Frioul, grand maréchal du Palais, II, 83, 183, 184.
Du Theil (baron), lieutenant-général d'artillerie, commandant de l'école d'Auxonne lorsque Bonaparte était lieutenant sous ses ordres, II, 189.

E

Elisa, sœur de Napoléon, épouse du prince Félix Bacciochi, I, 65, 314, 317, 318, 319.
Emery (Edouard-Félix), médecin de la Grande-Armée, II, 173, 185.
Enghien (duc d'), II, 170.
Este (cardinal Hippolyte d'), I, 207.
Eugène (prince), fils de Joséphine de Beauharnais, beau-fils de Napoléon, I, 87, 33 ; II, 170, 174, 185.

F

Fauchet, préfet du Var, I, 289.
Feneroli, I, 236.
Ferdinand de Bourbon (fils de Charles IV, roi d'Espagne sous le nom de Ferdinand VII), I, 328.
Fesch (cardinal), oncle de Napoléon, I, 4, 5, 11, 14, 15, 17, 57, 59, 60, 69, 71, 73, 214, 267.
Flint (William), I, 109.
II, 148, 170.
Fouché (duc d'Otrante), I, 109, 130, 229.
Franck (docteur), premier médecin de l'empereur d'Autriche, est consulté par Napoléon en 1809, I, 201, 202.
Frédéric (le Grand), I, 92, II, 83, 178.
Frioul (duchesse de), fille du général Duroc, II, 184, 188.

G

Gall, le célèbre médecin philosophe, II, 21.
Canteaume, contre-amiral français, I, 220.
Gasparin, représentant du peuple, était avec Bonaparte au siège de Toulon, II, 189.
Gaudin, duc de Gaëte, ministre des finances, I, 277.
Gentili (général), I, 146.
Gérard (général), I, 264.
Gerdil (Hyacinthe), cardinal et théologien savoyard, II, 32.
Giacominetta, petite fillette, amie de Napoléon alors qu'il était en pension, I, 136.
Gilis, valet de chambre de Napoléon, II, 195.
Giorno, II, 25.
Girard (général), tué à Ligny, II, 171.
Gœthe, son entrevue avec Napoléon, II, 204.
Gorrequer (le major), aide de camp de Hudson Lowe, I, 41, 43, 58, 106, 246.
Guibert, officier de l'armée d'Égypte, II, 4, 16.

H

Hamilton (duc d'), marquis de Douglas, I, 241.
Harty, général d'origine irlandaise, au service de France, I, 232.
Hassan-Bey, gouverneur de l'île de Rhodes, commandant une escadre devant Aboukir, I, 132, II, 4, 7.
Hébert, valet de chambre de Napoléon, II, 184.
Hercule, sous-lieutenant des Guides à Arcole, V. *Damingue*.
Hobhouse, écrivain anglais, auteur d'un livre sur les Cent Jours, I, 52. II, 202.
Hogendorp, général hollandais, aide de camp de Napoléon, II, 186.
Holland (lord Wassal), membre du Parlement anglais, I, 73.
Holland (Lady), femme du précédent, I, 73. II, 174.
Hood, commodore anglais, II, 4, 7 à 16.
Homère, I, 207.
Hortense (la reine), épouse de Louis Bonaparte, II, 170, 181.
Humbert (général), I, 233.
Hunter, célèbre médecin anglais, I, 197.
Hyde de Neuville (Jean-Guillaume), agent du comte d'Artois, I, 181.

I

Ibrahim-Aga, I, 132, II, 7.
Ilari (Camilla), nourrice de Napoléon, I, 270. II, 202.
Isabey (Jean-Baptiste), un des peintres de Napoléon, I, 229.

INDEX ALPHABÉTIQUE

J

Jannet-Dervieux, piqueur aux écuries de l'Empereur, II, 184.
Jérôme Napoléon, frère de l'Empereur), mari de la princesse Catherine de Wurtemberg, I, 203, 205, 317. II, 170, 179, 181.
Jordan (Camille), député du Rhône au Conseil des Cinq-Cents en 1797, I, 181.
Joseph (le prince), frère de Napoléon, I, 70, 157, 198, 214, 273. II, 170, 179, 182.
Joséphine (l'Impératrice), I, 270, 277. II, 198, 199.
Joubert (général), I, 248, 260.
Julie (princesse), femme du roi Joseph, I, 73. II, 170.
Junot, général, duc d'Abrantès, I, 227.

K

Kellermann (général), fils du maréchal, I, 141, 142, 182.
Kléber (général), I, 80, 129, 130, 135, 184, 185, 233.
II, 48, 83.
Kosciusko, général polonais, II, 4.

L

La Bédoyère, II, 171, 190.
La Bouillerie (baron de), trésorier général de la Couronne. II, 174, 193.
Lacombe Saint-Michel, représentant du peuple, général d'artillerie, I, 147, 189.
Lacronier, I, 229.
La Fayette, I, 130. II, 170.
Laffitte, banquier, II, 192.
Lagrange, célèbre géomètre, sénateur, membre de l'Académie française, I, 218.
Laharpe (général), I, 250.
Lahoz, général italien au service de la France, I, 236.
Lalande, célèbre astronome, I, 218.
Lallemand (François-Antoine), général français. II, 173.
Lallowell, commandant du vaisseau anglais le Swifthure, II, 4, 7 à 16.
Lamarque (général), I, 264.
Lannes (maréchal), I, 140, 209, 211.
Lapoype (général), I, 138.
Larrey (baron), chirurgien en chef de la Grande Armée, II, 171, 174, 185.
Las Cases (baron de), I, 15, 60, 67, 72. II, 171, 183, 185.
Las Cases (Emmanuel de), fils du précédent, I, 72. II, 192.
Lauderdale (lord), I, 40.
La Valette, aide de camp de Napoléon, directeur des

postes, mari de Eugénie de Beauharnais, II, 171, 184.
Lavater, II, 23.
Lavigne, piqueur de Napoléon en Egypte, II, 184.
Lechi, général d'origine autrichienne au service de France, I, 139.
Leclerc (général), premier mari de Pauline Bonaparte, I, 249.
Lefebvre-Desnoëttes (général), II, 171.
Léon, enfant qu'aurait eu Napoléon avec Eléonore Revel, lectrice de Caroline Murat. II, 202.
Letizia (Mme), mère de Napoléon, I, 1, 5, 6, 7, 11, 14, 15, 57, 68 à 71, 73, 148, 149, 212, 214, 267, 269, 274. II, 136, 139, 170, 181, 194.
Letort, général tué pendant la campagne de 1815, II, 188.
Leturcq, adjudant-général à l'armée d'Egypte, I, 222.
Levie (Jean-Jérôme), maire d'Ajaccio, au commencement de la Révolution. II, 183.
Liverpool (Lord), I, 140.
Livingston (Matthew), chirurgien au service de la Compagnie des Indes, II, 116.
Louis (Prince), frère de Napoléon, I, 14, 70, 330. II, 170.
Louis XVIII, II, 176.
Lowe (Hudson), gouverneur de Sainte-Hélène, I, 23, 56, 60, 107, 116, 122, 151, 195, 217, 235, 236, 244, 245, 246, 248. II, 50, 70, 77, 85, 106, 114, 115, 131, 132, 135.
Lowe (lady), femme du gouverneur de Sainte-Hélène, II, 129.
Lucien (prince de Canino), frère de Napoléon, I, 15, 57, 70 à 73. II, 170, 179, 182.
Lucien (l'archidiacre), grand oncle de Napoléon, I, 213.
Lupi (L.), médecin italien, I, 13.

M

Mac-Sheedy, nom sous lequel Thomas Read avait servi au camp de Brest dans la légion irlandaise, I, 231.
Madame mère, V. *Letizia*.
Malcolm (sir Pultney), amiral anglais qui commandait la station navale de Sainte-Hélène, I, 53.
Mammuccia Caterina, gouvernante des Napoléon, I, 192. II, 170.
Manfredini (marquis), ministre du grand-duché de Toscane en 1797, I, 187, 188.
Manscourt, général à l'armée d'Egypte, I, 132. II, 13.
Marbot (colonel), II, 173.
Marchand, premier valet de chambre de Napoléon, I, 109,

INDEX ALPHABÉTIQUE

123, 125 171, 173, 174, 175, 176, 178.
II, 50, 67, 72, 73, 90, 91, 104, 115, 128, 130.
Marescalchi, président de la République italienne, I, 158.
Marie-Louise, impératrice des Français, I, 14, 68, 71, 92, 160, 228, 230, 310.
II, 17, 94, 96, 169, 178, 182, 198, 199.
Marlborough (John Churchill, duc de), célèbre homme de guerre anglais, II, 69, 70.
Marmont (maréchal), duc de Raguse, I, 131, 155, 171, 249. II, 170.
Mascagni (Paolo), célèbre anatomiste italien, né en 1752, mort en 1815, I, 1, 16, 27, 86, 201, 275, 276. II, 22.
Masséna (maréchal), duc de Rivoli, I, 173, 178, 248.
II, 83.
Maury (cardinal), I, 209.
Mazzuchelli (Jean-Marie comte de), célèbre biographe italien, I, 159.
Mélas (baron de), commandant en chef de l'armée autrichienne en 1800, I, 138, 139, 140, 141.
Melzi, vice-président de la République italienne, I, 139.
Meneval (baron de), secrétaire de Napoléon, II, 173, 186, 200
Menou (général), I, 133, 136, 156.
Merry, ministre d'Angleterre à Paris, I, 48.
Mervelat (Maximilien, comte de), général-major de cavalerie, chambellan de l'empereur d'Autriche, I, 377, 380.
Mesmer, docteur autrichien, auteur de la doctrine du magnétisme animal *(mesmérisme)*, II, 23.
Michaux, commissaire des guerres à l'armée d'Egypte, I, 155.
Mitchell (Charles), médecin anglais à Sainte-Hélène, II, 107, 126.
Mireur (général), II, 3.
Moncey (maréchal), duc de Conegliano, I, 138, 139.
Montchenu (marquis de), maréchal de camp, représentant de Louis XVIII à Sainte-Hélène, II, 115, 129.
Montholon (général, comte), I, 43, 54, 55, 74, 79, 82, 90, 99, 104, 110, 272, 279, 327.
II, 50, 51, 52, 72, 73, 83, 90, 91, 105, 115, 128, 130, 144, 171, 173, 176.
Montholon (comtesse), I, 116. II, 101.
Montholon (Tristan et Napoléon), I, 152.
Moreau (général), I, 179, 186.
Morichini (D.), médecin italien, I, 13.
Mortier, maréchal de France, duc de Trévise, I, 224, 228.
Mourad-Bey, II, 15.
Mouton-Duvernet (général), II, 171.
Mucchielli, médecin italien, I, 13.

Muiron (aide de camp de Napoléon, tué à Arcole), I, 251. II, 190.
Muller (Jean de), célèbre historien allemand, I, 203.
Multedo (Antoine), député de la Corse à la Convention, I, 108, 195.
Murat (roi de Naples, beau-frère de Napoléon), I, 330. II, 83.
Murphy, capitaine de frégate. I, 232.

N

Napoléon des Ursins, I, 212.
Neipperg (Albert-Adam, comte de), général autrichien, chevalier d'honneur de l'impératrice Marie-Louise, I, 230. II, 144.
Nelson (amiral anglais), II, 7, 15.
Ney (maréchal), II, 83, 190.
Noverraz, valet de chambre, attaché au service de Napoléon à Sainte-Hélène, I, 108, 124, 327, II, 112, 171, 177, 184, 186.

O

O'Connor (Arthur), négociateur avec le général Hoche pour une invasion en Irlande, I, 231.
Oksakoff, amiral russse, II, 6.
O'Meara (le docteur), médecin de Napoléon à Sainte-Hélène, I, 7, 18, 22, 24, 61, 73, 74, 84.
Oriani, célèbre astronome italien, I, 304.
Ossian, I, 207.
Otto, chargé d'affaires de France I, 48.
Oudinot (maréchal), duc de Reggio, I, 287.

P

Pain, dessinateur, II, 200.
Pallavicini, cousine de Napoléon, II, 200.
Paoli (Pascal), I, 146, 147, 148, 149, 189, 190.
Pape (le), I, 6, 68, 120, 122, 145, 158, 208, 209 270. II, 33.
Parigi (l'abbé), désigné pour accompagner Antommarchi à Sainte-Hélène, I, 6.
Parker, banquier, II, 195.
Pauline (princesse Borghèse), sœur de Napoléon, I, 6, 14, 57, 69, 70, 170, 197, 313.
Percy, chirurgien de la Grande Armée, II, 186.
Permon (famille de), I, 108.
Perrée, contre-amiral français, I, 220.
Peyrusse, chargé de la garde

INDEX ALPHABÉTIQUE 313

du trésor de l'Empereur, en 1814, II, 188, 196.
Pichegru (général), I, 181, 184.
Pierron, chef d'office de Napoléon à Sainte-Hélène, II, 105, 171, 184, 186.
Pitt, homme d'Etat anglais, I, 153.

Planat (colonel), II, 184.
Poggi, de Talavo, en Corse, II, 173.
Point (général), II, 1.
Porro, ministre de la république Cisalpine, I, 236.
Prusse (le roi de), II, 84.
Prusse (reine de), II, 203.

R

Racine, I, 105, 122.
Ramolino, parent de Mme Letizia, I, 270, II, 204.
Rampon (général), I, 249.
Rapp (général), aide de camp de Napoléon, I, 225.
Raynal (l'abbé), I, 194, II, 000.
Reade (sir Thomas), député adjudant général, I, 41, 43, 56, 82, 232, 233, 234, 246. II, 52, 55, 110, 112, (v. à Mac Sheedy).
Réal, ministre de la police, II, 171.
Reichstadt (duc de), voir roi de Rome.
Rewbell (Jean-François), membre du Directoire, I, 185.
Richepanse (général), I, 244.
Rigaud (général), II, 188.
Roi de Rome, titre affecté au fils de Napoléon et plus tard appelé duc de Reichstadt, I, 15, 87, 91, II, 17, 44, II, 169, 175, 176.
Rossi (le chevalier), II, 144.
Roustan, mameluk de l'Empereur, II, 199.
Royer-Collard (Pierre-Paul), député de la Marne au Conseil des Cinq-Cents, en 1797, I, 181.
Russie (Empereur de), I, 45, 225, II, 84.

S

Sahuguet (général), I, 249.
Saint-Denis, valet de chambre de Napoléon à Sainte-Hélène, I, 147, II, 104, 171, 176 184, 186.
Saint-Vincent (John Jervis, comte de), amiral anglais, I, 115.
Santini, attaché au service de Napoléon à Sainte-Hélène, II, 184.

Schill, chef de partisans, I, 203.
Schort (Thomas), médecin anglais à Sainte-Hélène, II, 107, 116, 126.
Sébastiani (général), I, 130.
Serurier (maréchal), I, 196.
Sisco (Joseph), médecin italien, I, 13.
Sobieski (Jean), roi de Pologne, II, 17b.

Sommariva, membre du Directoire de la République cisalpine, I, 236.
Spallanzani, I, 80.
Spanocchi (chevalier), gouverneur de Livourne en 1796, I, 122.
Spurzheim (Jean-Gaspard), médecin allemand, collaborateur avec Gall des doctrines crâniologiques, II, 22.
Staël (Mme de), I, 115.

Steingel (général), II, 3, 102.
Stokoe (John), chirurgien du vaisseau anglais *Le Conquérant*, I, 18 à 25, 43, 73, 84.
Suchet (maréchal), duc d'Albuféra, I, 90.
Sulkowski, officier supérieur de l'armée d'Egypte, II, 4.
Survilliers (comtesse), pseudonyme de la reine Julie, femme de Joseph Napoléon, I, 15, 16.

T

Talleyrand, I, 294. II, 5, 6, 170.
Talma, I, 229.
Thugut (de), ministre de la Cour d'Autriche, I, 293.
Torlonia, banquier de Napoléon, à Rome, II, 187.

Toscane (grand-duc de), I, 380.
Travot (général), II, 173, 186.
Trévise (duc de), I, 225.
Turenne (comte de), chambellan et officier d'ordonnance de l'Empereur, II, 178.
Turreau (général), I, 138, 139.

V

Vallongue, chef de brigade du génie, I, 287.
Verling (docteur), médecin de l'artillerie royale, I, 21, 42, 58.
Vignali (l'abbé), aumônier de l'empereur à Sainte-Hélène,

I, 7, 11, 17, 34, 57, 58, 59, 67, 127, 246.
II, 87, 106, 127, 128, 130, 171, 175.
Vignolles (général), II, 2.
Villeneuve (amiral), II, 6.
Volta, I, 86.

W

Walewski (Alexandre), fils de Napoléon, II, 202.
Wellington (lord), II, 190.
Whitworth (lord), ministre et ambassadeur anglais, I, 48.
Weimar (duchesse de), I, 265.

Wieland (Martin), poète et littérateur allemand, son entrevue avec Napoléon en 1806, I, 204, 207.
Willot, général français, député de Marseille, I, 172.

Wurmser (comte de), général commandant l'armée autrichienne en Italie, I, 178, 255, 256, 257.

Wurtemberg (roi de), I, 109, 178.

Wynyard (colonel anglais), I, 82.

Y

Yarmouth (lord), I, 49.

York (duc d'), I, 232.

Z

Zénaïde (princesse), fille du roi Joseph-Napoléon, I, 94.

Zorti, I, 236.

TABLE DES MATIÈRES

DU II⁰ VOLUME

Pages.

Répugnance de Napoléon pour les remèdes. — Sa conversation sur l'organisation des hôpitaux pendant la campagne d'Italie; soins qu'il fait prodiguer aux blessés. — Ses souvenirs sur les généraux d'Italie et de l'armée d'Égypte — Lettre au prince Charles pour arrêter le fléau de la guerre. — L'empereur rappelle les dangers courus par Marie-Louise lors de la naissance du roi de Rome. 1-17

Conversation sur les Beaux-Arts; goût de l'Empereur pour la musique : « c'est de tous les arts libéraux celui qui a le plus d'influence sur les passions, celui que le législateur doit le plus encourager ». — L'Empereur reçoit des livres et un buste dont la tête, toute remplie de petites divisions écrites, sert à expliquer le système crâniologique de Gall; il discute longuement ce système auquel il ne croit pas et manifeste son aversion pour Lavater, Cagliostro et Mesmer . . . 18-23

L'Empereur reçoit des journaux d'Europe; malgré son abattement il passe toute une nuit à les lire; la prostration des forces augmente. — L'Empereur parle de Venise, de la manière dont elle avait fini. — Sollicitude de l'Empereur pour l'abbé Buonavita; l'Empereur discute sur la religion et rappelle ce qu'il a fait pour la réouverture des églises. — L'Empereur fait prévoir sa mort prochaine; il récite à Mme Bertrand quelques vers de la scène III de *Zaïre*. 24-32

La maladie fait des progrès rapides; les fonctions hépatiques ne s'accomplissent plus; celles des voies digestives sont tout à fait anéanties. — Préoccupation de l'Empereur pour son fils; il repousse toute médication; bel éloge qu'il fait de Kléber; il reçoit la visite du docteur Arnott. — Singulier moyen employé par le général Montholon et par Marchand pour que l'agent d'Hudson-Lowe puisse apercevoir l'Empereur. 33-50

Emotion de l'Empereur à l'apparition d'une comète; consultation avec le docteur Arnott. — L'Empereur paraît être dans un danger imminent; les généraux Bertrand et Montholon se chargent d'instruire l'Empereur de sa situation et le disposent à mettre ordre à ses affaires. — Nuit du 4 avril, l'imagination de l'Empereur est troublée par des cauchemars et des songes effrayants, il est accablé de son état; colère violente qu'il éprouve à la lecture de journaux anglais racontant une anecdote offensante pour des généraux français. 51-61

Conversation de l'Empereur sur les armées anglaises; il fredonne la chanson de *Malbrough*. — 15 avril, l'Empereur s'occupe toute la journée avec le général Montholon et Marchand; il fait le recensement de son nécessaire et donne à chacune des pièces qui le composent une destination spéciale. « Voilà mes apprêts, dit-il, c'en est fait de moi ». Les forces vitales s'éteignent à vue d'œil 62-76

L'Empereur dicte à Bertrand une énergique protestation des outrages que lui a fait subir le gouvernement anglais; il donne des instructions à l'abbé Vignali sur la chapelle ardente qu'il aura à desservir; il croit à Dieu, il veut remplir les devoirs qu'impose la religion et recevoir les secours qu'elle administre; il dési   que l'on expose le Saint-Sacrement; il recommande qu'après sa mort on fasse l'ouverture de son corps et que son cœur soit remis à Marie-Louise 77-100

2 mai; pénible agonie de l'Empereur; dans son délire il ne parle que de la France, de son fils, de

TABLE DES MATIÈRES 319

Pages.

ses compagnons d'armes. — 3 mai, l'abbé Vignali administre le viatique à l'Empereur. — Un ordre d'Hudson-Lowe enjoint de tenir une consultation avec les docteurs Schort et Mitchell. — 5 mai, délire de l'Empereur, ses dernières paroles... tête... armée!. — Les quatre enfants du général Bertrand au lit de mort de l'Empereur; Hudson-Lowe ne veut pas que le corps soit emporté de Sainte-Hélène; moulage de la figure de l'Empereur; autopsie de son corps; la chapelle ardente, les funérailles; la tombe de l'Empereur dans la vallée des Saules. — Les compagnons de captivité quittent Sainte-Hélène. 101-144

Voyage d'Antommarchi à Londres; ses visites à Marie-Louise, à Madame Mère, au cardinal Fesch, etc. 145-165

APPENDICE. — Testament de Napoléon 169-202
— Lettre du comte de Montholon à la princesse Pauline 203
— Lettre de la princesse Pauline à lord Liverpool. 203
— Lettre de Madame Mère au général Bertrand. 205
— Requête de Madame Mère à lord Castlereagh. 208
— Lettre du docteur Antommarchi au roi Louis-Philippe 210
— Relation du retour des cendres de Napoléon. 212-293

GARNIER FRÈRES, Éditeurs, 6, rue des Sts-Pères. — PARIS

Les Maréchaux de Napoléon, par DÉSIRÉ LACROIX, 1 vol. in-18º illustré de 54 portraits et gravures . . . 3 fr. 50
Même ouvrage in-8º, format de bibliothèque, 1 vol. 6 fr.

Mémoires de Mlle **Avrillon**, première femme de chambre de l'Impératrice, sur la vie privée de Joséphine, sa famille et sa cour. Édition annotée et illustrée de 32 vues et portraits. 2 volumes in-18 broché. Le volume. . . . 3 fr. 50
Le même ouvrage, 2 vol. in 8º cavalier. Chaque vol. 6 fr.

Lettres de Napoléon à Joséphine, édition annotée par DÉSIRÉ LACROIX, 1 vol. in-18. . . . . 3 fr. 50
Même ouvrage in-8º, format de bibliothèque, 1 vol. 6 fr.

Mémoires du général Rapp, 1 vol. illustré in-18. 3 fr. 50
Même ouvrage in-8º, format de bibliothèque . . . 6 fr.

Le Mémorial de Sainte-Hélène, par le comte de LAS CASES. 4 volumes in-18. Chaque volume . . . . 3 fr. 50

Derniers moments de Napoléon, par le Docteur ANTOMMARCHI, notes de M. DÉSIRÉ LACROIX. 2 vol. in-18, ornés de gravures, le vol. . . . . 3 fr. 50

Napoléon en exil, relation contenant les opinions et les réflexions de Napoléon sur les événements les plus importants de sa vie, durant 3 ans de sa captivité, recueillies par le Docteur BARRY E. O'MÉARA, introduction et notes de M. DÉSIRÉ-LACROIX. 2 volumes in-18 broché. Le volume. . . 3 fr. 50

Mémoires de Madame la Duchesse d'Abrantès. Souvenirs historiques sur Napoléon, la Révolution, le Directoire, le Consulat, l'Empire et la Restauration. 10 volumes in-18. Chaque volume. . . . . 3 fr. 50
Même ouvrage en 10 volumes in-8º, beau format de bibliothèque. Chaque volume . . . . 6 fr.

Mémoires de Constant, premier valet de chambre de l'Empereur, 4 volumes in-18. Chaque volume. . . 3 fr. 50
Même ouvrage en 4 volumes in-8º, beau format de bibliothèque. Chaque volume . . . . 6 fr.

Histoire des salons de Paris, tableaux et portraits du grand monde sous Louis XVI, le Directoire, le Consulat et l'Empire, la Restauration et le règne de Louis Philippe Ier, par Madame la duchesse d'ABRANTÈS. 4 volumes in-18. Chaque volume. . . . . 3 fr. 50
Même ouvrage 4 volumes in 8º, beau format de bibliothèque. Chaque volume. . . . . 6 fr.

Histoire de Napoléon Ier, par ELIAS RÉGNAULT, 4 volumes in-18 avec gravures. Chaque volume. . . . . . . 2 fr.

www.ingramcontent.com/pod-product-compliance
Lightning Source LLC
Chambersburg PA
CBHW060356170426
43199CB00013B/1883